数字经济与中国出口贸易高质量发展

邵军　刘嘉伟◎著

经济管理出版社

图书在版编目（CIP）数据

数字经济与中国出口贸易高质量发展/邵军，刘嘉伟著.—北京：经济管理出版社，2023.11

ISBN 978-7-5096-9459-6

Ⅰ.①数… Ⅱ.①邵…②刘… Ⅲ.①信息经济—影响—出口贸易—贸易发展—研究—中国 Ⅳ.①F752.62

中国国家版本馆 CIP 数据核字（2023）第 223347 号

组稿编辑：申桂萍
责任编辑：魏晨红
责任印制：张莉琼
责任校对：蔡晓臻

出版发行：经济管理出版社
（北京市海淀区北蜂窝 8 号中雅大厦 A 座 11 层　100038）

网　　址：www.E-mp.com.cn
电　　话：(010) 51915602
印　　刷：唐山昊达印刷有限公司
经　　销：新华书店
开　　本：720mm×1000mm/16
印　　张：18
字　　数：259 千字
版　　次：2023 年 11 月第 1 版　2023 年 11 月第 1 次印刷
书　　号：ISBN 978-7-5096-9459-6
定　　价：88.00 元

·版权所有　翻印必究·

凡购本社图书，如有印装错误，由本社发行部负责调换。
联系地址：北京市海淀区北蜂窝 8 号中雅大厦 11 层
电话：(010) 68022974　邮编：100038

序 言

随着信息技术的快速发展及其与经济运行的深度融合,全球已经进入以大数据、人工智能、物联网、云计算、区块链等前沿技术为主要特征的数字经济时代。党的十八大以来,党中央高度重视发展数字经济。2021年颁布的《中华人民共和国国民经济和社会发展第十四个五年规划和2035年远景目标纲要》指出,要营造良好数字生态,打造数字经济新优势,加快数字化发展,建设数字中国。2021年,习近平总书记在主持中共中央政治局第三十四次集体学习时,专门就推动我国数字经济健康发展问题发表重要讲话,他强调数字经济发展正在成为重组全球要素资源、重塑全球经济结构、改变全球竞争格局的关键力量,数字经济事关国家发展大局,并就如何做强做优做大我国数字经济作出重要指示。以新型数字技术为着力点,把握数字经济发展规律,消除数字鸿沟,构建数字核心产业与应用产业相互促进、地区之间相互协同的包容性发展格局,已成为新时代背景下推动中国经济高质量发展的关键。

国际贸易是最早感受到数字技术变革影响的经济领域。早在20世纪90年代,随着互联网大规模商用化,依托网络所开展的跨境电子商务即开始崭露头角,并逐渐发展成为国际贸易体系的重要构成。特别是进入移动互联网时代以来,数字技术日新月异,数字产品极大丰富,从而带动了完全基于互联网的数字贸易新业态的发展。不仅于此,数字经济对国际贸易发展更是产生了全面且深远的影响。当前,以数字技术为关键支撑的第四次工业革命深入推进,产业的技术基础与发展模式发生极大改变,有力驱动了产业高质量发展，产业是贸易的基础，这种影响最终也将反映于国际贸易领域。新的经济现象的出现，构成了学术研究的重要驱动力。时代的潮涌塑造了一系列重大研究命题，数字经济背景下的国际贸易发展正是命题之一。特别是考虑到当前百年未有之大变局背景下，国际政治经济格局调整带来突出的风险与不确定性，中国对外贸易发展面临新挑战。如何抓住数字经济的时代机遇，有效应对百年未有之大变局下的新挑战，最终实现中国对外贸易的高质量发展，是学术界亟须展开研究的时代命题。

邵军教授和刘嘉伟博士出版的《数字经济与中国出口贸易高质量发展》一书，正是对时代命题的回答，是对数字经济背景下如何实现中国出口贸易高质量发展问题的解答。本书从新发展理念出发，对出口贸易高质量发展的内涵进行界定，以此为基础，从贸易的产业基础和新贸易业态等方面切入，具体探讨了数字经济对于出口贸易高质量发展的影响机制。特别要指出的是，两位作者不仅采用规范的经济学研究方法，而且基于产业数字化转型的实地调研和对一手材料的掌握，对机制进行了更加落地、更为现实的详细阐述，有助于读者对数字经济与产业数字化转型的准确理解。本书在理论分析的基础上，面向出口贸易高质量发展目标，提出了数字经济发展的相应促进政策，具有很强的操作性和应用价值。此书的出版，不仅能够为数字经济背景下国际贸易的学术研究提供新思想、新观点和新贡献，也能够为实务工作者、智库和资政学者提供有益借鉴。期待邵军教授和刘嘉伟博士继续推进相关研究，在数字经济与国际贸易领域形成更多的科研成果。

盛斌

南开大学副校长、国务院学位委员会理论经济学科评议组秘书长
2023 年 8 月

前 言

2007年，历史学者Nye在 *Technology Matters: Questions to Live with* 一书中指出，"技术之所以重要，是因为它和人类密不可分"。在人类社会迈向现代化的历史进程中，技术革命不仅发挥着加速器的作用，更是推动历史发展轨道改变的关键性因素。从农业化到工业化再到现代化的变迁，其背后都有历次重大技术革命所带来的突破性力量在发挥作用。自20世纪90年代以来，随着网络技术和信息技术的进步及其大规模商业应用，数字经济及作为其前身的信息经济、网络经济等新型经济形态在主要发达经济体中开始涌现并快速发展起来。全球工业强国美国对数字经济发展更是给予了长期的高度关注，持续推出相关政策举措以确保其在全球数字经济方面的领先地位。尽管其他工业化国家及新兴经济体对数字经济的重视程度存在差异，侧重点也各有不同，但数字经济已经普遍成为全球主要经济体中长期发展战略中的重要关注点。2016年，G20杭州峰会发布的《二十国集团数字经济发展与合作倡议》指出，数字经济正在经历高速增长、快速创新，是全球经济增长日益重要的驱动力，在加速经济发展、提高现有产业劳动生产率、培育新市场和产业新增长点、实现包容性增长和可持续增长中正发挥着重要作用。全球主要经济体的首脑首次就数字经济在当今世界经济中的重大作用达成了共识。

党的十八大以来，我国高度重视发展数字经济。2019年，习近平总书记在向中国国际数字经济博览会的致信中指出，中国高度重视数字经济发展，在创新、协调、绿色、开放、共享的新发展理念指引下，中国正积极推进数字产业化、产业数字化，引导数字经济和实体经济深度融合，推动经济高质量发展。2022年，习近平总书记在《求是》期刊上发表了重要理论文章《不断做强做优做大我国数字经济》，文中强调，发展数字经济是把握新一轮科技革命和产业变革新机遇的战略选择，要站在统筹中华民族伟大复兴战略全局和世界百年未有之大变局的高度不断做强做优做大我国数字经济。在以习近平同志为核心的党中央领导下，我国不断强化数字经济发展的顶层设计，党的十八大以来先后出台了网络强国、大数据、数字中国等重大国家战略，2022年初发布的《"十四五"数字经济发展规划》擘画出"十四五"时期中国数字经济发展的蓝图。随着国家战略及相关政策的贯彻落实，我国数字经济发展取得了显著成效，已经成为中国经济高质量发展的重要驱动力。中国信息通信研究院发布的《中国数字经济发展研究报告（2023年）》显示，近年来，我国数字经济规模稳步快速增长，总量连续多年位居世界第二；2017~2022年，我国数字经济规模从27.2万亿元增至50.2万亿元，占国内生产总值比重从32.9%提升至41.5%，成为推动经济增长的新引擎。

　　数字经济的蓬勃发展对国民经济各个方面都产生了深刻影响，国际贸易也不例外。事实上，很多人对数字经济的认知就是从跨境电商开始的，而跨境电商不仅成为国际贸易的重要构成部分，同时也在不断地改变着国际贸易的业态与模式。大体上，数字经济对国际贸易的影响鲜明地反映在两个方面：一是对国际贸易的产业基础的影响，二是对国际贸易的新业态、新领域、新模式的创新性影响。就前者而言，数字经济改变了国民经济增长的驱动力，促进了产业的高质量发展，从而也相应地影响到国际贸易的产业基础。进入21世纪特别是加入世界贸易组织（WTO）以来，中国对外贸易规模不断扩大并成为全球最大贸易体之一，这既与对外开放程度不断深化密切相关，更是中国产业发展质量及生产力水平不断提高的结果，在此过程中数字经济无疑发挥了重要的作用。就后者而言，数字经济显著地改变了传统的国际贸易模式。例如，基于互联网平台的跨境电商成

前　言

为国际贸易极为重要的组成部分，而跨境电商的发展进一步带动了通关、物流等国际贸易流程便利化，极大提高了贸易效率。不仅如此，数字经济对国际贸易的领域拓展也产生了重要影响，例如，数字技术的发展和广泛应用将此前被认为是不可贸易的产品进行了数字化处理，进而借助互联网成为可贸易对象，如服务业领域的教育、医疗、金融等。尽管这些新领域、新业态、新产品的国际贸易规模相对有限，但增长速度很快，从目前的发展态势来看，未来无疑将构成国际贸易极为重要的组成部分。

近年来，尽管全球供应链体系乱象丛生，但中国的贸易大国地位难以撼动，中国作为全球经济发展"压舱石"的作用更加凸显。然而也应看到，随着全球政治经济格局的深度调整，中国对外贸易正在面临着越来越严峻的增长压力，逆全球化浪潮加剧、贸易保护主义抬头、要素禀赋条件改变等多重复杂因素叠加，加快推动中国对外贸易高质量发展、加速实现由贸易大国向贸易强国的跃变成为当务之急。在新一轮科技革命深入推进、数字经济蓬勃发展的大背景下，依托我国在数字经济发展方面已经形成的优势，充分发挥数字经济的赋能作用，这是实现上述目标的必然要求。从学术研究的角度来看，需要对数字经济与对外贸易高质量发展之间的关系进行学理解构，而这也正是本书的研究目的。就中国的客观情况来看，讨论对外贸易高质量发展，主要还是指出口贸易的高质量发展，本书研究也是聚焦于此。数字经济在出口贸易高质量发展过程中起到什么样的作用？具体的作用机制和影响路径是什么？如何从实践的角度提出有针对性的政策措施？这些都是本书要重点讨论的议题。具体地，本书各章节的安排如下：

第一章对数字经济的内涵界定进行详细阐释，对全球重要经济体数字经济发展动态加以比较说明，在对既有数字经济评估方法进行梳理与借鉴的基础上，构建指标体系和数字经济发展指数，并依据测算出的指数值对我国数字经济发展的基本特征加以总结和说明。

第二章对21世纪以来我国出口贸易发展状况进行分析说明，揭示新时代我国出口贸易增长趋势出现的重大变化，综合分析国际、国内各种复杂因素，对导致出口贸易增长趋势发生变化的深层次原因加以研判，最后总结梳理应对复杂因素冲击、深入扩大全方位开放的政策举措。

第三章对研究数字经济与出口贸易高质量发展这一主题的两个前提性问题进行解答：一是数字经济对出口贸易是否产生了影响；二是如何理解出口贸易高质量发展的内涵。在回答这两个问题的基础上，进一步构建出本书的基本逻辑框架。

第四章从增长的视角探讨了数字经济对出口贸易高质量发展的影响，在阐释影响机制的基础上，基于省级层面出口贸易数据就数字经济对出口贸易增长的影响进行实证检验，并对结果加以分析说明，进一步从二元边际视角探讨了数字经济对出口贸易广义与集约边际的差异化影响。

第五章从技术的视角探讨了数字经济对出口贸易高质量发展的影响，以出口技术复杂度衡量出口贸易的技术水平，在阐释影响机制的基础上，通过构建计量模型，就数字经济对出口技术复杂度的影响效应及中间机制进行实证检验，并对结果进行分析说明。

第六章从质量的视角探讨了数字经济对出口贸易高质量发展的影响，基于海关统计的产品层面出口数据以及事后反推法测算了出口产品的质量水平，在阐释影响机制的基础上，就数字经济对出口产品质量的影响效应及中间机制进行实证检验，并对结果进行分析说明。

第七章从绿色的视角探讨了数字经济对出口贸易高质量发展的影响，基于投入产出表及碳排放数据测算了出口贸易隐含碳，在阐释影响机制的基础上，就数字经济对出口贸易隐含碳的影响效应及中间机制进行实证检验，并对结果进行分析说明。

第八章探讨了跨境电商对出口贸易高质量发展的影响，首先梳理了跨境电商作为新的贸易业态的发展历程以及我国跨境电商发展的突出特征，

前　言

进一步从贸易促进、参与主体拓展、产品创新等多个角度分析跨境电商在推动出口贸易高质量发展过程中所发挥的作用；其次对跨境电商所表现出的局限性进行了剖析并提出了可能的应对路径。

第九章围绕作为出口贸易高质量发展新动能的数字贸易展开探讨，首先对数字贸易、数字服务贸易等相似概念进行解析，进一步对全球数字贸易发展状况进行梳理，揭示中国数字贸易发展的基本特征及优势与不足；其次对跨境数据流动与数字服务税这两个制约数字贸易发展的重要因素进行了分析。

第十章围绕数字经济时代下的文化贸易展开探讨，发展文化贸易既是出口贸易高质量发展的要求，同时也承担了推进国家软实力建设的责任，这部分首先讨论了数字经济给文化贸易带来的深刻影响，进一步采用计量方法对影响效应进行了检验分析；其次对数字经济时代下文化贸易发展所面临的新挑战进行了分析，并提出了可能的应对路径。

第十一章在梳理总结研究结论的基础上，面向新时代出口贸易高质量发展的目标要求，提出加快推动数字经济发展、强化数字经济赋能作用的政策建议。

目　录

第一章　理解数字经济：概念内涵与中国情境　　*001*

　　一、数字经济的内涵界定　　*002*

　　二、全球数字经济发展的动态演进　　*006*

　　三、数字经济发展的评估方法　　*010*

　　四、我国数字经济发展状况　　*017*

　　本章小结　　*022*

第二章　新时代的中国出口贸易：增长压力与政策破局　　*024*

　　一、新时代中国出口贸易发展状况　　*024*

　　二、新时代中国出口贸易发展面临的新形势与新矛盾　　*032*

　　三、新时代中国出口贸易发展的政策破局　　*036*

　　本章小结　　*042*

第三章　数字经济与出口贸易高质量发展：逻辑主线与框架构建　　*044*

　　一、数字经济背景下出口贸易的基础性变革　　*045*

　　二、数字经济背景下出口贸易的结构性变革　　*049*

　　三、出口贸易高质量发展内涵解构及分析框架构建　　*053*

　　本章小结　　*059*

第四章　数字经济与出口贸易高质量发展：基于规模增长视角的分析　　*061*

一、问题的提出　　*061*
二、机制的说明　　*064*
三、数字经济与出口贸易增长关系的经验分析　　*068*
四、二元边际视角下的进一步分析　　*076*
本章小结　　*082*

第五章　数字经济与出口贸易高质量发展：基于技术含量视角的分析　　*084*

一、问题的提出　　*085*
二、机制的说明　　*089*
三、计量模型构建与变量说明　　*093*
四、数字经济与出口贸易技术含量关系的经验分析　　*095*
本章小结　　*105*

第六章　数字经济与出口贸易高质量发展：基于产品质量视角的分析　　*107*

一、问题的提出　　*108*
二、机制的说明　　*113*
三、计量模型构建与数据说明　　*116*
四、数字经济与出口产品质量关系的经验分析　　*119*
本章小结　　*126*

目 录

第七章 数字经济与出口贸易高质量发展：基于绿色低碳视角的分析 *128*

    一、问题的提出 *129*
    二、机制的说明 *132*
    三、出口贸易隐含碳排放测算与比较分析 *135*
    四、数字经济与出口贸易隐含碳关系的经验分析 *142*
    本章小结 *151*

第八章 跨境电商与出口贸易高质量发展：机遇、局限与突破路径 *153*

    一、中国跨境电商的发展与典型特征 *153*
    二、跨境电商如何驱动出口贸易高质量发展 *156*
    三、跨境电商发展表现出的局限性 *161*
    四、跨境电商发展质量提升的路径突破 *165*
    本章小结 *168*

第九章 出口贸易高质量发展的动能拓展：数字贸易的结构性变革 *170*

    一、概念解析与发展背景 *170*
    二、我国数字贸易发展状况 *174*
    三、数字贸易发展面临的数据跨境流动规则挑战 *179*
    四、数字贸易发展面临的数字服务税挑战 *186*
    本章小结 *192*

第十章 数字经济赋能文化贸易发展：新机遇与新挑战 *193*

    一、数字经济时代下文化贸易发展的新机遇 *194*

  二、数字经济对文化出口贸易影响的实证检验　　*200*
  三、数字经济时代下文化贸易发展面临的新挑战　　*204*
  四、数字经济时代下文化贸易深入发展的推进策略　　*208*
  本章小结　　*212*

第十一章　面向出口贸易高质量发展的数字经济政策体系构建　　*213*

  一、主要研究结论　　*213*
  二、政策体系构建　　*219*

附　录　　*235*

参考文献　　*255*

后　记　　*273*

第一章　理解数字经济：
概念内涵与中国情境

1996 年，美国麻省理工学院教授兼媒体实验室主任尼葛洛庞帝出版了著名的《数字化生存》一书，书中描绘了数字科技给我们的生活、工作、教育和娱乐带来的各种冲击和影响，被誉为跨入数字化新世界的最佳指南。尼葛洛庞帝在书中充满激情地写道，"'信息的DNA'正在迅速取代原子而成为人类生活中的基本交换物，信息技术的革命将把受制于键盘和显示器的计算机解放出来，使之成为我们能够与之交谈、与之一道旅行，能够抚摸甚至能够穿戴的对象，在数字化生存环境中，人们的生产方式、生活方式、交往方式、思维方式、行为方式都呈现出全新的面貌"。《数字化生存》为读者展现了新一轮技术革命下人类经济社会生活将会发生的巨大变化，尽管很多内容只是预测，但这些预测都是作者根据专业的知识积累做出的。当现在再来阅读这本著作时会发现，这些预测在很大程度上都变成了现实。尼葛洛庞帝的这本著作出版后不久，数字化就成为现实的技术背景，数字技术在不断地改变人类生存方式的同时，也对全球经济的发展模式产生了深刻的影响。当前，以数字化为核心特征的数字经济，正在成为全球经济发展的新动能，数字经济也成为全球主要经济体的竞争高地。本书中所要探讨的主题是数字经济对于出口贸易高质量发展的影响，对数字经济内涵进行准确把握是前提所在，不过要清晰地界定数字经济的内涵却并非易事。目前，已有很多机构、智库、组织给出了相应的数字经济定义，在这些定义中有一定的共性成分，如数字技术应用是数字经济的基础，但它们的侧重点又各有不同。本章首先对数字经济的内涵界定进行梳理，厘清数字经济的核心特征，并借助定量方法对数字经济发展的基本状况进行评估与说明。

一、数字经济的内涵界定

1996 年，Tapscott 在《数字经济：网络智能时代的前景与风险》(*The Digital Economy: Promise and Peril in the Age of Network Intelligence*) 一书中探讨了当时正在兴起的互联网对经济社会产生的影响，并首次提出了数字经济的概念，但基本上是把数字经济等同于电子商务。随着数字技术和互联网的跨越式进步及广泛应用，经济社会发展受此影响发生了深刻变革，这时再将数字经济等同于电子商务就具有明显局限性了。此后，围绕数字经济的内涵，不同的机构、智库、组织进一步给出了各有侧重的阐释与界定。例如，1998 年美国商务部发布了名为《浮现中的数字经济》的报告，其中就把数字经济定义为以信息技术生产行业为基础的"新经济"。美国商务部经济分析局（BEA）将数字经济具体分解为三部分内容，即计算机网络存在和运行所需的数字使能基础设施、通过该系统发生的数字交易（电子商务）以及数字经济用户创造和访问的内容（数字媒体）[①]。2018 年，国际货币基金组织（IMF）在发布的研究报告中从狭义、广义两个视角定义了数字经济，狭义定义是指在线平台以及基于这些平台而存在的活动，广义定义则认为所有使用数字化数据的活动都是数字经济的一部分。2019 年，联合国贸易和发展会议（UNCTAD）在《数字经济报告》中指出，数字经济是在数字化领域广泛投入使用的以半导体和处理器等基础创新以及计算机和通信等核心技术为关键，依赖数字平台、应用程序和支付服务等为代表的数字和信息技术部门。

这些数字经济内涵界定存在一定的共性成分，如均强调信息技术、网

---

① https://www.bea.gov/data/special-topics/digital-economy.

第一章
理解数字经济：概念内涵与中国情境

络技术的基础地位，但侧重点略有不同，有的聚焦于技术层面，有的聚焦于数据要素。2016年，G20杭州峰会召开，数字经济是此次会议的重要议题之一，会上也相应提出了数字经济的定义，目前来看，这也是国内外具有较高接受度和认可度的定义范本。根据G20杭州峰会发布的《二十国集团数字经济发展与合作倡议》，数字经济是指"以使用数字化的知识和信息作为关键生产要素、以现代信息网络作为重要载体、以信息通信技术的有效使用作为效率提升和经济结构优化的重要推动力的一系列经济活动"。该定义强调了数字经济时代所带来的革命性变化，指出了数字经济的三个关键特征，即以使用数字化的知识和信息为关键生产要素，以现代信息网络为主要载体，以信息通信技术的有效使用为经济发展的重要推动力。也就是说，数字经济不能简单地理解为技术现象，其最核心的内涵是数据成为与资本、劳动、土地同等地位的生产要素，这也意味着数字经济的到来必然是对整个宏观经济运行模式的重大变革。该定义在国内学术研究或政策报告中得到了较多借鉴。例如，中国信息通信研究院2017年首次发布了《中国数字经济发展白皮书》，其中将数字经济定义为"以数字化的知识和信息为关键生产要素，以数字技术创新为核心驱动力，以现代信息网络为重要载体，通过数字技术与实体经济深度融合，不断提高传统产业数字化、智能化水平，加速重构经济发展与政府治理模式的新型经济形态"。可以看出，中国信息通信研究院的定义与G20杭州峰会的定义是基本一致的。2022年发布的《"十四五"数字经济发展规划》将数字经济界定为："以数据资源为关键要素，以现代信息网络为主要载体，以信息通信技术融合应用、全要素数字化转型为重要推动力，促进公平与效率更加统一的新经济形态。"不难看出，该定义同样延续了G20杭州峰会的基本思路，即从数据要素、技术载体、增长动力三个关键特征来对数字经济加以界定。

从概念的演进历程来看，数字经济在20世纪90年代末被提出，但它的渊源要追溯至50年代，整个演进轨迹经过了信息经济、网络经济和数字经济等不同阶段。第二次世界大战后，信息科学的快速发展推动了信息技术领域不断地出现重大突破，特别是在 50 年代末出现了集成电路这一极具划时代意义的开创性突破。集成电路的发明显著地改变了信息产业的发展路径，不仅围绕集成电路与芯片形成了新兴产业集群，而且采用集成电路的新型信息技术和设备的应用对增长动能、经济结构都产生了深刻影响，人类由此进入了信息经济时代。90 年代以后，互联网的大规模商业应用成为这个时代的鲜明特征。以门户网站为代表的新型业态快速涌现，推动了基于网络环境的生产与消费活动，网络经济成为新型的经济形态。在"摩尔定理"主导的硬件基础设施加速升级的驱动下，90 年代后期网络经济驶入了高速发展的轨道。不过，这一时期的互联网发展主要还是基于个人计算机的固定网络。2010 年后，移动互联网在技术上实现了重大突破、在成本上实现了大幅度降低，从而开始了大规模的商业化应用，这也就真正拉开了数字经济时代的帷幕。移动互联网的普及极大地加速了数据的生产，人与人、人与物、物与物之间的互联互通，使数据资源呈指数级增长，人类社会真正进入了大数据时代。面对具有海量性、多样性及时效性等特征的大数据，传统的软硬件工具是难以处理的，需要可伸缩的计算体系结构以支持其存储、处理和分析，大规模算力平台的适时出现和智能算法的改进优化，与数据要素一起构成了数字经济的基础。传统上随机抽样性质的数据分析，被海量数据形成的"全体样本"所取代，事物的发展规律、事物间的关联关系得到了更准确的揭示，进而实现对事物发展趋势的精准预测以及对经济决策的指导。上述过程正是契合了数字经济定义中的三个关键特征，即数据从信息符号转变为生产要素、现代信息网络成为载体以及数字技术融合实体经济从而成为经济增长的重要动力。

　　数字经济是一个相对宏观的抽象概念，最终落地还是要体现在各种应用场景上，而对应用场景的认知反过来也有助于更好地理解数字经济的内涵。目前，数字经济的应用场景主要包括但并不限于数字贸易、数字金

第一章
理解数字经济：概念内涵与中国情境

融、智能制造等方面。数字贸易是引领数字经济发展的先行领域之一，在全球互联网发展的早期阶段，各种电子商务网站即已出现并逐渐成为国际贸易重要的新渠道。例如，成立于 1994 年的 Amazon、成立于 1995 年的 eBay、成立于 1999 年的 Alibaba 目前都已经发展成为全球重要的数字贸易平台。传统的国际贸易活动涉及复杂的业务流程，具有一定的专业化要求，这也限制了国际贸易的参与群体。在数字贸易场景下，数字平台充当了市场发现、信息匹配、合约促成的重要渠道，不仅交易流程大幅简化，而且以前多是 B2B 的传统贸易得以同时向 B2C 延伸，大大拓展了国际贸易的参与主体，同时供应链、监管部门的数字化转型也极大地提升了国际贸易的效率。

数字金融是数字经济另一个非常重要的应用场景。数字技术在金融领域得到了广泛应用，已经促使金融业的发展模式和商业形态发生了变革。数字金融起步于支付和清算领域的数字化转型，借助于移动互联网和云计算基础设施的支撑，快捷的移动支付已经渗透到现代社会的各个方面，有效地提升了金融流动和清算的效率。借助移动支付以及各类交易行为产生的大数据，数字金融在很大程度上改变了信用体系的构建模式。金融机构通过采用人工智能算法对大数据进行分析，对经济主体的信用特征进行画像，进而构建起更为广泛、更加完备的信用图景，这就颠覆了传统的以担保为核心的信用构建模式。金融的核心是信用，实现金融业高效率、高质量发展的关键就是完善信用体系以消除信息不对称，数字技术对此发挥了全新且巨大的作用。银行、保险等传统金融业已经大量采用数字技术进行风险甄别，有效降低了金融服务的风险与成本。基于数字技术开展的面向中小微企业以及低收入群体的普惠金融，更是促进包容性发展的有力保障。

以智能制造为突出特征的产业数字化转型是数字经济最重要的应用场景。传统工业化时代的特点是大规模生产与流程刚性，产业数字化转型就是要实现传统工业时代向智能制造时代的转变。从商业模式来看，以网络化、智能化为核心的数字技术应用，将实现大规模生产向大规模定制的转变，更加符合消费者需求、以消费者而非生产者为核心的新型商业模式将成为竞争力的基础。从企业生产来看，数字技术对流程的改造将极大地提升资源配置效率并显著降低成本，而围绕生产流程的信息化改造，如构建信息系统、数字孪生、数字中台等，将对企业的质量效益、节能减排、安全管理、研发创新等各个方面产生系统性影响。从产业层面来看，工业互联网将成为产业数字化转型的关键，基于数据互联互通形成的企业网络，将极大地提升整个供应链的柔性度和响应速度，推动整个产业链的创新升级，最终通过构建出完整的生态体系形成系统性竞争力。应该说，产业数字化转型是数字经济发展的主阵地，也是全球主要经济体在数字经济领域的竞争核心，实现产业的数字化、智能化是构建现代化产业体系的关键。

二、全球数字经济发展的动态演进

20世纪90年代以来，全球主要经济体对数字经济以及作为其前身的网络经济都给予了高度重视，竞相制定发展战略、出台鼓励政策，以期加快推进数字经济发展、抢占全球数字经济高地。目前，美国、中国与欧盟的数字经济发展居于世界前列。

美国是信息技术领域的创新引领者，无论是集成电路这样的工业基础器件，还是最新的生成式人工智能，这些信息技术的首次突破均来自美国。凭借先进的技术优势、产业优势、基础研发优势，美国一直是全球数字经济发展的先行者与引领者。早在互联网刚刚开始大规模商业应用之时，克林顿政府就于1993年提出旨在使美国再度繁荣的"信息高速公路"战略，计划投资4000亿美元，用20年逐步将电信光缆铺设到所有家庭用户，该战略为网络经济和数字经济时代的到来奠定了坚实的基础。1998~

第一章
理解数字经济：概念内涵与中国情境

2003 年，美国政府连续发布了《浮现中的数字经济》《数字经济》等多份研究报告，对兴起中的数字经济给予持续关注，2010 年以后又陆续发布了《数字国家：21 世纪美国通用互联网宽带接入进展》等六份以数字国家为关键词的研究报告，这些报告虽然名义上只是研究成果，但实际上发挥了政策可行性报告的作用，能够清晰地反映出美国把数字经济作为增长新动能的政策动向。美国政府不仅一直关注数字经济发展趋势，更是主动采取措施确保美国在数字信息技术和数字经济方面的领先地位。近年来，围绕人工智能、智能制造、数字贸易等数字经济关键领域，美国政府先后出台了多项促进法案，如 2013 年的《机器人技术路线图：从互联网到机器人》，2016 年的《智能制造振兴计划》，2016 年、2019 年、2023 年的《国家人工智能研究和发展战略计划》，2018 年的《国家网络战略》，2019 年的《维护美国人工智能领导地位》和《联邦数据战略》等，目的就是强化美国在特定领域的领先竞争优势。

与美国相比，欧盟在数字经济发展方面明显滞后，但欧盟的突出特征是重视规则优化与制度完善。2005 年，欧盟正式发布了《数字经济五年发展规划》，这是欧盟首次提出促进数字经济发展的重大战略规划，此后又陆续出台了《数字红利战略》《未来物联网发展战略》等配套政策。由于欧盟是由多个主权国家组成的联盟，存在天然的市场分割，因而欧盟在发展数字经济方面的重要目标就是建立统一的欧洲数字市场。2015 年，欧盟发布了《数字单一市场战略》，以推动一体化的数字市场建设、促进数据价值的发挥。2020 年发布的《欧洲数据战略》旨在充分挖掘数据价值，力图在 2030 年将欧盟打造成世界上最具吸引力、最安全的"数字敏捷型经济体"。总体来看，欧盟数字经济发展水平相对滞后，不仅与美国存在很大的差距，在规模与商业模式创新方面也难以与中国相比拟。但欧盟在工业智能制造领域，不仅理念领先，而且在应用方面形成了特别的先行优势。2011 年，在德国汉诺威工业展上首次出现了"工业 4.0"的概念，

2013年德国正式提出"工业4.0"战略,"工业4.0"成为第四次工业革命的代名词。"工业4.0"的核心就是利用信息通信技术和信息物理系统（Cyber-Physical System）实现制造业的数字化、智能化转型,它成为德国甚至欧盟数字经济的名片。在发展数字经济的过程中,欧盟非常重视数据隐私保护、人工智能伦理等方面的制度建设,2016年欧盟通过了《通用数据保护条例》（General Data Protection Regulation, GDPR）并于2018年6月正式实施,该条例对个人数据处理的基本原则、数据主体的权利、数据收集与处理方的义务、数据跨境流动规则等问题做了详细的规定,这也成为各国数据保护立法的范本,如《中华人民共和国个人信息保护法》借鉴了欧盟《通用数据保护条例》的部分内容。近年来,人工智能的应用范围和程度不断深化,人工智能引发的伦理问题也激起了广泛的担忧,2019年欧盟发布的《可信赖人工智能道德准则》在全球范围内比较早地提出了人工智能的伦理框架,这也为其他国家的相关立法提供了参考和借鉴。

长期以来,我国一直高度重视信息化、数字化建设,尤其重视从顶层设计上为加快数字经济发展构建制度保障。在美国刚刚提出信息高速公路的概念后,我国自1993年开始就相继启动了以金桥工程、金关工程、金卡工程("三金工程")为抓手的重大信息化应用工程,此后又推出了金智工程、金农工程等。1997年,国务院首次召开了全国信息化工作会议,明确了我国信息化的方针、任务和目标,信息化在经济社会发展全局中的地位空前提升。2000年召开的党的十五届五中全会首次把信息化提到了国家战略的高度,指出:"大力推进国民经济和社会信息化,是覆盖现代化建设全局的战略举措。以信息化带动工业化,发挥后发优势,实现社会生产力的跨越式发展。"2002年,党的十六大提出了走新型工业化道路的战略部署,指出:"信息化是我国加快实现工业化和现代化的必然选择","坚持以信息化带动工业化,以工业化促进信息化"。2007年,党的十七大提出了坚持走中国特色新型工业化道路,"发展现代产业体系,大力推进信息化与工

第一章
理解数字经济：概念内涵与中国情境

业化融合"。随着数字技术的不断升级与大规模渗透应用，党中央对发展数字经济更是给予了高度重视。党的十八大明确提出，推动信息化和工业化深度融合，党的十八届五中全会进一步提出，实施网络强国战略，实施"互联网+"行动计划，发展分享经济，实施国家大数据战略。2017年，党的十九大指出，党的十八大以来的五年中我国数字经济蓬勃发展，这是党的全会报告中首次出现数字经济的概念。党的十九大提出了建设网络强国、数字中国、智慧社会的战略部署。2020年召开的党的十九届五中全会进一步提出，要坚定不移建设网络强国、数字中国，要加快数字化发展。2022年，党的二十大明确了加快建设网络强国、数字中国的重大目标要求。

围绕中央重大决议，国务院及其组成部门先后提出了一系列旨在促进信息经济、网络经济和数字经济发展的政策体系。2013年，国务院印发了《"宽带中国"战略及实施方案》，旨在加强战略引导和系统部署，推动我国宽带基础设施快速健康发展。2015年，国务院相继印发了《关于积极推进"互联网+"行动的指导意见》《促进大数据发展行动纲要》等重要文件。其中，《关于积极推进"互联网+"行动的指导意见》旨在推进互联网创新成果与经济社会各领域深度融合，具体提出了11项重点行动任务；《促进大数据发展行动纲要》提出了全面推进我国大数据发展和应用、加快建设数据强国的目标任务。2016年，中共中央办公厅、国务院办公厅印发的《国家信息化发展战略纲要》，提出了网络强国建设的"三步走"战略目标，实现到21世纪中叶，信息化全面支撑富强民主文明和谐的社会主义现代化国家建设，网络强国地位日益巩固，在引领全球信息化发展方面有更大作为的战略目标。2017年，国务院印发了《新一代人工智能发展规划》，旨在抢抓人工智能发展的重大战略机遇，提出"到2030年人工智能理论、技术与应用总体达到世界领先水平，成为世界主要人工智能创新中心，智能经济、智能社会取得明显成效"的战略目标。2020年，中共中央、国务院印发了《关于构建更加完善的要素市场化配置体制机制的意见》，首次将数据列为要素类型，并提出加快培育数据要素市场。2023 年，中共中央、国务院印发的《数字中国建设整体布局规划》提出，到 2025 年，基本形成横向打通、纵向贯通、协调有力的一体化推进格局，数字中国建设取得重要进展。到 2035 年，数字化发展水平进入世界前列，数字中国建设取得重大成就。

党中央对数字经济的重视更是体现在国民经济和社会发展规划的制定上。进入 21 世纪以来的历次五年规划对数字经济发展都做出了部署。2001 年通过的《中华人民共和国国民经济和社会发展第十个五年计划纲要》提出"加快国民经济和社会信息化"，"发展高新技术产业，以信息化带动工业化"，"把工业化和信息化更好地结合起来"。2006 年通过的《中华人民共和国国民经济和社会发展第十一个五年规划纲要》专门设立了第十五章"积极推进信息化"，就坚持以信息化带动工业化、以工业化促进信息化作出部署。2011 年通过的《中华人民共和国国民经济和社会发展第十二个五年规划纲要》设立了第十三章"全面提高信息化水平"，部署加快建设下一代国家信息基础设施，推动信息化和工业化深度融合，推进经济社会各领域信息化。2016 年通过的《中华人民共和国国民经济和社会发展第十三个五年规划纲要》以第六篇"拓展网络经济空间"共四章内容，就构建泛在高效的信息网络、发展现代互联网产业体系、实施国家大数据战略、强化信息安全保障进行了部署。2021 年通过的《中华人民共和国国民经济和社会发展第十四个五年规划和 2035 年远景目标纲要》以整篇四章内容，分别从打造数字经济新优势、加快数字社会建设步伐、提高数字政府建设水平和营造良好数字生态等方面，就加快数字化发展、建设数字中国进行了部署。2022 年，国务院印发的《"十四五"数字经济发展规划》是我国首部数字经济领域的五年发展规划。

三、数字经济发展的评估方法

直观来看，全球数字经济快速发展，数字经济在各国经济中的地位不

第一章
理解数字经济：概念内涵与中国情境

断提升，但这种基于观察得到的判断，对于严谨的学术研究是不够的。如何采用定量方法对数字经济发展状况进行评估，是展开规范学术讨论的前提。对此，我们首先想到的可能就是测算数字经济规模，回答数字经济的规模到底有多大的问题。然而，这个问题目前仍然很难给出准确的答案，原因是难以对数字经济相关部门加以清晰界定并进行有效统计。传统的国民经济行业分类体系是工业经济时代的产物，编制时数字经济的概念尚未出现，用其来界定数字经济部门实属困难。要对数字经济规模进行统计核算，目前主要有两种做法：改进国民经济行业分类体系、对数字经济部门进行增加值测算。

改进国民经济行业分类体系的思路又有两种：一是尽可能准确、全面地界定国民经济中数字经济相关行业分类，据此进行统计核算。例如，美国商务部经济分析局（BEA）于2018年在名为《数字经济的定义和测度》的工作报告中设定了美国数字经济统计核算框架，具体包括三个部分：数字化基础设施（Digital-Enabling Infrastructure）、电子商务（E-Commerce）和数字媒体（Digital Media）。其中，数字化基础设施包括计算机软件、计算机硬件、通信与设备服务、数字经济运行的支撑设施、物联网、数字化基础设施支持服务等；电子商务包括B2B、B2C、P2P等模式的电子商务；数字媒体包括直销数字媒体、免费数字媒体、大数据等。2021年，国家统计局发布了《数字经济及其核心产业统计分类》，将数字经济解构为数字产业化和产业数字化两部分，共包含5个大类：01至04大类为数字产业化部分，分别对应数字产品制造业、数字产品服务业、数字技术应用业、数字要素驱动业，主要包括计算机通信和其他电子设备制造业、电信广播电视和卫星传输服务、互联网和相关服务、软件和信息技术服务业等，构成了数字经济的核心产业；05大类为产业数字化部分，既包括数字化效率提升业，是指应用数字技术和数据资源为传统产业带来的产出增加和效率提升，体现了数字技术与实体经济的融合；也包括智慧农业、智能制造、智能交通、智慧物流、数字金融、数字商贸、数字社会、数字政府及其他数字化效率提升业等。该版本分类目录的突出特征是全面性，按照该分类进行统计，基本能够给出数字经济比较准确的规模数据。不过，对该版本分类目录的质疑集中在统计实践中的可操作性上，如此详细的分类目录，注定只能在国家统计局层面上开展核算工作，在地方层面上进行核算的难度很大。截至2023年9月，国家统计局并未发布按此分类目录统计核算出的我国数字经济规模值，这也反映出准确统计核算的难度。二是认识到目前很难对数字经济行业分类体系进行精确的界定，因而不如避繁就简，对数字经济的内涵进行分层，重点放在对具有数据基础的核心产业进行统计上。例如，UNCTAD（2019）将数字经济定义划分为狭义定义和广义定义两种，前者是指信息通信技术产业、电信服务、软件服务、信息服务等，后者则涵盖了共享经济、算法经济、工业4.0等；客观而言，狭义数字经济的统计相对准确，广义数字经济的统计主观性更大一些。根据UNCTAD的统计，2017年美国和中国是全球数字经济规模最大的经济体，两国狭义数字经济规模占GDP比重分别为6.9%和6%。

构建数字经济卫星账户（Digital Economy Satellite Account，DESA）也是对数字经济进行统计核算的重要探索，卫星账户是传统国民经济核算的辅助统计账户，用以对特殊形态的经济模式及相关产业的运行状况进行专门的统计监测和分析。澳大利亚、马来西亚的国家统计部门都曾经尝试过编制专门的ICT或数字经济卫星账户，2016年OECD成立的"数字经济下GDP测算咨询组"（Advisory Group on Measuring GDP in a Digital Economy）提出了数字经济卫星账户的基本框架，并尝试编制数字经济卫星账户的供给使用表。我国虽然没有在官方层面上构建单独的数字经济卫星账户，但很多学者就构建数字卫星账户的可行性及框架进行了探索性研究。例如，屈超和张美慧（2015）在总结OECD和澳大利亚经验的基础上，提出了构建我国ICT卫星账户的构想；杨仲山和张美慧（2019）尝试性地提出了中

第一章
理解数字经济：概念内涵与中国情境

国数字经济卫星账户的整体框架，剖析了其中涉及的基本概念、中心框架、核心表式与数据清单等，探讨了数字经济卫星账户的编制方法；向书坚和吴文君（2019）在OECD中心框架的基础上，初步设计了中国数字经济卫星账户的框架，并根据已有的数据测算了2012~2017年中国数字经济卫星账户主要数字产业的增加值及占GDP的比重；罗良清等（2021）将数字经济产业分为数字经济基础产业和融合产业，将数字经济产品分为数字产品和数字化产品，并据此识别数字经济核算界限，构建了中国数字经济卫星账户的基础框架。大体上看，目前数字经济卫星账户的构建仍处于初期探索阶段，还存在很多需要解决的问题。

基于国民经济行业分类体系对数字经济进行核算，存在一个比较突出的问题，即这种方法只能在界定的行业内进行核算加总，得出的数据难以反映出数字技术作为通用技术在国民经济各个行业中创造出的价值增量。因此，基于生产函数框架对数字经济进行增加值测算的方法被提了出来。这种方法既测算了信息通信产业、软件服务等数字经济核心部门的增加值规模，同时也借助生产函数分析工具及相应的数理方法，对数字技术在各经济部门中所创造的增加值进行了测算，更能够反映出数字技术对国民经济的普遍性影响。这方面的代表性工作主要来自中国信息通信研究院以及中国社会科学院数量经济与技术经济研究所的相关成果。中国信息通信研究院在历次发布的《全球数字经济白皮书》中都对测度方法进行了简要说明，测算对象包括"数字产业化"和"产业数字化"两部分。数字产业化部分主要就是信息通信产业，具体包括电子信息制造业、电信业、软件和信息技术服务业、互联网行业等基础行业。数字产业化部分的增加值按照国民经济行业分类体系目录直接加总即可。测算的难点和重点是产业数字化部分所创造的增加值。产业数字化是数字技术应用于传统产业（农业、工业及服务业）所带来的边际贡献，计算思路是把产出中数字技术的贡献部分剥离出来再进行加总。具体地，假定地区 i 在时期 t 使用不同类型的生产要素进行生产，包括 ICT 资本 CAP_{it}^{ICT}、非 ICT 资本 CAP_{it}^{NICT}、劳动力 LAB_{it} 以及中间产品 MID_{it}，相应的生产函数记为：

$$OPT_{it} = HA_{it} f（CAP_{it}^{ICT}，CAP_{it}^{NICT}，LAB_{it}，MID_{it}） \quad (1-1)$$

其中，OPT_{it} 为总产出，HA_{it} 为希克斯中性技术进步参数。

生产函数显性化处理为以下形式的超越对数生产函数：

$$dOPT_{it} = dHA_{it} + \beta_{CAP_{it}^{ICT}} dCAP_{it}^{ICT} + \beta_{CAP_{it}^{NICT}} dCAP_{it}^{NICT} + \beta_{LAB_{it}} dLAB_{it} + \beta_{MID_{it}} dMID_{it}$$

$$(1-2)$$

其中，$dX_{it} = \ln X_{it} - \ln X_{it-1}$ 为增长率，β_X 为不同生产要素在总产出中的贡献份额。

根据上述增长核算公式测算出 ICT 资本对各产业产出的贡献，进而估算出数字技术应用所创造的增加值。测算的关键是要先估算出 ICT 资本和非 ICT 资本存量：ICT 投资涉及计算机硬件、通信设备和软件三大类，基于部门投资额进行永续存盘估算；非 ICT 资本存量采用 GoldSmith 方法进行测算。

2021 年，中国社会科学院数量经济与技术经济研究所的蔡跃洲和牛新星提出了另一种基于生产函数框架的测算方法，在学术界具有较大的影响力。该方法的基本思路是分别测算"数字部门增加值""ICT 替代效应增加值"和"ICT 协同效应增加值"，最后加总得出数字经济增加值规模。"数字部门增加值"是结合国家统计局《国民经济行业分类（2017）》和《新产业新业态新商业模式统计分类》，选取直接提供 ICT 产品及服务的行业的增加值加总得到。"ICT 替代效应增加值"和"ICT 协同效应增加值"的测算则较为复杂，按照"先增量后总量、先贡献度后规模"的顺序，在增长核算及全要素生产率指数测算基础上展开，具体步骤为：第一步，将国民经济细分为 ICT 行业和其他若干行业；第二步，按照 OECD 方法估算 ICT 资本存量和非 ICT 资本存量；第三步，利用 Jorgenson-Griliches 增长核算框架，测算出"ICT 资本服务"和"非 ICT 资本服务"对行业增长的贡

第一章
理解数字经济：概念内涵与中国情境

献度，其中"ICT资本服务"的贡献对应于"ICT替代效应"；第四步，利用面板计量方法考察"ICT资本服务"及其他因素对"全要素生产率增长"的影响，进而剥离出"ICT协同效应"对行业增长的贡献；第五步，根据各行业历年的增长来源分解，计算出历年"ICT替代效应增加值"和"ICT协同效应增加值"对行业增长的贡献度，结合该时间段内行业增加值变化推算出"ICT替代效应增加值"和"ICT协同效应增加值"历年规模，上述增量逐年累加得到目标测算年份的"替代效应增加值"和"协同效应增加值"，而两者加总得到目标年份各（传统）产业对应的数字经济增加值规模。最后，将前述估算出的数字产业化、产业数字化部分进行整理汇总，可得各年度数字经济增加值总体规模。无论是中国信息通信研究院还是蔡跃洲和牛新星提出的基于生产函数的增加值测算方法，突出优势都在于比较好地解决了产业数字化部分的测算难题，能够得到数字经济对传统产业所创造出的价值增量，最终测算结果就能够更准确地反映出数字经济的总体贡献。但这些方法的不足之处也较为明显，即由于涉及复杂的分解和数学计算过程，前提假设也不尽相同，参数的调整可能对结果产生较大的影响，不同的测算得出的结果存在很大的差异，可比性较低。例如，中国信息通信研究院测算的2018年我国数字经济规模为31.29万亿元，而蔡跃洲和牛新星测算的数据为15.8万亿元，差距较大。

考虑到精确测量数字经济规模的实际难度，评估数字经济的另一条路径则是不再测算规模，而是通过构建数字经济发展指标体系，计算数字经济发展指数的方法进行定量分析。这种方法具有操作简便的优势，虽然并不能给出总体规模，但可以通过纵向或横向比较的方式对数字经济发展态势做出研判。构建数字经济发展指标体系并没有统一的框架，机构、智库、学术界从不同视角构建了多种指标体系。例如，欧盟从2014年起发布了数字经济与社会指数（Digital Economy and Society Index），由基于宽带接入、人力资本、互联网应用、数字技术应用与公共服务数字化程度5个一级指标下的 31 个细分指标计算得出。中国信息通信研究院（2017）提出的数字经济指数在国内智库构建的指数中具有代表性，在该指数的构建过程中具体选取了一系列与数字经济发展周期波动存在明确相关性的发展指标，利用统计方法计算得出景气合成指数，该指数又包括先行指数、一致指数和滞后指数三类细分指数。近年来，上海市社会科学院、腾讯研究院、财新智库等机构也相继发布了各自的数字经济发展指标体系和相关指数。

  由于构建评价指标体系的做法具有较强的可操作性，因而在学术研究中被广泛应用。例如，刘军等（2020）在界定数字经济内涵的基础之上，结合数据的可得性，把数字经济指数分解为信息化发展、互联网发展、数字交易三个维度的发展指标，选用光缆密度、移动电话基站密度、信息化从业人员占比、电信业务总量、软件业务收入、互联网接入端口密度、移动互联网普及率、宽带互联网用户人数占比、移动互联网用户人数占比、企业网站占比、企业使用计算机数占比、电子商务占比、电子商务销售额、网上零售额等指标构建数字经济发展指标体系，并采用线性加权法计算得到数字经济指数。万晓榆和罗焱卿（2022）从数字基础设施、数字产业、数字融合三个维度，选取互联网宽带接入端口，移动互联网人均接入流量，移动电话普及率，每百家企业拥有网站数量，信息传输、软件和信息技术服务业增加值占 GDP 比重，计算机、通信和其他电子设备制造业增加值占 GDP 比重，数字经济相关企业数量，ICT 投资占区域社会总投资比重，区域电子商务采销额占 GDP 比重，两化融合发展指数，在线政府指数，数字生活指数等指标构建了数字经济发展指标体系。盛斌和刘宇英（2022）从数字基础设施、数字产业和数字治理三个维度选取 3 个一级指标、7 个二级指标和 54 个三级指标，构建了我国省级数字经济发展指标体系。数字经济发展指数虽然无法反映出数字经济规模，但通过比较分析，能够较好地揭示出数字经济发展状况，不过由于各指数所依托的指标体系存在很大的差异，不同指数基本上不具有相互比较的价值。

四、我国数字经济发展状况

在强大的制度和政策优势保障下，加之超大规模国内市场的有力支撑，近年来我国数字经济发展取得了举世瞩目的成就。目前，我国在数字基础设施建设规模和水平方面位居世界前列，部分领域居于领先地位。传统的固定宽带已经完成了由铜缆接入到光纤入户的全面替换，光纤到户端口和接入用户占比均超过90%，在全球范围内处于领先地位。《2021年通信业统计公报》显示，截至2021年底，我国已累计建成并开通5G基站142.5万个，终端连接数超过3.5亿，5G网络规模位居全球第一且在不断扩大中。依据不同方法所测算出的结果均明确显示出我国数字经济快速发展的基本态势，数字经济规模不断扩大，数字经济在国民经济中所占比重不断提高。例如，中国信息通信研究院（2023）的数据显示，中国数字经济规模从2005年的2.6万亿元增长到了2022年的50.2万亿元。蔡跃洲和牛新星（2021）的数据显示，2018年中国数字经济增加值达到了15.8万亿元，占当年GDP比重达到了17.16%。无论从哪种方法的测算结果来看，数字经济规模增速都显著高于GDP增速，成为中国经济增长的新动能。

为了能够对中国数字经济发展状况给出更为全面的描述，同时也为本书后续章节的定量分析提供数据基础，我们在借鉴既有做法的基础上，构建了反映数字经济发展状况的指标体系，并提取出综合性的数字经济发展指数。考虑到数据可得性与完整性，我们选取了5个一级指标，分别是数字基础设施、ICT应用、数字技术人才、经济基础和数字产业发展，每类指标体系下包含数量不等的二级指标，具体如表1-1所示。目前，该指标体系已经在笔者科研团队的相关已发表成果中得到了应用。具体采用主成分分析法对指标变量进行降维处理，表1-1中给出了主成分分析法确定的各指标赋权权重，最终得到综合的数字经济发展指数，指数值越大，表明数字经济发展水平越高。由于主成分分析法提取出的数字经济发展指数存在负值,为了便于比较说明与后续分析,对得到的数据根据统计学方法进行坐标平移以消除负值(杨明海等,2017)。指标体系中各变量的具体数据来源于《中国统计年鉴》《电子信息产业统计公报》以及各省份统计年鉴等,时间段为2006~2021年,部分缺失值采用插值法进行补充。我们根据上述指标体系测算出了我国30个省份的数字经济发展指数值(除港澳台、西藏外),完整数据见附录。

表1-1 数字经济发展指标体系

一级指标	总权重(%)	二级指标	权重(%)
数字基础设施	27.45	长途电话交换机容量密度	6.42
		移动电话交换机容量密度	7.32
		长途光缆线路密度	7.04
		互联网接入端口密度	6.67
ICT应用	17.73	公用电话普及率	4.07
		固定电话普及率	5.65
		移动电话普及率	4.68
		互联网用户占比	3.34
数字技术人才	18.77	高等学校普通本、专科学校在校学生数	3.46
		科学研究和技术服务业	7.75
		信息传输、软件和信息技术服务业	7.56
经济基础	26.36	人均地区生产总值	6.70
		人均工资	4.38
		教育经费合计	4.41
		科学事业费	6.84
		信息传输、计算机服务和软件业固定投资额	4.03
数字产业发展	9.69	技术市场成交额	6.44
		电子信息产业主营业务收入	3.25

资料来源:笔者根据相关资料整理。

第一章
理解数字经济：概念内涵与中国情境

首先计算出各省市数字经济发展指数均值，对我国数字经济发展总体状况加以研判。图 1-1 给出了样本期内数字经济发展指数均值曲线，不难发现，该曲线呈现出明显且稳健的上升趋势，指数均值由样本期初的 3.669 上升到 5.607。如果仅从数字变化的幅度来看，数字经济发展指数的增速可能并不算高，中国信息通信研究院测算出的数字经济规模的增速要明显高于数字经济发展指数的同期增速。这是因为，数字经济发展指数是一个综合性指数，它既整合了经济规模方面的指标变量，也整合了数字人才、基础设施等方面的指标变量，很多变量的变化是相对缓慢的，不同变量综合起来就有了折中平衡的问题，这也导致综合指数的变化速度要低于数字经济规模的增速。观察图中的曲线还可以发现，2018 年后的增长趋势较此前要更显著一些。2017 年，在十九届中央政治局第二次集体学习上，习近平强调，"要加快建设数字中国，构建以数据为关键要素的数字经济，推动实体经济与数字经济融合发展"，将发展数字经济提升到了前所未有的高度，这也成为推动数字经济加速发展的重要动力。图 1-1 中还同时给出了国家工业信息安全发展研究中心发布的"全国数字经济发展指数"的曲线，该数据的起始期和基期都是 2016 年，可以看出，该曲线同样显示出了我国数字经济快速发展的基本特征。应该说，我国数字经济发展水平显著提升并成为经济增长的重要驱动力，这已成为一个能够达成共识的结论。

其次来观察不同地区的数字经济发展指数值，受篇幅限制，表 1-2 中给出了 2006 年、2015 年和 2021 年三个年份的各省份数字经济发展指数。观察其中数据不难发现两个较为明显的特征：一是各省份的数字经济发展指数值在不同年份中基本没有明显变化，上海、北京、广东、江苏和浙江等一直是数字经济发展水平较高的地区。就直觉而言，很多人会认为浙江的数字经济发展起步较早、拥有阿里巴巴等知名度很高的互联网头部企业，在数字经济发展方面应领先于其他省市。应该说，浙江的数字经济发展确有显著优势，特别是在互联网经济等数字产业化方面走在全国前列，

数字经济与中国出口贸易高质量发展

■ 数字经济发展指数：笔者计算得到（左轴）
— 数字经济发展指数：国家工业信息安全发展研究中心发布（右轴）

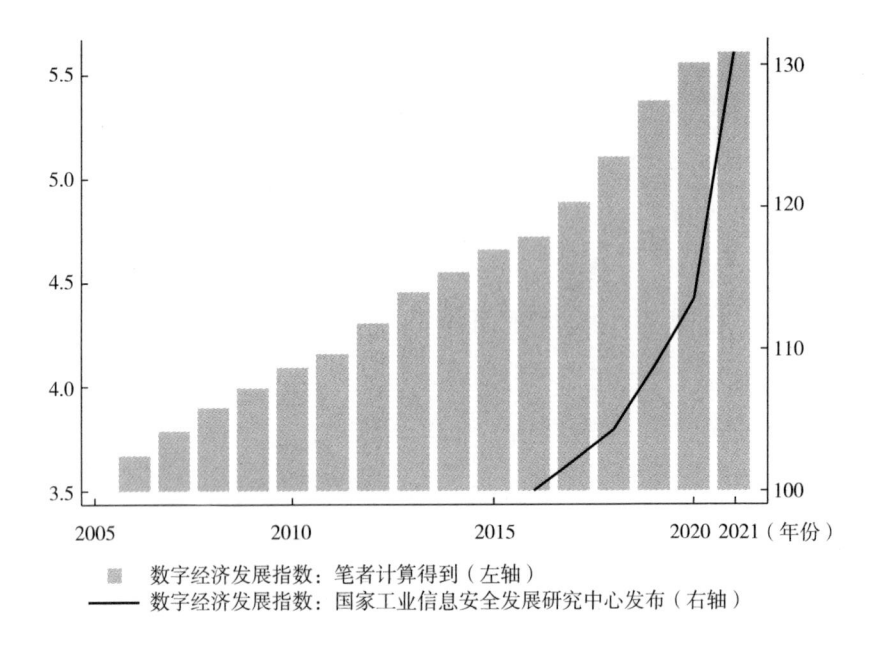

图 1-1　中国数字经济发展指数演变动态

但数字经济是一个综合概念，既包括互联网经济等数字产业化方面的内涵，更包括信通产业、传统产业数字化等内容，受限于浙江本身的经济体量，这些方面并不占优势。上海、北京、广东在数字产业化、产业数字化等方面均具有明显的综合优势。样本期内，江苏的数字经济发展指数先是低于浙江但很快就超过了浙江，尽管江苏并没有特别知名的互联网头部企业，但其拥有更大规模的信息通信、软件服务等数字产业化部门，以及更大体量的产业数字化部门，使江苏的数字经济发展水平稳居全国前列。

表 1-2　部分年份各省份数字经济发展指数

年份 省份	2006	2015	2021	年份 省份	2006	2015	2021
北京	5.956	8.519	10.399	河南	3.589	4.541	5.898
天津	4.170	5.174	6.143	湖北	3.528	4.635	5.592

第一章
理解数字经济：概念内涵与中国情境

续表

年份\省份	2006	2015	2021	年份\省份	2006	2015	2021
河北	3.399	4.301	5.266	湖南	3.371	4.249	5.574
山西	3.392	3.957	4.343	广东	4.915	7.084	9.709
内蒙古	2.998	3.630	4.082	广西	3.159	3.771	4.632
辽宁	3.869	4.701	4.738	海南	3.088	3.586	4.004
吉林	3.280	3.990	4.468	重庆	3.244	3.910	4.600
黑龙江	3.473	3.891	4.186	四川	3.360	4.601	6.005
上海	6.520	9.106	11.243	贵州	2.912	3.673	4.345
江苏	4.423	6.599	8.265	云南	2.991	3.685	4.328
浙江	4.662	5.779	7.254	陕西	3.492	4.475	5.281
安徽	3.336	4.357	5.659	甘肃	3.062	3.458	3.853
福建	3.784	4.645	5.384	青海	2.820	3.321	3.759
江西	3.200	3.854	4.788	宁夏	3.000	3.424	3.798
山东	3.801	5.176	6.541	新疆	3.270	3.638	4.060

资料来源：笔者计算得到。

二是不同省份的数字经济发展水平存在很大的差异。与上海、北京、广东、江苏、浙江相比，其他省份的数字经济发展水平都明显较低。以2021年为例，上海的数字经济发展指数值为11.243，而青海则只有3.759，相差接近3倍。从这种特征不难推断出三大区域在数字经济发展方面的显著差距。上海、北京、广东、江苏、浙江均为东部省份，这就必然导致我国数字经济发展整体上呈现东部高、中部低、西部最低的梯度空间格局特征。事实也是如此，图1-2进一步绘制了东部、中部、西部地区的数字经济发展指数曲线，可以看出，虽然三大地区的数字经济发展趋势是一致的，但东部地区的数字经济发展水平明显高于中西部地区。如果仅从指数值的差距来看，东部地区与中西部地区的数字经济发展水平差距还在扩大。中部地区数字经济发展水平要高于西部地区，但两者之间的差距相对小一些，但这种差距也显示出扩大的趋势。尽管我国数字经济发展取得了令人瞩目的成就，但区域之间表现出了较明显的数字鸿沟现象，这对区域平衡发展及共同富裕的实现都构成了严峻的挑战。数字经济对于区域经济增长具有明显的自强化效应，在更为发达的地区，数字经济更能够激发出产业发展、基础设施建设等方面的领先优势，充分发挥数据要素的赋能作用，从而为地区经济增长创造出更强的动能、更大的空间。在数字经济发展相对落后地区，就难以充分发挥数字经济的赋能作用，导致发达地区与相对落后地区在增长路径上进一步分化。因此，做强做优做大我国数字经济，加快促进数字经济的平衡发展、包容性发展是今后的发展目标。

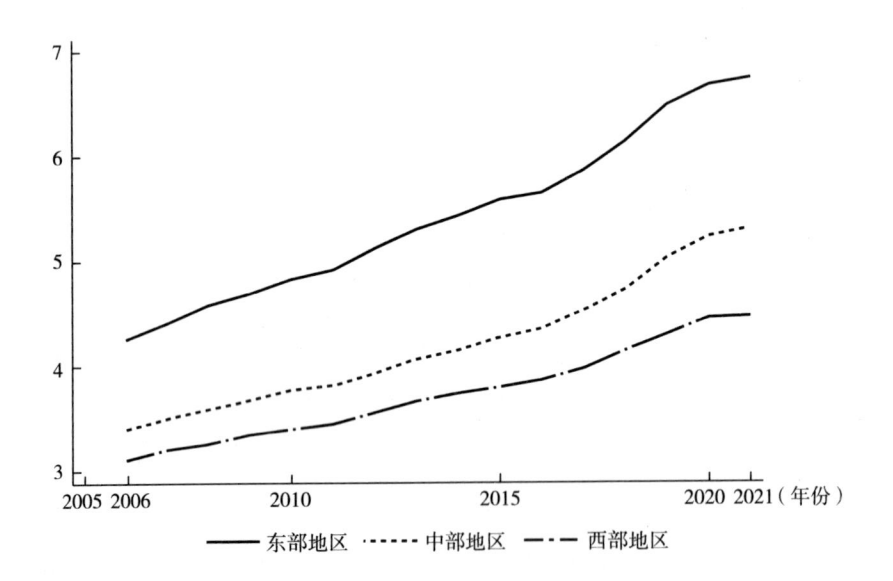

图 1-2　东部、中部、西部地区数字经济发展指数曲线

资料来源：笔者计算得到。

本章小结

数字经济是以数据资源为关键要素的新型经济形态，数字经济时代的

第一章
理解数字经济：概念内涵与中国情境

到来深刻改变了经济发展的动能、路径与模式，抢占数字经济发展制高点也成为新一轮科技革命下全球竞争的焦点。以强大的制度优势为支撑，充分发挥超大规模市场带来的独特优势，21世纪以来，中国在网络经济、数字经济发展方面取得了突出成就，无论是以何种统计口径来看，中国数字经济规模长期处于全球第二位，并与处于第一位的美国共同组成了遥遥领先的数字经济第一梯队。随着中国特色社会主义进入新时代，我国开启了全面建设社会主义现代化国家、实现第二个百年奋斗目标的新征程，不断做强做优做大数字经济成为加快转换增长动能，推动高质量发展，实现第二个百年奋斗目标的必然要求。当前我国数字经济发展具有突出优势，但也有存在较为明显的短板。优势突出表现在党领导形成制度优势、超大规模市场优势、完整产业体系优势、技术进步优势等方面，短板则较为明显地表现在数字经济发展不平衡、数字技术与产业发展水平仍然与世界前沿有较大的差距等方面。新时代应在准确把握数字经济内涵特征与发展规律、充分发挥放大突出优势、积极解决短板的基础上，加快推进数字经济深入发展，不断做强做优做大数字经济，有效发挥数字经济新形态对高质量发展的赋能作用。

第二章　新时代的中国出口贸易：
增长压力与政策破局

党的十八大开启了中国特色社会主义新时代。习近平总书记在党的十九大报告中指出："经过长期努力，中国特色社会主义进入了新时代，这是我国发展新的历史方位。"新时代以来，中国经济发展过程中出现了一些新形势与新变化。从内部环境来看，我国社会主要矛盾发生了变化，表现为人民日益增长的美好生活需要和不平衡不充分的发展之间的矛盾，亟须改变以规模增长为主要导向的发展模式，着力解决发展不平衡不充分问题，寻求更加全面协调可持续发展。从外部环境来看，世界政治经济格局发生了深刻变化，全球金融危机后世界经济进入复苏乏力的"新平庸"时代，百年未有之大变局更加剧了全球治理困境。中国经济面临的风险与挑战前所未有。长期以来，出口贸易一直是驱动中国经济增长的"三驾马车"之一，特别是加入世界贸易组织以后，出口贸易史无前例的规模扩张更是为中国经济实现高速增长做出了重要贡献。新时代的新形势与新变化，特别是变幻莫测的外部环境，必然给中国出口贸易发展带来深远的影响与严峻的挑战，出口贸易延续此前高速增长的难度越来越大。然而，出口贸易在经济增长中的地位在中短期内又是难以改变的，应对新形势与新矛盾，促进出口贸易稳定发展就需要政策破局的驱动，长期内更需要贸易部门内生增长动力的变革，关键在于实现出口贸易的高质量发展。

一、新时代中国出口贸易发展状况

新时代以来，我国出口贸易发展进入了新的历史阶段，出口贸易规模

第二章
新时代的中国出口贸易：增长压力与政策破局

仍然保持了高位水平，出口贸易发展取得了令人瞩目的成就，但同时也出现了与新时代之前不同的新态势。图2-1给出了21世纪以来，各年度我国出口贸易规模及同比增长率的相关曲线。

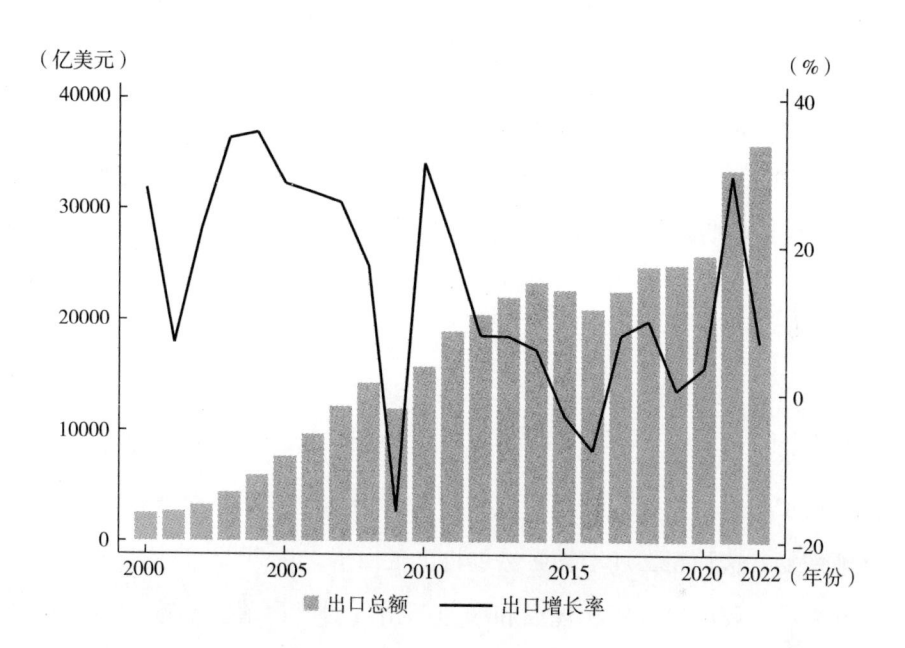

图2-1　我国出口贸易发展状况

资料来源：历年《中国统计年鉴》。

具体来看，2000年我国出口贸易规模仅为2492亿美元，加入世界贸易组织以后出口贸易开始高速增长，2007年首次超过万亿美元大关达到了1.2万亿美元。受全球金融危机的影响，2009年我国出口贸易额出现小幅度的短暂下降，但很快实现反弹，并在2012年进一步突破了2万亿美元。2000~2012年我国出口贸易基本保持了稳定的高速增长态势，年均增速达到了17.6%，远高于同期GDP增长率，这也反过来体现了出口贸易增长对国民经济的驱动作用。2012年以后，随着国内外环境的复杂调整，出口贸易的增长态势逐渐发生了变化。2012~2014年的出口贸易短暂延续了此前的增长势头，但此后出现连续两年的负增长，尽管2017年开始出现恢复性增长，但增长幅度非常有限，增长乏力态势显著。从增长率来看，除了2002年和2009年，2000~2012年的出口贸易增长率基本保持在20%以上，最高值的2004年甚至达到了35.4%。2012年以后，出口贸易增长率出现大幅下降，2012年的增长率仅为7.9%，2011年则为20.3%，2012~2019年的年均增长率仅为3.68%。我国出口贸易在2020年实现了基本稳定，在随后的2021年和2022年则出现了超常规的爆发式增长，不过这种增长不太可能成为长期趋势，更多是特定时期多重因素耦合的结果。具体而言，一方面，全球新冠疫情冲击打乱了全球产业链供应链体系，多数工业化国家处于供应链断裂、产业链停滞的状态，供给能力受限；另一方面，得益于强大的制度优势，中国经济率先复苏，加上拥有全球最为完备的产业体系，中国制造成为全球市场最为重要也是最为可靠的供给方，由此推动了中国出口贸易的超常规式增长。但随着全球产业链供应链体系逐渐恢复，这种超常规增长必然也将出现回落。从2023年上半年的统计数据来看，我国出口贸易规模和增速都出现明显回落。不难看出，新时代以来我国出口贸易增长较此前出现了明显不同的态势，出口贸易快速增长的势头回落，这背后的原因有很多，我们在后面将对此加以深入分析。

再来看我国出口贸易结构方面的变化状况。依最宽的统计口径，出口贸易商品可以分为初级产品和工业制成品两大类，贸易结构特征首先就表现为这两类产品在出口中所占的相对比重。长期以来，中国出口贸易中工业制成品的规模就一直超过初级产品，特别是21世纪以来，随着中国制造业越来越深入地参与到全球价值链分工体系中，加上中国制造业在技术水平、产品质量及国际竞争力等方面的不断提升，工业制成品的出口规模快速扩张，在出口贸易中所占比重显著提高。图2-2中给出了21世纪以来初级产品及工业制成品的出口规模曲线，其中工业制成品具体包括四类产

第二章
新时代的中国出口贸易：增长压力与政策破局

品，分别是按原料分类的制成品、机械及运输设备、化学品及有关产品，以及杂项制品和其他未分类产品。可以看出，初级产品出口规模总体上较为稳定，增长幅度有限，增长趋势在新时代前后并没有出现明显的变化。反观工业制成品出口则表现出了明显的快速增长态势，以加入世界贸易组织为转折点，中国工业制成品出口规模在极短的时间内实现了爆发式增长，工业制成品出口规模与初级产品出口规模之间的差距日益扩大。以2012年为时间节点，2012年以后工业制成品出口贸易的增长趋势放缓，增速明显下降。从具体数据来看，2000~2011年，我国工业制成品出口额由2237.43亿美元增长至17978.35亿美元，年均增速为18.9%；2012~2019年，工业制成品出口额由19481.56亿美元增长至23655.13亿美元，年均增速为2.8%；对应于这两个时期，初级产品出口贸易的年均增速分别为12.5%和4.1%。

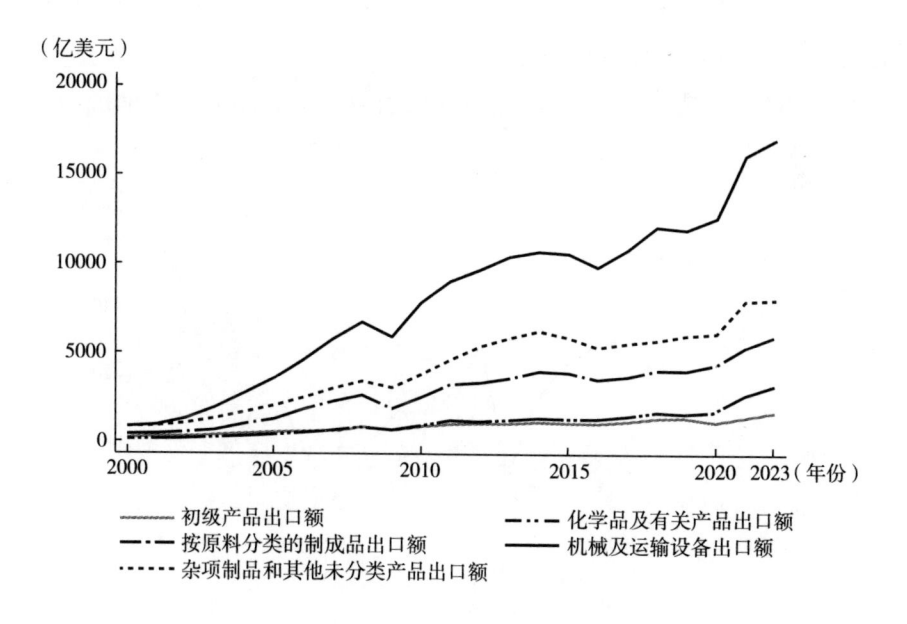

图2-2 2000~2023年我国出口贸易结构

资料来源：Wind数据库。

除了工业制成品占据主导地位这一突出特征，随着我国经济向高质量发展阶段的转型，出口贸易中高技术产品的规模及占比不断增长更成为贸易结构的关键特征。图2-3给出了21世纪以来我国高技术产品出口贸易规模的柱状图以及对应的增长曲线，不难看出，高技术产品出口额与出口贸易总额的增长态势基本一致，即以2012年作为时间节点，2012年以后高技术产品出口贸易的增速明显放缓，年均增速较此前也有了大幅下降，两个时间段的年均增速分别为23.2%和2.8%。2000年高技术产品出口额为370.44亿美元，2012年为6011.96亿美元，2019年达到了7307.53亿美元。表2-1具体给出了九种不同类别的高技术产品在主要年份的出口规模，其中计算机与通信技术、电子技术两类为高科技产品出口的主体。2000年，计算机与通信技术产品的出口额为270.09亿美元，电子技术产品的出口额为58.45亿美元，分别占当年高技术产品出口总额的72.9%和15.8%；2019年，两类产品的出口额分别达到了4677.23亿美元和1660.98亿美元，占当年出口总额的64.0%和22.7%。2000~2019年，两类产品的出口额分别增长了16.3倍和27.4倍，年均增速达到了15.0%和17.6%。

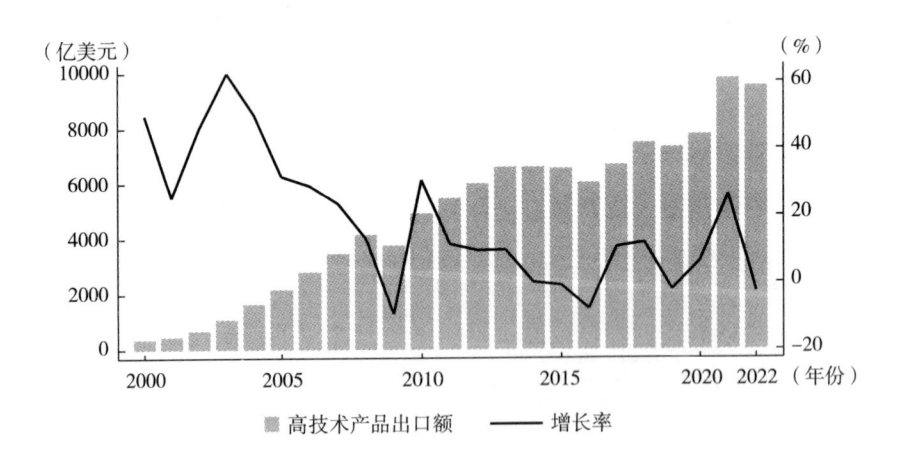

图2-3 我国高技术产品出口贸易发展状况

资料来源：Wind数据库。

第二章
新时代的中国出口贸易：增长压力与政策破局

表 2-1　我国各类高技术产品的出口规模　　　　单位：亿美元

年份	生物技术	生命科学技术	光电技术	计算机与通信技术	电子技术	计算机集成制造技术	材料技术	航空航天技术	其他
2000	1.28	13.75	9.84	270.09	58.45	4.99	3.17	6.91	1.96
2005	2.68	45.63	71.79	1771.13	244.79	20.78	8.64	14.10	2.93
2010	3.55	138.74	286.26	3560.24	774.75	77.20	44.24	34.94	4.22
2011	4.14	178.40	321.03	3929.51	865.70	89.17	47.20	45.97	6.77
2012	4.72	209.25	395.01	4192.69	1015.26	98.65	46.07	44.37	5.94
2013	6.08	225.77	393.29	4390.90	1367.91	109.61	51.55	51.12	7.07
2014	6.52	239.39	362.95	4587.44	1145.60	129.36	61.01	65.47	7.60
2015	6.87	245.87	357.32	4418.98	1254.70	124.90	62.32	73.19	7.97
2016	6.38	247.56	306.80	4091.38	1111.37	132.61	62.94	71.63	8.07
2017	7.02	278.69	311.45	4577.79	1193.34	153.55	72.55	72.31	7.73
2018	9.33	327.59	291.01	5058.52	1429.76	176.02	75.00	91.46	9.97
2019	9.81	334.08	274.68	4677.23	1660.98	185.18	69.15	88.41	8.01
2020	12.02	410.80	268.40	4892.70	1838.41	198.23	71.07	64.62	10.33
2021	167.61	593.27	370.78	5790.16	2433.95	249.82	100.43	75.10	14.68
2022	21.68	654.13	366.80	5314.99	2610.86	291.04	133.74	108.58	11.48

资料来源：Wind 数据库。

从出口贸易的市场结构来看，我国在国际市场上的出口目的地比较集中，主要是亚洲、欧洲和北美洲三个区域。为更清晰地了解中国出口贸易市场结构特征，表 2-2 给出了主要年份对各地区出口额占出口贸易总额比重。从表中数据可以看出，亚洲地区一直是我国最主要的出口目的地，近一半的出口额面向亚洲市场。从地理上看，亚洲地区拥有最大的地域空间，亚洲地区的经济体数量也是最多的，而且这些经济体的发展水平也相对较高，特别是东亚和东南亚地区的经济体更是普遍达到了中等收入以上水平，从而导致了对中国产品的巨大市场需求。此外，对亚洲地区出口贸易占比较大，还与东亚和东南亚地区深度参与全球价值链分工体系密切相关，中国与这些地区的经济体之间的贸易，有很大一部分都属于围绕价值链分工所进行的中间品贸易。欧洲和北美洲是我国另外两个重要的出口目的地，且这两个地区的出口额占比基本相当，均保持在20%左右，对欧洲出口占比略高于对北美洲出口。从表2-2中数据的演变趋势来看，对各地区出口所占比重虽然各年度有所波动，但整体上保持了比较稳定的状态，并没有出现比较明显的变化。近年来，美国对华贸易摩擦不断，尽管如此，中国与北美洲的贸易联系仍然非常密切，北美地区出口占比并没有出现大幅下降。

表2-2　我国对各地区出口占总出口的比重

年份	亚洲	非洲	欧洲	拉丁美洲	北美洲
2000	0.53	0.02	0.18	0.03	0.22
2005	0.48	0.02	0.22	0.03	0.23
2010	0.46	0.04	0.23	0.06	0.19
2011	0.47	0.04	0.22	0.06	0.18
2012	0.49	0.04	0.19	0.07	0.19
2013	0.51	0.04	0.18	0.06	0.18
2014	0.51	0.05	0.19	0.06	0.18
2015	0.50	0.05	0.18	0.06	0.19
2016	0.50	0.04	0.19	0.05	0.20
2017	0.48	0.04	0.19	0.06	0.20
2018	0.48	0.04	0.19	0.06	0.21
2019	0.49	0.05	0.20	0.06	0.18
2020	0.48	0.04	0.21	0.06	0.19
2021	0.48	0.04	0.21	0.07	0.19

资料来源：Wind数据库。

第二章
新时代的中国出口贸易：增长压力与政策破局

下面进一步观察我国对美国、欧盟和日本这三个目标市场的出口情况。图2-4（a）中给出了21世纪以来我国对美国、欧盟、日本的出口贸易规模曲线，可以发现，美国和欧盟市场的重要性显著提升，加入世界贸易组织后对两大市场的出口贸易呈爆炸式增长且贸易额基本相当。具体地，2000年我国对美国和欧盟的出口规模分别为521.04亿美元和381.93亿美元，2012年分别增长至3517.96亿美元和3339.88亿美元，2019年达到了4186.74亿美元和4287亿美元，对两大市场的出口贸易额占我国出口贸易总额的比重基本保持在30%以上，这些数据凸显出一个基本事实，即我国与美国、欧洲的经济联系越发紧密。比较来看，对日本的出口规模虽然也在不断增长，但增长规模要相对较小，这也导致对日本的出口在出口贸易总额中的比重出现下降，日本市场的重要性也相对下降。图4-2（b）给出了对三个主要市场的出口增长曲线，可以发现，2012年以后对三个主要市场的出口增长趋势都出现了调整，增速明显回落，除去全球金融危机等影响的年份，2012年以后的出口增长率明显低于此前阶段。

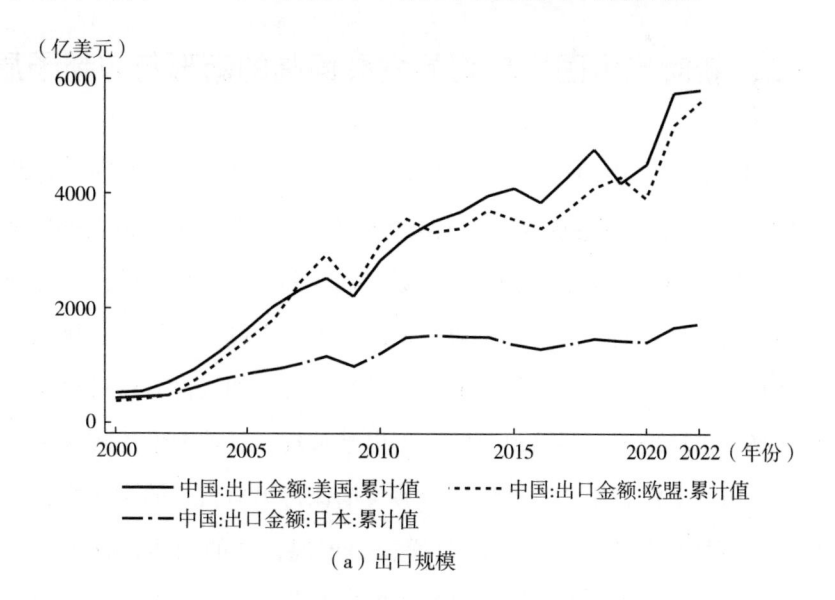

（a）出口规模

图2-4 我国对美日欧出口贸易发展状况

(b) 增长率

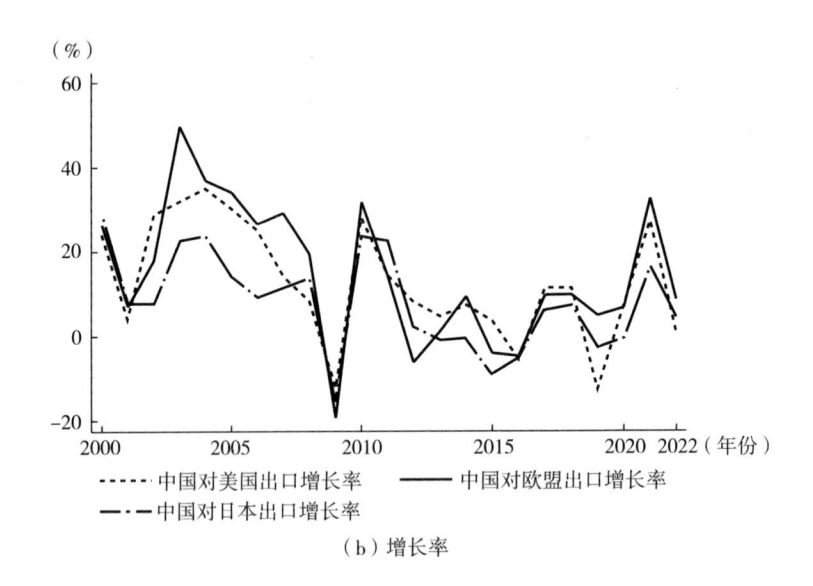

图 2-4 我国对美日欧出口贸易发展状况（续）

资料来源：Wind 数据库。

二、新时代中国出口贸易发展面临的新形势与新矛盾

21 世纪以来，中国出口贸易发展获得了难得的战略机遇期，客观而言，持续 10 余年的发展机遇期，无论是从国内还是国外的经济发展史来看都极为难得。2012 年后，中国出口贸易开启了新的历史发展阶段，受众多复杂因素的叠加影响，出口贸易增长正面临着越来越大的压力和挑战，无论是增长空间还是竞争力，都已不再像世纪之交、加入世界贸易组织之初那样清晰。出口增长趋势出现扭转，历史基数较高、前期增速较快也是原因之一，历史上没有哪个贸易强国能够长期保持出口贸易的高速增长。随着出口贸易规模的不断扩大，出口增长会出现自然的回落，我国亦不例外。然而这并非最主要的原因，自然的增速回落将是一个相对较长的平缓下降过程，这与 2012 年以后中国出口贸易增长的态势扭转并不一致。中国

第二章
新时代的中国出口贸易：增长压力与政策破局

的出现为标志，中国的要素禀赋结构已经发生了根本性扭转，人口红利的逐渐消失使劳动要素的稀缺性不断凸显，劳动要素的价格开始不断上涨。这样一来，前期支撑出口贸易实现较快增长的要素禀赋条件被扭转，特别是价值链分工体系上的大量环节正在不断失去竞争力。另外，中国作为制造大国而非制造强国、贸易大国而非贸易强国的基本情况仍未有根本性改变。尽管近年来我国在不少产业领域取得了具有标志性的创新成果，也具备了突出的竞争优势，但客观来看，我国产业创新能力与创新水平仍广泛地落后于先进的工业化国家，产业现代化水平与发达工业化国家仍有差距，与建设现代化产业体系的目标仍不匹配。习近平总书记指出："创新能力不强，这是我国这个经济大块头的'阿喀琉斯之踵'。"我国产业创新水平的提升，主要受庞大本土市场规模的驱动，以及后发经济体所享有的较大模仿空间，这就导致我们始终在追赶世界前沿，始终难以实现由全球价值链体系参与者向主导者的跃变。产业基础能力薄弱既是产业创新能力不足的根源，同时也是其深刻体现。在基础零配件、基础技术、基础材料、基础工艺等"工业四基"领域，我国与先进工业化国家存在很大的差距，即使近年来取得了重大创新突破，在核心基础零配件或材料方面仍程度不等地依赖国外进口。2016年，工业和信息化部发布了《工业"四基"发展目录》，提出到2020年我国期望能够优势突破的46项行业技术基础、81项先进基础工艺、268项关键基础材料以及287项基础零配件，涉及信息技术、数控机床等十多个关键制造业领域，反映出产业创新基础能力还存在明显短板。该目录发布时曾提出将每两年滚动修订一次目录，但直至2022年才发布了《产业基础创新发展目录（2021版）》，从严格意义上来说，后者与2016年发布的《工业"四基"发展目录》并非一回事。这背后也反映出一个现实，即工业基础能力的突破是一件很困难的工作，基本不太可能在几年内实现明显的突破。在缺乏先进替代要素的情况下，以劳动要素稀缺性上升为特征的要素禀赋条件的变化，是新时代中国出口贸易增长必须面对的新形势。

除了以上所提及的新形势和新矛盾，还有一些因素也对中国出口贸易增长产生了重要影响。例如，技术进步可能对出口贸易增长产生多面性影响。当前以数字化、智能化、网络化为特征的新一轮科技革命深入推进，数字技术逐渐渗透到工业部门的方方面面，对工业流程、要素投入结构、技术创新等产生了深刻影响。传统上跨国公司生产区位选择的主要决定因素就是要素成本，但随着自动化技术、人工智能技术对于生产流程的改造，对于劳动要素特别是低技能劳动要素的需求大幅减少，相应地，生产的一体化、即时性程度对区位选择的权重就会变得更大，这就很有可能驱动国际分工体系收缩。事实上，新兴产业领域为抑制技术扩散也更愿意实施生产本地化，形成所谓的"技术反噬"现象（渠慎宁和杨丹辉，2022）。此外，像WTO改革这种制度环境因素，对于包括中国在内的广大发展中经济体的出口贸易增长都带来了潜在的不确定性。WTO的宗旨是促进就业与贸易，实现经济繁荣，对发展中经济体实施差别优惠待遇是其秉持的一项基本原则。近年来，美国等西方发达国家认为中国等新兴经济体从差别待遇中获得不平等竞争优势，提出要改革WTO，催促中国等发展中经济体尽快"毕业"。美国提出的改革方案与发展中经济体的方案存在很大的冲突，但其态度强硬，致使WTO改革陷入僵局，甚至导致WTO上诉机构出现停摆。WTO是全球最大的贸易治理规则体系，它所面临的危机给全球贸易特别是广大发展中经济体对外贸易的发展前景投下了阴影。

三、新时代中国出口贸易发展的政策破局

长期以来，出口贸易都是驱动中国经济增长的"三驾马车"之一，尤其是在内需迟迟难以启动、供给侧结构性矛盾仍存在的情况下，出口贸易的作用难以替代。我们也应看到，中国制造在全球市场上仍然拥有突出的

第二章
新时代的中国出口贸易：增长压力与政策破局

竞争优势，新时代推动出口贸易稳定增长、高质量发展仍具有坚实基础。围绕确保中国出口贸易在新的历史阶段下稳定增长，不断提升出口贸易发展质量，2012年以来，中共中央、国务院先后出台了一系列相关政策，积极推动实现对新形势、新矛盾的破局。

一是实施贸易强国战略，加快实现由贸易大国向贸易强国的转型。2014年，商务部相关负责人在《人民日报》发表的《从贸易大国迈向贸易强国》一文中，正式提出了建设贸易强国的概念。文章指出，2013年我国跃居世界第一货物贸易大国，但前路并不平坦，唯有加快从贸易大国迈向贸易强国，才能更好地服务于"两个一百年"奋斗目标，并提出要从"坚持开放引领，继续发展对外贸易不动摇"，"实施创新驱动，加快培育外贸竞争新优势"，"全面深化改革，构建外贸可持续发展新机制"，"坚持互利共赢，积极参与全球经贸规则制定"等方面推进贸易强国建设。2016年，《中华人民共和国国民经济和社会发展第十三个五年规划纲要》提出"实施优进优出战略，推动外贸向优质优价、优进优出转变，加快建设贸易强国"。2017年，党的十九大报告指出："拓展对外贸易，培育贸易新业态新模式，推进贸易强国建设。"在当年12月召开的全国商务工作会议上，商务部明确了经贸强国建设的三个阶段性目标，分别是：2020年前，进一步巩固经贸大国地位，推进经贸强国的进程；2035年前，基本建成经贸强国；2050年前，全面建成经贸强国。2021年，《中华人民共和国国民经济和社会发展第十四个五年规划和2035年远景目标纲要》进一步提出，要立足国内大循环，协同推进强大国内市场和贸易强国建设，加快培育参与国际合作和竞争新优势。2022年，党的二十大报告指出："推动货物贸易优化升级，创新服务贸易发展机制，发展数字贸易，加快建设贸易强国。"这是以习近平同志为核心的党中央站在新的历史起点上，统筹中华民族伟大复兴战略全局和世界百年未有之大变局作出的重大战略安排，为新时代新征程下贸易强国建设指明了前进方向，提供了根本遵循

（王文涛，2022）。上述文献都特别提到了数字贸易，这也反映出新一轮科技革命正在对包括国际贸易在内的国民经济各个方面产生深远影响，而这也将成为推进贸易强国建设的重要抓手。

二是全面推进制度型开放。新时代以后对外开放由要素开放向制度型开放转型，制度型开放成为加快建设高质量开放型经济的重要保障，为出口贸易增长发挥了重要的促进作用。制度型开放的重要抓手就是建设自由贸易试验区。自贸试验区承担了进行制度创新和压力测试的功能，目的就是通过制度创新积累可复制的经验，用以推动国内的经济改革，也为进一步扩大对外开放提供政策借鉴。自贸试验区制度创新主要涉及行政管理体制、开放领域、贸易便利化等，从严格意义上来说，制度创新的对象并非针对出口贸易，但客观上这些创新也为出口贸易增长提供了重要支撑。例如，自贸试验区在贸易便利化方面做了大量创新试验，特别是近年来随着跨境电商及数字贸易等贸易新业态的发展，对进出口贸易的监管流程优化提出了新的要求。2014年，作为贸易便利化的重要举措，上海自贸试验区在国内率先启动了"单一窗口"建设试点，通关效率得到大幅度提高，这方面的制度创新成果被推广到各个自贸试验区，中国国际贸易"单一窗口"也已经于2018年正式上线。自贸试验区在贸易便利化方面的突破，显著降低了出口贸易的流程成本，对促进出口贸易增长具有重要价值。自贸试验区在营商环境建设方面不断拓展创新，以一流水平的营商环境推动高起点、全方位的对外开放，以开放的主动赢得发展的主动，如上海自贸试验区打造了贸易自由、投资自由、资金自由、运输自由、人员从业自由和信息快捷联通为一体的"五自由一便利"工作体系，打造更具国际影响力、服务全球的特殊经济功能区。各个自贸试验区依托高水平的营商环境在吸引利用外资方面取得了突出成绩，试验区成为跨国公司集中区。在当前部分国家推动全球产业链"去中国化"的情况下，试验区为锚定产业链与稳定国际分工体系提供了抓手，为进一步稳定中国出口

第二章
新时代的中国出口贸易：增长压力与政策破局

贸易增长发挥了积极作用。自贸试验区在推进高水平开放的同时，还坚持在开放环境下推动产业发展，通过强化竞争政策、建设研发创新公共服务平台等途径，为国内产业创新发展和国际竞争力提升创造基础支撑，有力地促进了出口贸易的高质量发展。2022年，党的二十大报告进一步明确指出，"加快推进自由贸易试验区、海南自由贸易港建设"，"实施自由贸易试验区提升战略"。截至2022年底，我国已经先后设立了21个自贸试验区及海南自贸港，为高水平对外开放以及出口贸易高质量增长提供了重要支撑。

三是积极参与国际贸易治理体系的改革，主动应对贸易保护主义的挑战。一方面，我国积极参与到世界贸易组织的改革进程中，融合广大发展中经济体的诉求，提出了务实可行的中国方案。世界贸易组织及其前身关贸总协定是全球贸易谈判的推动主体，但世界贸易组织建立以后，多边谈判反而陷入了步履维艰的地步，多哈回合谈判久拖不决、无果而终。近年来，随着世界经济的结构性矛盾日益凸显，美国等西方发达经济体对世界贸易组织的不满越发增多：WTO体制不公平、不互惠；美国与其他成员关税不对等；发展中国家地位被滥用；上诉机构限制美国主权；通报义务软弱等（陈凤英和孙立鹏，2019）。美国政府力图通过采取单边贸易措施，以及绕过WTO的双边贸易协定，迫使各成员国接受其对WTO的改革诉求。2019年12月11日，由于美方阻挠法官补新，WTO上诉机构最终因法官人数不足而停止运转，世界贸易组织争端解决功能部分瘫痪。此后，美方持续阻挠上诉机构法官遴选，在2023年2月27日举行的世界贸易组织争端解决机构会议上，美国第63次反对重启上诉机构新法官遴选程序的提案。WTO多边贸易体制面临前所未有的危机。作为多边贸易体制的积极参与者、贡献者和维护者，中国积极参与推进WTO改革，2018年11月发表了《中国关于世贸组织改革的立场文件》，提出了中国有关WTO改革应当遵循的三个基本原则：维护多边贸易体制的核心价值、保障发展中成员的发展利益和遵循协商一致的决策机制，以及五点主张：维护多边贸易体制的主渠道地位、优先处理危及世贸组织生存的关键问题、解决贸易规则的公平问题并回应时代需要、保证发展中成员的特殊与差别待遇和尊重成员各自的发展模式。在此基础上，2019年中国向WTO正式提交了《中国关于世贸组织改革的建议文件》。积极参与WTO改革、维护多边贸易体制，这是当前复杂国际形势下保障中国出口贸易稳定增长的重要举措。

另一方面，我国积极实施自贸区战略，从双边或区域层面推进贸易开放。党的十八大报告提出"统筹双边、多边、区域次区域开放合作，加快实施自由贸易区战略，推动同周边国家互联互通"，党的十九大报告提出"中国支持多边贸易体制，促进自由贸易区建设，推动建设开放型世界经济"，党的二十大报告进一步提出"构建面向全球的高标准自由贸易区网络"，自由贸易区建设被摆在了推进高水平对外开放的重要位置。2005年，中国与智利签订了第一个自由贸易区协定，2012年以后签署的自贸协定数量大幅增加。截至2022年底，中国已经签署了21份自由贸易区协定（包括协定的升级版），在谈的自由贸易区协定有10份（包括协定的升级版），处于正在研究阶段的自由贸易区协定有8份。其中，中国参与谈判的《区域全面经济伙伴关系协定》（RCEP）于2022年正式生效，无论是从人口和经济总量，还是从既往的货物贸易额来看，RCEP均高于其他自由贸易区，是全球最大、最具潜力的区域自贸区。根据RCEP的规定，协定生效后区域内90%以上的货物贸易将最终实现零关税，而且RCEP使中国与日本、韩国首次建立了自贸关系，这些都给中国出口贸易带来了重要的增长机遇。2021年9月，中国正式申请加入《全面与进步跨太平洋伙伴关系协定》（CPTPP），CPTPP是全球最高标准的自贸协定之一，该协定在诸多领域实现了突破性的规则创新，覆盖知识产权、政府采购、竞争、国有企业、环境、服务贸易等多个敏感领域，加入该协定后无疑将更高

第二章
新时代的中国出口贸易：增长压力与政策破局

程度地提升包括出口贸易在内的整体开放水平。2023年6月，商务部相关负责人在APEC工商领导人中国论坛上称，中国政府已向《全面与进步跨太平洋伙伴关系协定》成员递交了中国加入CPTPP的交流文件，目前正在推进加入CPTPP进程，对CPTPP 2300多个条款进行了深入全面的研究和评估，梳理中国加入CPTPP需要进行的改革措施和需要修改的法律法规。

四是大力推进"一带一路"倡议的落地。"一带一路"倡议是新时代我国对外关系领域的重大决策，该倡议的首要内涵在于经济方面，推动共建"一带一路"国家和地区在贸易领域的深化合作。"一带一路"倡议在多边互利的基础上，为中国出口贸易市场多元化、贸易机会创造发挥了重要作用。2013年9月、10月，中国国家主席习近平在出访哈萨克斯坦和印度尼西亚时先后提出了共建"丝绸之路经济带"和"21世纪海上丝绸之路"的重大倡议，同时提出了"政策沟通、道路联通、贸易畅通、货币流通、民心相通"的建设路径。倡议的目标是将两条丝绸之路古道上的亚欧国家连接起来，打造一个延伸广泛的欧亚大陆经济合作平台，造福沿线国家人民，推动构建人类命运共同体。"一带一路"倡议提出以后，中国政府成立了推进"一带一路"建设工作领导小组及其办公室，并于2015年发布了《推动共建丝绸之路经济带和21世纪海上丝绸之路的愿景与行动》，提出了经贸合作的具体原则、框架、重点和机制。目前，共建"一带一路"倡议在国际上得到了越来越多国家和国际组织的积极响应，影响力日益扩大，100多个国家和国际组织参与其中，我国与40多个共建国家签署了相关合作协议。贸易畅通是共建"一带一路"的重要着力点，2017年中国发布了《推进"一带一路"贸易畅通合作倡议》，共建国家和国际组织积极在贸易投资自由化、便利化方面加强合作，比较明显地降低了国际交易成本，提升了各国参与经济全球化的广度和深度。中国与共建"一带一路"国家一道，积极规划了中蒙俄、新亚欧大陆桥、中国—中亚—西亚、中国—中南半岛、中巴、孟中印缅六大经济走廊，有助于进一步加强我国同"一带一路"沿线各国的经济合作。中欧班列开拓了贯穿东西的运输新通道，截至 2021 年上半年，中欧班列累计开行已达 3.8 万列，运送货物 340 万标准箱，通达欧洲 22 个国家的 151 个城市，物流配送网络覆盖欧洲全境，被形象地称为"钢铁驼队"。根据商务部的统计，我国与"一带一路"沿线国家进出口总值由 2013 年的 6.5 万亿元增长至 2021 年的 11.6 万亿元，年均增长 7.5%，高于同期整体货物贸易年均增速，占同期我国外贸总值的比重由 25% 提升至 29.7%。《中华人民共和国国民经济和社会发展第十四个五年规划和 2035 年远景目标纲要》专门设立了第四十一章"推动共建'一带一路'高质量发展"，提出推动与共建"一带一路"国家贸易投资合作优化升级，积极发展丝路电商，拓展第三方市场合作，构筑互利共赢的产业链供应链合作体系，扩大双向贸易和投资。党的二十大报告明确提出"推动共建'一带一路'高质量发展"，积极稳妥地加快推进"一带一路"建设，将为中国出口贸易提供更多的市场机遇和增长空间。

本章小结

中国特色社会主义进入新时代后，在世界百年未有之大变局下，在国际国内多重复杂因素的叠加影响下，中国出口贸易自 21 世纪加入 WTO 以来的持续高速增长趋势逐渐逼近拐点，出口贸易增长空间不断受到挤压，持续稳定增长所面临的挑战越发严峻。导致这一现象的复杂因素，既包括历史基数高、前期增速较快的客观原因，也包括逆全球化与全球贸易保护主义盛行、中美贸易摩擦、全球价值链重构等外部冲击因素，更有要素禀赋条件改变、新旧增长动能仍处转换期等内部因素。应该说，出口贸易增长趋势的转变具有历史发展的客观必然性。尽管如此，中国作为全球制造

第二章
新时代的中国出口贸易：增长压力与政策破局

业大国、出口大国的地位仍然是难以撼动的。目前，中国是产业体系最为完整的制造业第一大国，是全球唯一拥有全部工业门类的国家，完整的产业体系与强大的配套能力，加上超大规模市场的独特优势，这些都确保了中国制造业发展的坚实基础。美国近年来通过多重举措打压中国制造，推动产业断链，如2022年美国颁布的《芯片和科学法案》试图扼杀中国集成电路产业，但事实却是中国集成电路产出值不降反升，标志性的28纳米光刻机也实现了重要突破。中国出口贸易在多重复杂因素叠加影响下面临显著增长压力，但也表现出明显的增长韧性，加快推进全方位开放，充分发挥数字经济在转换增长动能、推动高质量发展方面的作用，这将是新时代出口贸易实现持续稳定增长的有力保障。

第三章　数字经济与出口贸易高质量发展：逻辑主线与框架构建

　　出口贸易一直是拉动中国经济增长的"三驾马车"之一，出口依存度较高也给国内经济增长带来了很多问题，例如，对国内资源的挤占、长期被锁定在价值链中低端、长期贸易顺差地位导致贸易摩擦、外部风险和不确定性因素加剧等，2020年5月，中共中央政治局常委会首次提出了"构建国内国际双循环相互促进的新发展格局"。同年7月，习近平在主持召开的企业家座谈会上强调，"我们必须集中力量办好自己的事，充分发挥国内超大规模市场优势，逐步形成以国内大循环为主体、国内国际双循环相互促进的新发展格局"。双循环战略的目标就是要改变过去主要依靠国际大循环的发展模式，解决出口依存度过高带来的各种问题。不过，舆论对双循环的解读曾出现过一些偏误，将"双循环"理解为不再重视国际大循环，而是以国内大循环为主导，出口贸易就不再重要了。这种观点显然是没有理解中央提出"双循环"战略的深意。在"双循环"新发展格局下，国际大循环依然很重要，"双循环"最终是要实现"国际大循环"和"国内大循环"的相辅相成。因此，在新的历史发展阶段，深入推进出口贸易发展仍然是重要任务。面对新时代以来出现的新形势与新矛盾，实现出口贸易稳定增长、继续发挥出口贸易在驱动经济增长中的重要作用，就必须转变传统发展模式，实现出口贸易由规模优先的粗放型发展向兼具规模导向的高质量发展转型。从历史发展经验来看，技术革命往往为发展模式的转型提供了重大机遇。当前以数字化、网络化、智能化为特征的新一轮科技革命正在深入推进，蓬勃发展的数字经济深刻改变着国民经济的

第三章
数字经济与出口贸易高质量发展：逻辑主线与框架构建

各个领域，这无疑也为实现出口贸易的高质量发展提供了重大历史机遇。要从学理的角度理解数字经济如何影响出口贸易高质量发展，在逻辑上就要先回答两个问题，分别是数字经济是否对出口贸易产生了影响以及如何解读出口贸易的高质量发展。在解答这两个问题的基础上，才能进一步构建出研究数字经济与出口贸易高质量发展之间关系的逻辑主线及分析框架。

一、数字经济背景下出口贸易的基础性变革

理解数字经济与出口贸易高质量发展关系的前提之一，就是要判断数字经济是否对出口贸易产生了影响。如果这种影响并不存在，那么进一步的讨论也就没有意义了。不过通过简单的观察不难发现，数字技术的广泛应用与数字经济的蓬勃发展，给出口贸易带来了重大影响，最直接的体现就是出口贸易的产业基础发生了深刻变化。国际贸易并非独立的经济部门，在国民经济行业分类体系中也不存在独立的编码，归根结底，贸易在本质上只是产业的镜像，产业基础决定了贸易的产品范围、质量与竞争力等具体特性，产业的发展状况决定了出口贸易的发展状况。《"十四五"数字经济发展规划》指出，数字经济是继农业经济、工业经济之后的新经济形态，数字经济辐射范围之广、影响程度之深前所未有，正推动生产方式深刻变革，成为重组全球要素资源、重塑全球经济结构、改变全球竞争格局的关键力量。习近平总书记在《不断做强做优做大我国数字经济》一文中指出，发展数字经济是把握新一轮科技革命和产业变革新机遇的战略选择，数字经济的健康发展，有利于推动构建新发展格局，有利于推动建设现代化经济体系，有利于推动构筑国家竞争新优势。这些论断高屋建瓴地阐释了数字经济对经济基础和产业发展的重大影响，这种影响必然将进一步延伸到贸易领域。

从对既有文献的梳理来看，数字经济对经济的基础性影响是近年来学术界重点关注的议题。在传统条件下，中国经济一直被认为是以粗放型的规模偏向型增长为显著特征，增长动能老化、增长效率低下等问题突出。实现新旧动能转换、由规模偏向型增长向质量主导型增长转型，是在新的历史发展阶段中国经济发展的战略目标。围绕数字经济对经济发展的基础性影响，学术界讨论的焦点就在于数字经济能否推动经济的高质量发展。关于经济高质量发展内涵的讨论，在本章后文中将加以详细阐述，这里首先从文献的角度对数字经济与中国经济高质量发展的关系进行探讨。荆文君和孙宝文（2019）认为，从微观层面来看，数字技术可以形成兼具规模经济、范围经济及长尾效应的经济环境，能更好地匹配供需，形成更完善的价格机制；从宏观层面来看，数字经济可以通过新的投入要素、新的资源配置效率和新的全要素生产率三条路径促进经济增长；总体来看，数字经济可以为我国现代化经济体系建设提供更好的匹配机制与创新激励。温军等（2020）认为，数字经济从增强传统要素质量、提升资源配置效率与塑造数据要素新动能三个方面促进了经济维度的高质量转型。许梦博（2021）指出，数字经济能够充分利用信息、数据等新型生产要素，通过数字技术对传统贸易和产业发展进行升级改造，对促进经济提质增效具有重要意义。任保平和李培伟（2023）认为，数字经济是培育我国经济高质量发展的战略支点，数字经济以数据为新的关键生产要素、以创新为驱动力赋能经济高质量发展，机制在于要素配置优化、规模经济、产业融合和创新驱动四个维度。徐曼和王亚军（2023）认为，数字经济从多个层次引领经济发展质量的提高，具体不仅体现在增加要素投入、改善要素配置和提高全要素生产率等微观要素配置层面，而且体现在优化产业结构、市场结构与区域结构等中观结构优化层面，更体现在提高经济金融发展的普惠性、包容性和可持续性等宏观均衡发展层面。综合来看，这些研究形成了具有共性的结论，如数字经济通过数据赋能要素配置、技术创新，进而对

第三章
数字经济与出口贸易高质量发展：逻辑主线与框架构建

产业现代化、发展质量提升发挥积极作用。理论分析进一步推动了实证文献的涌现，例如，宋洋（2020）基于省份数据的实证分析认为，数字经济对高质量发展和技术创新均产生促进作用，在数字经济对高质量发展产生的促进作用中，部分效能通过技术创新得以实现。赵涛等（2020）基于地级以上城市数据的分析表明，数字经济显著促进了高质量发展，激发大众创业是数字经济释放高质量发展红利的重要机制。葛和平和吴福象（2021）基于省份数据的实证研究发现，经济高质量发展受到较低的经济效率和不合理的经济结构约束的可能性越大，数字经济对经济高质量发展的促进作用越显著。

经济增长最关键的驱动因素是生产率和技术创新，经济高质量发展的核心也在于生产率水平提升和技术进步。数字经济对高质量发展能否产生影响，还是要看生产率和技术创新，既有文献对此也进行了较多探讨，主要基于不同类型的数据样本进行实证分析。例如，白雪洁等（2021）基于行业数据研究了数字化改造对技术升级的影响，结果显示数字化改造可以推动整体行业技术升级，且工业的技术升级效应要高于服务业。万晓榆和罗焱卿（2022）从数字基础设施、数字产业、数字融合三个维度构建了数字经济发展水平的测度指标体系，采用省级层面数据研究了数字经济对全要素生产率的影响，结果表明，数字经济发展指数及其三个分指数对全要素生产率均有显著的正向影响。刘艳霞（2022）基于我国上市公司数据的研究发现，数字化转型提升了企业全要素生产率，作用路径主要包括从技术层面促进效率变革和技术创新、从公司治理层面提升决策效率和监督有效性。韦庄禹（2022）考察了数字经济发展对制造业企业资源配置效率的影响，发现数字经济发展显著地提升了中西部地区制造业企业的资源配置效率，以及非国有制造业企业、垄断性行业内企业的资源配置效率。黄漫宇和王孝行（2022）实证分析发现，数字经济发展能够显著地促进企业全要素生产率的提升，从数字经济发展的分维度来看，数字基础设施、数字产业化和数字经济发展环境的影响较为显著，但产业数字化对企业全要素生产率的影响尚未显现；从影响机制来看，数字经济发展对全要素生产率的提升作用主要通过降低资本错配和劳动力错配实现。唐要家等（2022）研究了数字经济发展带来的市场结构变化及其对创新绩效的影响，基于上市公司数据的实证分析，数字经济发展总体上促进了创新水平的提高，但对创新绩效具有典型的动态非线性影响。杨晓霞和陈晓东（2022）通过构建包含数字经济与产业链创新的决策模型，从理论上分析了两者之间的内在逻辑关系，实证结果显示，数字经济对产业链创新具有显著的促进作用，且这种促进效应在金融危机之后、技术密集型产业链以及对外技术依存度较低的产业链中尤为显著。

就既有研究的结论来看，数字经济对经济发展能够产生积极且深刻的基础性影响，这就回答了本书研究主题的第一个前提性问题。出口贸易的高质量发展在本质上也是经济高质量发展的重要体现，经济高质量发展显然也为贸易高质量发展提供了支撑，从这个逻辑延伸开来，数字经济自然也会给贸易的高质量发展带来影响。近年来，也有一些文献从不同角度出发，围绕数字经济对出口贸易的影响进行了讨论。例如，陈凤兰等（2022）提出，推动出口贸易优化有赖于高质量和高层次生产要素的有力支撑，在新的关键生产要素背景下，提升制造业数字化投入水平可以通过成本节约效应、资源配置优化效应、创新能力与人力资本提升效应推动出口贸易优化。姚战琪（2022）提出，在传统比较优势不断弱化的背景下，数字经济能提升所在地区制造业的出口竞争力，创新效率、人力资本积累和协同集聚等因素在其中充当了机制变量。洪俊杰等（2022）基于中国上市公司和海关企业的数据发现，企业数字化转型对提升出口质量具有显著的正向作用。这些针对国际贸易领域的讨论，其底层逻辑都是一致的，即数字经济给国际贸易的产业基础带来了深刻变革，进而给实现出口贸易高质量发展带来了新的机遇。

第三章
数字经济与出口贸易高质量发展：逻辑主线与框架构建

二、数字经济背景下出口贸易的结构性变革

数字经济对出口贸易的影响不仅体现在产业基础上，还表现在推动了出口贸易的结构性变革。所谓结构性变革是指不同于传统业态的新贸易业态的出现，具体来说就是催生了作为新业态的数字贸易的出现及突破性发展。数字贸易是数字经济与国际经贸紧密融合的产物。首次在国家政策层面上提出"数字贸易"的概念是 2019 年发布的《中共中央 国务院关于推进贸易高质量发展的指导意见》，其中在第四部分第（十一）条"大力发展服务贸易"中提出了"加快数字贸易发展"。2021 年发布的《"十四五"服务贸易发展规划》提出，要加快服务贸易数字化进程，其中一个方面就是要大力发展数字贸易。

目前，数字贸易并没有明确统一的标准概念，各国对数字贸易的理解存在比较大的差异。美国比较早地提出了数字贸易的概念，但对其内涵界定左右摇摆。2013 年，美国国际贸易委员会发布了名为《美国和全球经济中的数字贸易 1》（以下简称报告 1）的报告，其中将数字贸易定义为通过互联网传输而实现的产品和服务的国内商业或国际贸易活动，但将在线订购的实物产品排除在外。2014 年，《美国和全球经济中的数字贸易 2》（以下简称报告 2）将数字贸易定义为基于互联网和互联网技术的国内商业或国际贸易活动，其中，互联网和互联网技术在订购、生产或交付产品或服务方面扮演着重要角色。比较来看，报告 1 中对数字贸易的界定较为狭窄，仅涉及了报告 2 中定义的基于互联网和互联网技术的交付部分，而根据报告 2 的界定，基于平台在线订购的电子商务应归入数字贸易的范畴。2017 年，美国国际贸易委员会又发布了名为《全球数字贸易》的报告，其中把数字贸易定义为不同行业部门通过互联网及相关设备，如智能手机、网络连接传感器等交付的产品和服务，不包括在线订购的实物产品，具体包括

互联网基础设施及网络服务、云计算服务、数字内容、电子商务相关服务、工业应用及通信服务等。不难看出，美国国际贸易委员会对数字贸易的界定在"窄口径—宽口径—窄口径"的循环上左右摇摆。对此，马述忠等（2022）认为，美国在《全球数字贸易》报告中之所以又回归窄口径定义，是因为美国在以在线订购为特征的电子商务领域缺乏优势，其比较优势集中在能够在线交付的数字化产品和服务领域，因而从窄口径定义数字贸易，对于其参与数字贸易全球治理体系谈判更为有利。不过，2017年，在美国贸易代表办公室（USTR）发布的《数字贸易的主要障碍》报告中，数字贸易又被赋予了更为广泛的含义，不仅包括个人消费品在互联网上的销售以及在线服务的提供，还包括实现全球价值链的数据流、实现智能制造的服务。尽管口径各有不同，但从不同版本的美式定义来看，数字贸易包含两个方面的内容：一个是在线订购、传统物流交付的实物产品，即跨境电商；另一个是通过互联网完成订购与交付的数字化产品和服务的国际贸易，本质上是跨境数据流动。争议的焦点在于是否将电子商务纳入数字贸易的范畴，目前来看美国似乎更倾向于将跨境电商排除在外。

其他国家或者国际组织对数字贸易也有相应界定。例如，2019年经济合作与发展组织（OECD）、世界贸易组织（WTO）和国际货币基金组织（IMF）共同发布了《数字贸易测度手册》（Handbook on Measuring Digital Trade），其中定义了数字贸易的概念框架，提出数字贸易包含两个部分，分别是"数字化订购"和"数字化交付"。具体地，数字化订购贸易是指使用计算机网络作为接收和下单方法的国际交易，主要是指跨境电商；数字化交付贸易是指通过计算机网络完成交付的国际交易，不仅包括通信服务外包等传统信息产品，更包括数字化转型后的教育、医疗、文化、咨询等新型数字服务产品。《数字贸易测度手册》根据交易属性、交易对象、交易行为方三个维度整理了16种类型的数字贸易。我国商务部发布的

第三章
数字经济与出口贸易高质量发展：逻辑主线与框架构建

《2021中国数字贸易发展报告》将数字贸易定义为，"以数据资源作为关键生产要素、以现代信息网络作为重要载体、以信息通信技术的有效使用促进效率提升和结构优化的一系列对外贸易活动"，具体延续了OECD—WTO—IMF的概念框架，按照交易标的将数字交付贸易细分为数字技术贸易、数字服务贸易、数字产品贸易、数据贸易；数字订购贸易分为跨境电商交易的货物和服务。中国信息通信研究院2020年发布的《数字贸易发展白皮书——驱动变革的数字服务贸易》认为，数字贸易是指信息通信技术发挥重要作用的贸易形式，其不仅包括基于信息通信技术开展的线上宣传、交易、结算等促成的实物商品贸易，还包括通过信息通信网络（语音和数据网络等）传输的数字服务贸易，如数据、数字产品、数字化服务等方面的贸易。这些定义都采用了宽口径，将跨境电商也归入了数字贸易的范畴。

2019年，中共中央、国务院发布的《关于推进贸易高质量发展的指导意见》将"加快数字贸易发展"放在了"大力发展服务贸易"条目下，《"十四五"服务贸易发展规划》提出大力发展数字贸易，同样将其放在了"加快服务贸易数字化进程"的条目下；这些表述实际上对数字贸易的内涵界定又采用了窄口径，即数字贸易是可以通过数字化订购与交付的服务贸易。依文件出台的时间以及文件级别，官方层面似乎更偏向以数字交付为内涵的窄口径定义。宽窄口径的差别主要在于是否将跨境电商纳入数字贸易范畴。本书在后续章节也将涉及对数字贸易问题的讨论，关于如何界定数字贸易的内涵，本书认为采用窄口径的定义可能更合适。借助于互联网络进行订购，但基于传统物流进行交付的电子商务部分，本质上还是数字技术在传统贸易领域中的延伸应用，并未能反映出数字经济所带来的重大变革。相较而言，完全通过网络完成跨境交付的数据贸易部分，更反映出了数字经济所带来的深刻影响。因此，本书同样偏向于采用窄口径定义，并将跨境电商和数字贸易看作两个并列的概念。

跨境电子商务对于国际贸易的影响突出地体现于交易效率提升、交易主体拓展、贸易便利化等方面。国际贸易传统上通过参加展会、客户介绍等途径搜寻合作对象，频繁地参加展会是必要环节，这就意味着在贸易促进环节中需要付出较高的搜索和交易成本。国际贸易理论中流行的 Melitz（2003）异质性企业贸易模型设定了国际市场进入成本变量，这也是国际贸易业务中搜寻和交易成本的反映。跨境电子商务大大降低了这些成本，出口商借助平台或搜索引擎发布产品信息，可以节省出参加各种展会的成本，尽管其中也涉及广告费的支出，但综合受众面、时效性等因素后，实际成本还是要低出不少。信息搜索与交易成本的大幅减少降低了进入国际市场的固定成本，有利于更多中小微企业参与国际贸易并从中获益，这也是近年来我国出口企业数量激增的重要原因。不仅如此，电子商务极大地拓展了国际贸易参与主体的类型。传统的国际贸易主要是在进出口企业之间进行，互联网平台的出现使更多类型的主体能够参与进来，最明显的就是出口企业通过平台实现了将产品直接销售给国外的终端消费者。数字经济时代之前，这种 B2C 贸易模式是不可想象的，也是难以实现的。B2C 贸易模式同时也为企业发展提供了更大的商机，通过收集、分析消费者偏好并对其画像，可以帮助出口企业设计生产出更具竞争力的产品。跨境电商带来的改变不局限于进出口商层面，也推动了整个国际贸易流程的数字化，例如，海关监管越来越数字化、物流也朝着智慧供应链方向优化、跨境电子支付逐渐取代传统金融票据业务等，这些由电子商务所驱动的变革极大地提升了交易效率，更进一步降低了国际贸易的参与成本。所有这些变化，最终结果都指向同一个方向，即为出口贸易增长空间的拓展提供了有力支持。

通过网络完成跨境交付的数字贸易是数字经济时代下出口贸易业态的重大创新。数字贸易本质上是数据要素的交易与流通，也是未来全球贸易发展的重要趋势方向。一方面，数字技术的广泛应用及数字经济的蓬勃发

第三章
数字经济与出口贸易高质量发展：逻辑主线与框架构建

展，深刻改变了大量产品和服务的表现形态以及生产消费模式，很多传统上需要依托于实物载体和跨境物流进行交付的产品，在数字化改造与数码化处理后，完全转由通过互联网进行订购和交付。例如，图书、音乐、音像这类文化产品，传统上都需要制作成纸质书、光盘等，通过物理产品的形式进行国际贸易，在数字经济背景下，数字化的文化产品更多是通过互联网提供产品的订购或订阅服务。还有一些传统上被认为是不能进行国际贸易的服务产品，通过数字化处理后成为可以经由网络进行交付的数字化产品，如医疗服务、教育服务、商业服务、金融服务等借助于互联网越来越多地出现了跨境交付的应用场景。另一方面，数字经济发展创造出了很多新业态，由此也诞生了很多全新的经由互联网完成交付的贸易产品，如作为数字经济基础的云计算服务、智能制造领域基于产业互联网的增值服务等，随着产业数字化转型的深入推进，这些跨境交付产品在数字贸易领域占有越来越重要的位置。这种以数据为核心的交易既是新一轮技术革命下国际贸易发展的趋势，更是构成贸易体系中附加价值最高的部分，抓住数字贸易发展机遇对于推动出口贸易发展具有至关重要的意义和价值。综上所述，数字经济对出口贸易的影响是全面且深刻的，这种影响既体现在作为贸易基础的产业发展方面，也体现在给贸易业态与模式带来的结构性变革。对于研究数字经济与出口贸易高质量发展关系的前提问题，即数字经济能否对出口贸易产生影响，是可以做出肯定回答的。

三、出口贸易高质量发展内涵解构及分析框架构建

研究数字经济与出口贸易高质量发展关系的另一个前提是要厘清出口贸易高质量发展的内涵。什么是出口贸易高质量发展？这首先要从理解高质量发展的内涵开始。2000年世界银行发布了名为《增长的质量》（*The Quality of Growth*）的研究报告，比较早地提出了发展质量的概念，该报告

具体分析了各国经济增长的经验，在此基础上讨论了与增长质量相关的机会均等、可持续性、政府治理、应对全球金融风险等议题。经济增长起步于但并不应限定于经济规模的扩张，随着发展阶段的深入，由增长规模转向增长质量是必然要求。改革开放以来，中国经济在相当长的一段时期内保持了较高增速，实现了由落后的发展中经济体向中等收入水平国家的转型。在发展质量的概念提出以后，学术界对于如何理解中国情境下的高质量发展也开展了一定的理论探讨，如任保平（2012）指出，高质量发展的目的和重点在于提高社会居民福利水平与成果分配，加强生态环境保护，提升国民经济整体素质。

2017年，党的十九大报告首次提出了"我国经济已由高速增长阶段转向高质量发展阶段"的重大论断，并指出"必须坚持质量第一、效益优先，以供给侧结构性改革为主线，推动经济发展质量变革、效率变革、动力变革，提高全要素生产率，着力加快建设实体经济、科技创新、现代金融、人力资源协同发展的产业体系，着力构建市场机制有效、微观主体有活力、宏观调控有度的经济体制，不断增强我国经济创新力和竞争力"。高质量发展成为党和国家在新的历史发展阶段的重大战略目标。习近平总书记在党的十九大报告中对高质量发展的阐述，主要针对的是经济发展转型问题，但经济作为基础，经济高质量发展必将会推动经济社会各个方面的高质量发展。2021年，习近平总书记在参加十三届全国人大四次会议青海代表团审议时强调，"高质量发展不只是一个经济要求，而是对经济社会发展方方面面的总要求"。2022年，党的二十大报告强调指出，高质量发展是全面建设社会主义现代化国家的首要任务，中国式现代化的本质要求之一就是要实现高质量发展，经济高质量发展取得新突破则是未来五年全面建设社会主义现代化国家所确立的主要目标任务之一。

随着高质量发展被确定为我国经济社会发展的重大战略目标，以及建设社会主义现代化国家的首要任务，学术界围绕如何认识高质量发展内

第三章
数字经济与出口贸易高质量发展：逻辑主线与框架构建

涵、理解高质量发展规律展开了广泛的讨论。例如，金碚（2018）指出，经济高质量发展是能够更好地满足人民不断增长的真实需要的经济发展方式、结构和动力状态。夏锦文等（2018）认为，经济高质量发展的核心要义是通过转变发展方式、优化经济结构、转换增长动力实现经济质量的提升和经济效益的提高。姚树洁和汪锋（2018）认为，对经济高质量发展的理解主要包括在同样要素投入和技术水平之下能够以更高效的市场机制提供更加丰富的产出、在同样的收入水平之下社会收入分配更加均衡合理、在同样的产出和收入之下环境污染得到有效控制等方面。安树伟和李瑞鹏（2018）认为，经济高质量发展旨在实现对人民日益增长的美好生活需要的有效供给，转变经济增长方式和路径，它不只是单纯地追求经济的总量和速度，而是更关注经济的效率和结构。冯俏彬（2018）认为，经济高质量发展具备五个特征：创新成为时代主题、第三产业对于经济增长的贡献显著增加、消费需求持续扩大、产业结构得到优化以及经济包容性增长。陈昌兵（2018）指出，经济高质量发展的特征在于产业结构现代化、我国增长方式由依靠资源和资本投资为主的发展方式向人力资本积累和创新转型、创新驱动劳动生产率和全要素生产率提高。任保平和李禹墨（2018）指出，高质量发展主要体现在产业结构的合理化、创新成为推动经济发展的第一动力、供给体系有质量、人民对美好生活需要不断得到满足四个方面。何立峰（2018）指出，高质量发展是能够很好满足人民日益增长的美好生活需要的发展。林兆木（2018）、杨伟民（2018）均认为，从我国社会主要矛盾变化和新发展理念的角度，可以将高质量发展概括为满足人民日益增长的美好生活需要的发展。张军扩等（2019）认为，高质量发展是以满足人民日益增长的美好生活需要为目标的高效率、公平和绿色可持续的发展。综合来看，这些文献对高质量发展内涵的理解主要包括以下几个方面：满足人民日益增长的美好生活需要、创新驱动、产业结构优化、绿色可持续、更加开放等。此外，围绕理论研究，既有文献还尝试构建了相应指标评判体系来对高质量发展进行测度（任保平和李禹墨，2018；徐瑞慧，2018；刘惟蓝，2018；李金昌等，2019）。

长期以来，出口贸易一直是驱动中国经济增长的"三驾马车"之一。改革开放尤其是加入WTO以后，我国出口贸易规模增长迅速，如今已经成为世界上货物贸易规模最大的国家。但是，我国出口贸易存在"大而不强"的突出问题，特别是进入新时代以后，在国内外多重复杂因素的叠加影响下，出口贸易发展面临着很多新形势和新矛盾，增长压力日益凸显，推动出口贸易高质量发展成为新时代的必然要求。贸易质量的概念最早出现于冯德连（1995）发表的《推进外贸发展由数量型向质量型转变的思考》一文中，指出改革开放以来，我国外贸发展在"量"上增长迅速，但在组织规模、竞争、结构、效益等"质"的方面明显不足，并进一步从微观、中观、宏观三个方面入手提出了推进外贸发展模式转型的举措。进入21世纪后，随着经济发展阶段的变化，贸易质量问题引起了学术界越来越多的关注。例如，张梅霞（2006）认为，贸易质量是一国对外贸易活动对贸易功能的实现程度和效果的本质反映。何莉（2010）认为，贸易质量应该包括两个方面的内容，即贸易本身的发展质量以及贸易对经济、社会所产生的效益质量。喻志军和姜万军（2013）认为，对外贸易质量是指在国民经济运行过程中对外贸易发展的整体状况，以及其促进地区经济增长、社会稳定发展的贡献度。党的十九大以后，有些学者在经济高质量发展的主题下，就贸易高质量发展的内涵做了拓展讨论。例如，戴翔和宋婕（2018）认为，外贸高质量发展的基本内涵，就是要实现横向维度上更加平衡和纵向维度上更加充分的发展，其内涵和特征应该至少包括产业与科技基础雄厚，外贸实现平衡、融合与优化发展，国际竞争力强，综合服务制度体系完备以及拥有国际经贸规则制定的话语权等方面。马林静等（2020）认为，贸易高质量发展是在贸易增长的基础上，实现贸易结构、动力、方式、环境等多维角度良性发展、多个方面协调共生的综合态势。

第三章
数字经济与出口贸易高质量发展：逻辑主线与框架构建

裴长洪和刘洪愧（2020）指出，在百年未有之大变局背景下，外贸高质量发展的具体方向包括：保持传统外贸优势，优化出口产品结构；以科技创新为支撑，推动服务贸易创新发展；坚持科技创新带动外贸发展，抓住数字贸易创新机遇，积极参与数字贸易规则制定；坚持科技自主创新，减少对欧美国家关键技术的依赖，提升中国在国际供应链中的重要地位。

除了对贸易高质量发展内涵的学理探讨，贸易高质量发展的定量评价也是学术界的研究热点，既有文献主要是综合贸易增长规模、贸易结构、贸易经济效益、贸易社会效益、资源利用水平、绿色发展水平、国际竞争力等多维度变量来构建评价指标体系并据此测算质量发展指数（何莉，2010；朱启荣和言英杰，2012；贾怀勤和吴珍倩，2017；曲维玺等，2019）。从更宽泛的层面来看，很多对贸易绩效、贸易竞争力、贸易强国进行测度的方法，也可以理解为从特定角度对贸易质量进行评估。例如，在贸易绩效评价方面，姚枝仲（2006）构建了"中国出口绩效指数"，既从宏观视角对贸易质量进行了综合性分析，也从出口规模、出口结构、出口效率、社会发展贡献、国际贸易条件五个方面讨论了出口贸易质量。贸易竞争力评价指数的计算方法主要有两类：一类是显示比较优势指数、产业内贸易指数、国际竞争力系数、出口结构相似指数等传统指标（杨汝岱和朱诗娥，2008；喻志军，2009；尹国君和刘建江，2012）；另一类是通过多维度选取指标变量来构建贸易竞争力评价指数（林红，2009；毛群英，2008；庄惠明等，2009）。在贸易强国评价指数方面，主要是通过对美国、德国、日本等贸易强国的横向或者历史比较，归纳总结出贸易强国的显著特征，在此基础上构建指标体系并最终通过统计方法整合形成贸易强国指数（张亚斌等，2007；盛斌，2015；裴长洪和刘洪愧，2017；李钢，2018；姚枝仲，2019）。

理解出口贸易高质量发展的内涵是研究数字经济与出口贸易高质量发展关系的另一个前提。上述对高质量发展特别是贸易高质量发展相关研究文献的梳理，就是要对此给出解答。这些文献对高质量发展的阐释各有不同的侧重点，但不难看出，其背后的逻辑主线是统一的，即都是围绕新发展理念展开论述的。习近平总书记强调指出："高质量发展，就是能够很好满足人民日益增长的美好生活需要的发展，是体现新发展理念的发展，是创新成为第一动力、协调成为内生特点、绿色成为普遍形态、开放成为必由之路、共享成为根本目的的发展"，"必须完整、准确、全面贯彻新发展理念，始终以创新、协调、绿色、开放、共享的内在统一来把握发展、衡量发展、推动发展"。新发展理念是发展思路、发展方向、发展着力点的集中体现，也是高质量发展的内涵主线。因此，理解出口贸易高质量发展，也必然要遵循新发展理念所确定的基本方向。"开放"是对出口贸易持续稳定增长的内涵要求，它所要注重解决的是深入提高开放水平、扩大出口规模、用好国际大市场、用好外部资源的问题。"创新"是对出口贸易发展动力的内涵要求，它所要注重解决的是出口贸易低技术水平、低质低价、低竞争力的问题。"绿色"是对出口贸易践行人类命运共同体理念、助力实现双碳目标的内涵要求，它所要注重解决的是改变粗放发展模式，形成契合可持续发展要求的绿色竞争优势的问题。"协调"与"共享"是对出口贸易发展成果的内涵要求，它所要注重解决的是出口贸易发展能够更好、更充分满足人民群众对美好生活需要的问题。出口贸易高质量发展的五个方面的内涵是新发展理念的延伸，五个内涵相辅相成并构成了一个完整的概念，但五个方面也有一定区别，"创新""开放""绿色"是对出口贸易自身发展的要求，而"协调""共享"是对发展结果的要求，前者是后者的基础，后者是前者自然的结果。因此，聚焦出口贸易高质量发展的内涵，本书将重点放在了出口贸易自身发展要求之上，即主要从"开放""创新""绿色"的维度来理解出口贸易高质量发展，并构成了后续各章分析的范围。

在对两个前提性问题进行解答的基础上，我们需要思考的是数字经济

第三章
数字经济与出口贸易高质量发展：逻辑主线与框架构建

对出口贸易高质量发展的影响路径，这也为后续研究提供了分析框架。数字经济对出口贸易的影响集中于基础性变革和结构性变革两个方向上。基础性变革体现的是数字经济对产业基础的系统性影响，在数字经济赋能下，产业将沿着更加现代化的方向发展，产业基础更加夯实、创新能力更加强化、绿色低碳更具保障，这些将进一步推动出口贸易在"开放""创新""绿色"维度上高质量发展。结构性变革体现的是数字经济对出口贸易业态的创新性影响，主要就体现为以"数字化订购"为特征的跨境电子商务，以及以"数字化交付"和"数据交易"为特征的数字贸易。跨境电商对出口贸易的影响是多方面的，极大地提高了交易效率、显著扩大了贸易主体、突出促进了贸易便利化，这些都将为扩大出口贸易、促进出口贸易增长做出积极贡献，契合了出口贸易高质量发展中的"开放"内涵。以数据流动为核心的数字化交付贸易，是数字经济时代下全新的国际贸易业态，其本身呈现出的技术含量高、产品种类新等特征就是对"开放""创新"内涵在新领域的拓展。综上所述，形成了本书的逻辑主线，即数字经济通过驱动基础性和结构性变革，进而推动出口贸易遵循"开放""绿色""创新"等内涵方向实现高质量发展。这条主线也确定了本书的基本分析框架，即分别聚焦传统贸易、跨境电商、数字贸易三个部分探讨数字经济对出口贸易高质量发展的影响效应及相关作用机制。

本章小结

作为新的经济形态，数字经济对经济社会发展的各方面都产生了深刻的影响，出口贸易亦不能例外。数字经济对出口贸易的影响突出表现在两个方面：一是给作为贸易基础的产业发展所带来的基础性变革；二是给贸易业态所带来的结构性变革。数据资源是数字经济的关键要素，数据要素渗透到各个产业领域，通过充分发挥数据的赋能作用，进而对产业发展质量的提升起到促进作用。例如，数字经济在促进产业生产率提升、创新加速、流程优化等方面都显示出了广泛的应用前景。产业是贸易的基础，贸易是产业的镜像，数字经济对产业发展形成的基础性影响，必将会延伸到贸易领域中去。数字经济驱动了贸易业态上的结构性变革，催生了跨境电商、数字贸易等新贸易业态，这些新业态在出口贸易格局中的地位越来越重要。新的历史发展阶段下，应对各种复杂因素叠加影响，出口贸易亟须转变增长模式，实现由规模主导向高质量发展的转型。出口贸易高质量发展是高质量发展在贸易领域的延伸，同样要遵循新发展理念，这些理念也构成了出口贸易高质量发展的关键内涵。无论是基础性变革还是结构性变革，数字经济对出口贸易的影响都是深刻的，这些影响将成为实现出口贸易高质量发展、实践新发展理念的重要驱动力。

第四章 数字经济与出口贸易高质量发展：基于规模增长视角的分析

出口贸易高质量发展首先就要求实现出口贸易的稳定增长，这是"开放"内涵的必然体现。习近平总书记指出，"我国对外开放水平总体上还不够高，用好国际国内两个市场、两种资源的能力还不够强"，"现在的问题不是要不要对外开放，而是如何提高对外开放的质量和发展的内外联动性"。没有出口贸易规模的增长，无论是提升对外开放的深度还是广度，都只是无米之炊。21世纪以来，特别是加入WTO以后，中国出口贸易呈爆炸式的快速增长，2000~2019年，出口贸易规模由2492亿美元增长至45761亿美元，增长了18倍，出口市场份额占全球出口比重由4%上升至13%，中国作为世界贸易大国的地位不断夯实。这些成就的取得为驱动国内经济增长、全面建成小康社会做出了重要贡献。然而也要看到，新时代以来中国出口贸易发展遇到了一些新的形势和新的矛盾，受国内外复杂环境因素叠加影响，出口贸易增长压力凸显、增长空间挤压。当前，新一轮科技革命加速渗透，技术革命所带来的影响将不仅限于贸易领域，更是导致贸易的产业基础的深刻变革，这些都为出口贸易增长提供了新的机遇。抓住数字经济的时代机遇，无疑能够为扭转出口贸易增长震荡波动态势、推动出口贸易稳定增长提供有力保障。

一、问题的提出

随着新一轮科技革命的深入推进、数字技术的加速创新与普及应用，数字经济发展迅速并成为国际竞争的焦点。当前，数字经济正不断渗透融入国际贸易领域，推动了贸易标的、贸易工具和贸易模式的创新变革（夏杰长和李銮淏，2023）。回应时代变革，学术界就数字经济对国际贸易的影响也作了较多探讨。

21世纪初，在数字技术逐步开始应用于国际贸易时，很多学者就将研究对象聚焦在了互联网、信息通信技术等数字基础设施对国际贸易的影响上。例如，Freund和Weinhold（2002）注意到互联网给国际服务贸易带来了巨大的影响，提出互联网能够为服务贸易提供媒介，将服务贸易的运输成本无限降低，从而促进服务贸易的发展，但考虑到顾客需求定制和服务质量监控过程中的语言、法律制度差异等难题，某些非标准化服务可能无法从互联网发展中受益，基于1995~1999年美国服务贸易数据的实证检验结果，互联网普及率每增加10%，服务贸易出口增长约1.7%。Freund和Weinhold（2004）进一步就互联网对国际货物贸易的影响展开了研究，理论模型分析表明互联网能够降低市场进入成本并推动出口增长，基于1995~1999年56个国家双边贸易数据的实证分析结果，网络主机数量每增加10%，出口总额则增长约0.2%。Lin（2015）基于1990~2006年近200个国家的双边贸易数据研究了互联网对国际贸易的影响，结果显示互联网用户每增加10%，出口贸易则增长0.2%~0.4%。Abeliansky和Hilbert（2017）利用1995~2008年122个国家的样本数据，研究了信息通信技术数量（订阅量）和质量（带宽）对国际贸易的影响，结果显示信息通信技术的数量和质量均能促进出口，但对于发展中国家样本，信息通信技术质量比数量更为重要。Nath和Liu（2017）认为，既有研究主要关注了通信技术对服务贸易的总体影响，忽略了对各种服务项目的潜在异质性影响，他们利用2000~2013年49个国家的面板数据进行实证分析发现，通信技术的发展对十个服务贸易项目中的七个有很大贡献。Wang和Choi（2019）基于2000~2016年金砖国家的进出口数据，研究了移动电话订阅率、固定

第四章
数字经济与出口贸易高质量发展：基于规模增长视角的分析

电话订阅率、固定宽带订阅率和互联网等信息通信技术（ICT）对国际贸易的影响，结果显示，移动电话订阅率对进出口贸易无明显的影响；固定宽带订阅率每增加1%，出口贸易则增长0.220%；固定电话订阅率每增加1%，进口贸易则增长0.184%。Rodriguez-Crespo和Zhou等（2022）以"宽带中国"为政策试点进行准自然实验，采用双重差分方法研究了宽带基础设施对出口贸易的影响，发现宽带基础设施的使用显著地促进了出口贸易增长。Chiappini和Gaglio（2023）利用2000~2014年40个国家的制造业和服务业的数据，构建数字强度指标检验数字投入对出口贸易的影响，结果表明数字强度对出口规模和出口产品的质量均有积极的影响，且对制造业贸易和新兴经济体之间的贸易的影响更大。

国内学者就互联网等数字基础设施与国际贸易的关系也做了比较多的讨论。例如，李坤望等（2015）基于企业异质性理论证明了信息基础设施的提升会改善一国出口绩效，在理论分析的基础上，采用2002~2004年的企业调查数据进行实证研究表明，企业信息化密度对企业出口绩效有显著的促进作用，且信息基础设施水平越高，企业信息化密度的促进作用越强。施炳展（2016）以双边、双向网址链接数量作为互联网代理变量，分析了互联网对中国企业出口的影响，结果显示互联网作为信息平台可以降低交易成本、扩大交易规模、优化资源配置水平，进而促使企业的出口规模扩大，且这一正向作用对一般贸易、差异化产品、本土企业、高生产效率企业更明显。李兵和李柔（2017）基于多产品、多目的国企业出口理论框架进行了分析，指出互联网减少了企业出口贸易的可变成本，促进了企业出口额以及出口密度的增长，基于微观数据的实证分析结果也证实了上述判断。潘家栋和肖文（2018）以我国的21个主要出口贸易伙伴为研究对象，实证检验了互联网对出口贸易的影响，结果显示，我国和进口国的互联网发展均促进了我国出口贸易增长，但我国互联网发展主要对以发达国家为目的地的出口贸易具有促进作用，对以发展中国家为目的地的出口贸易则影响不明显。施炳展和游安南（2021）基于168个国家和地区的双边贸易数据分析了双边政府的数字化对国际贸易的影响，结果显示，政府数字化水平提升，能够减少信息不对称，促进通关便利化，进而促进双边贸易规模增长。

数字经济作为新的经济形态，对包括国际贸易在内的国民经济各个部门领域都带来了深刻影响。既有文献主要是从互联网等数字基础设施切入，分析了互联网接入、信通技术应用等因素对贸易规模的影响，这些研究实际上只是将数字经济看作特定技术层面的突破，并没有从更深层次来理解数字经济的影响效应。本部分将在更为全面地理解数字经济的作用的基础上，就数字经济对出口贸易增长的影响进行实证检验，并探讨其中的作用机制。

二、机制的说明

数字经济如何影响出口贸易增长？直观来看，降低贸易成本无疑是最直接的作用机制。空间是决定一切经济活动的第一属性，空间距离的存在既是贸易的原因，也是贸易的制约，空间距离意味着贸易过程中存在巨大的成本支出。贸易成本可以理解为商品离开生产方至最终交付至需求方之间的一切费用，既包括运输物流成本，也包括克服信息不对称、促成供需匹配所需支付的成本，更包括关税、非关税壁垒所造成的制度性成本。各种复杂因素交织下的贸易成本，使在同等条件下，开展国际贸易的难度普遍要高于国内贸易。在工业革命以前漫长的历史长河中，国际贸易的规模及范围都极为有限，高昂的运输成本、对外部世界的未知等因素使只有一部分价值不菲的奢侈品才能够以其高额利润来对冲高昂的贸易成本，从而支撑起跨越长距离的国际贸易，如丝绸之路上运输的主要是瓷器、丝绸、香料等奢侈品，这些贸易品也注定只服务于社会中极小一部分人群。工业

第四章
数字经济与出口贸易高质量发展：基于规模增长视角的分析

革命以后，机器大工业的发展首先给物流运输领域带来了重大变革，贸易成本大幅降低，由此才真正开启了现代意义上的全球化进程。第二次工业革命以后，随着无线电等现代通信技术的出现，全球空间距离被大幅压缩，这也加速推动了第二次全球化进程。至19世纪末20世纪初期，全球已经发展成为由贸易纽带联结起来的高度相互依赖的经济共同体，毫无疑问，技术进步以及新的经济形态的出现，驱动了贸易成本的降低，成为支撑全球贸易扩张的新动能。

以数字化、网络化、智能化为特征的新一轮科技革命带动了数字经济的蓬勃发展，延续历史经验规律，这同样也为贸易成本的降低提供了新的机遇，并对出口贸易增长发挥积极的促进作用。数字经济时代最鲜明的标志就是互联网，大规模商业应用的互联网组建了人类历史上最大规模的通信网络，信息传播与交流的速度、范围和效率是此前任何通信渠道都难以企及的。在传统条件下，贸易过程中的询盘、复盘、还盘等流程环节往往需要花费很多时间成本，互联网的广泛应用已经使这些环节完全线上化，全球任何地理位置上的个体都可以实现即时高效通信，大大降低了交易过程中的沟通协商成本，提高了交易效率。互联网更为重要的价值还在于，借助于搜索引擎、商务平台等数字化工具的支持，外贸企业能有效降低信息不对称，以极低的成本打开更为广阔的全球市场。信息不对称是国际贸易中隐蔽却影响极大的贸易成本，说它隐蔽，是因为只有当信息不对称问题被消除之后，才能够发现它的存在所产生的制约效应。自20世纪90年代中后期以来，以全球价值链为核心的国际分工体系快速发展，价值链贸易成为全球贸易中非常重要的组成部分。价值链贸易之所以能够在这个时点上发展起来，以互联网为核心的数字技术的跨越式发展及大规模商业应用是一个基本前提。网络及信息通信技术的成熟，大幅降低了跨国跨境环境下的信息不对称，当然还有在提高沟通效率、降低交易成本等方面的作用，这些都有效支持了大尺度空间距离下的生产与交易协作，以及国际分工网络的构建、维护与拓展。可以说，近20年来全球贸易的快速扩张，其中数字技术的广泛应用发挥了至为关键的作用。数字技术还催生了跨境电商、数字贸易等新型贸易业态的出现，对降低贸易成本、提高贸易效率、促进贸易增长也发挥了重要作用，对于这些贸易新业态，我们将在后面章节中做出有针对性的分析，这里主要还是聚焦数字经济对传统贸易领域的影响。

促进贸易成本降低，这是数字经济推动出口贸易增长的重要着力点，但数字经济对产业发展所产生的影响，将会对出口贸易增长产生更为深刻的影响。数字经济的发展首先推动了数字产业部门的扩张，特别是信息通信、计算机等核心数字产业部门，近20年来实现了跨越式增长，在整个国民经济体系中所占比重显著提升。从全球范围来看，信息通信、计算机等核心数字产业部门的快速发展也是一个普通现象，全球价值链分工体系事实上也基本是围绕这些核心数字产业展开的。一方面受国内巨大本土市场需求的驱动，另一方面受全球价值链分工体系的驱动，中国的核心数字产业部门发展迅速，像计算机、移动通信等数字设备的产量及产值均居于全球前列，这些部门相应也成为推动中国出口贸易增长的重要动力源泉。不断做强做优做大我国数字经济，这是新的历史发展阶段下推动高质量发展过程中的重大战略部署，数字经济在国民经济体系中的占比也将因此不断提升。根据《"十四五"数字经济发展规划》，数字经济核心产业增加值占GDP比重将由2020年的7.8%上升至2025年的10%。凭借在数字产业领域的巨大优势，我国出口贸易增长必定会从数字经济发展中获得更加巨大的新动能。

数字经济对产业发展的影响，更体现于数字技术与传统产业的融合。数字技术的渗透加速了数字赋能产业高质量发展，从而有力地驱动了产业竞争力的提升、有效夯实了出口贸易增长的产业基础。数字赋能产业高质量发展的关键核心，就是充分发挥数据作为生产要素在产业发展中的基础

第四章
数字经济与出口贸易高质量发展：基于规模增长视角的分析

性作用。2019年，党的十七届四中全会首次把数据纳入生产要素，提出了"健全劳动、资本、土地、知识、技术、管理、数据等生产要素由市场评价贡献，按贡献决定报酬的机制"，2020年中共中央、国务院发布的《关于构建更加完善的要素市场化配置体制机制的意见》正式明确了五大生产要素，分别是土地、劳动、资本、技术和数据。数据要素从多个方面发挥了数据赋能作用。

第一，数据要素的优化配置作用，即通过数据资源的收集、存储、整理与智能分析，对企业运营过程中的非效率节点加以识别，优化流程设计，提高决策水平，提升企业资源的配置效率。例如，在智能制造企业中，在由传感器与通信网络组成的产业互联网支撑下，企业生产流程实现了由产品向数据的转型，基于产业互联网上创造的海量数据对整个流程做到实时监控，对流程环节实现更加科学、更加精准的管理，极大地提升了资源配置效率。第二，数据要素的放大效应，即通过数字技术、数字设备的深度渗透与广泛应用，促进数据要素与其他生产要素的结合，在数据要素的赋能作用下，提高其他要素的作用效能，放大各类生产要素在生产过程中的价值贡献。例如，在航空制造企业中，数字化研发设计软件的应用完全改变了传统的图纸作业模式，以往需要反复修改、多次试验才能确定的设计工作，现在基本可以在数字化软件上进行设计、模拟与仿真，极大提升了产品的研发效率，这也让研发人员在产品设计时能够进行更多的探索，设计出参数更为复杂、性能更为优秀的产品。第三，数据要素的替代作用，即以数据要素替代部分传统生产要素，减少生产过程中要素投入规模及资源依赖程度，降低企业的生产成本。例如，工业机器人等智能设备在制造业领域得到了越来越多的广泛应用，逐渐取代了重复性、低技能劳动要素投入，机器在操作准确度、速度方面要明显优于人工，生产的效率得到了显著提升。不仅如此，智能制造设备对于劳动要素的替代，为产品制造的技术路线和工艺流程的改变提供了前提条件，传统的大规模流水线生产模式，逐渐转型为柔性生产模式，能够更好地实现面向消费者需求的定制化生产。从宏观的角度来看，被替换的要素也可以被用于更具效率的领域从而有利于实现资源要素配置的整体优化。在上述作用的共振放大下，传统产业的发展质量得到了显著提升，生产力得到充分释放，以全要素生产率为综合体现的产业绩效不断优化。产业基础方面的改进与优化最终会反映到贸易竞争力层面上去，从而为出口贸易增长提供了更为坚实的支撑。

三、数字经济与出口贸易增长关系的经验分析

1. 模型构建与数据说明

为了检验数字经济发展对出口贸易增长的影响效应，构建如下形式的计量模型：

$$EXPORT_{it} = \alpha + \beta DEI_{it} + \gamma X_{it} + \varepsilon_{it} \qquad (4-1)$$

其中，被解释变量 $EXPORT_{it}$ 为省份 i 时期 t 根据境内货源地统计的出口规模，国家统计局提供的原始数据以美元作为计价单位，这里首先根据历年对美元汇率中间值将数据转换为人民币单位，进一步根据居民消费价格指数进行平减处理。核心解释变量 DEI_{it} 为省份 i 时期 t 的数字经济发展指数，具体计算方法可见第一章中相关部分的详细说明。

X 为控制变量向量，在借鉴既有研究成果的基础上，具体包括以下变量：①地区生产总值（GDP）。GDP 衡量的是地区经济规模，经济规模大的地区具有更高的生产及供给能力，出口贸易规模也会相应越大。②外商直接投资（FDI）。外资在中国出口商品竞争力形成和出口贸易增长方面的重要作用已得到充分验证，跨国公司的技术溢出效应、跨越全球的贸易网络体系，对促进出口贸易增长都会发挥重要作用。该变量以外资占 GDP 比重来衡量。③交通基础设施（INFR）。完善的交通基础设施提高了运输效

第四章
数字经济与出口贸易高质量发展：基于规模增长视角的分析

率，降低了物流和仓储成本，增强了出口产品的竞争力，有助于推动出口贸易增长。这里以铁路营业里程和公路里程数来衡量。④财政支出占比（FIS）。该变量用于反映政府干预对出口贸易的影响效应，具体以地方财政一般预算支出占 GDP 比重来表示。⑤工业化水平（INS）。工业是最为重要的出口部门，工业化水平决定了地区的生产能力及产品的多样性，具体以第二产业增加值占 GDP 比重来衡量。上述变量的数据来源是历年《中国统计年鉴》以及国家统计局网站公开数据，对于水平值变量均采用 CPI 指数进行平减处理，样本期为 2006~2021 年。

2. 检验结果说明

我们首先在图 4-1 中给出了各省份数字经济发展水平指数与出口贸易规模的散点图，可以看出，无论是基于全样本的子图（a），还是基于三个不同年份样本的子图（b）、子图（c）、子图（d），数字经济发展指数与出口规模之间都有比较明显的正相关性。当然，要做出严谨的判断，还需要基于计量模型进行深入分析。表 4-1 给出了基准回归结果，表中各列在控制变量与固定效应的选择上存在差异，但不难看出，无论是否加入控制变量、是否控制固定效应，数字经济变量 DEI 的估计系数均显著为正，表明数字经济发展确实促进了出口贸易增长。如前文所述，数字经济时代的到来显著地改变了传统的国际贸易促进方式，互联网等数字技术大幅降低了跨国交易中信息不对称与交易成本问题，为出口贸易增长空间的拓展发挥了积极作用。不仅如此，数字经济给产业基础带来了深刻影响，数字赋能推动了传统产业的提质增效，提升了产业现代化水平。贸易作为产业的镜像，产业基础方面发生的变革，必然也会反映到出口贸易中，这里的分析结果与预期是一致的。以第（4）列的检验结果为准，观察各控制变量的估计系数。经济规模变量 GDP 的估计系数不显著，可能的原因在于，随着经济的发展，中国出口贸易正由数量扩张转向质量推动，经济体量对贸易增长的影响作用在弱化，出口贸易可能要更多取决于地区的经济质量。

外商直接投资、交通基础设施、工业化程度等变量均显著为正，表明外商直接投资增加、交通基础设施改善、工业化程度提升均能促进出口贸易的增长。外商直接投资带来了资金、技术以及更广阔的国际贸易网络，进而增强了地区生产能力、提升了出口产品竞争力、拓宽了出口产品销售渠道，这些都有助于促进出口贸易增长。完备的交通基础设施提高了运输效率，降低了物流成本，有利于出口贸易的增长。较高的工业化水平增强了地区的生产能力进而导致出口产品种类增多，有利于促进地区出口贸易的增长。财政支出占比变量显著为负，表明政府对于经济过多的干预可能扭曲了资源配置，从而对出口贸易增长产生不利影响。

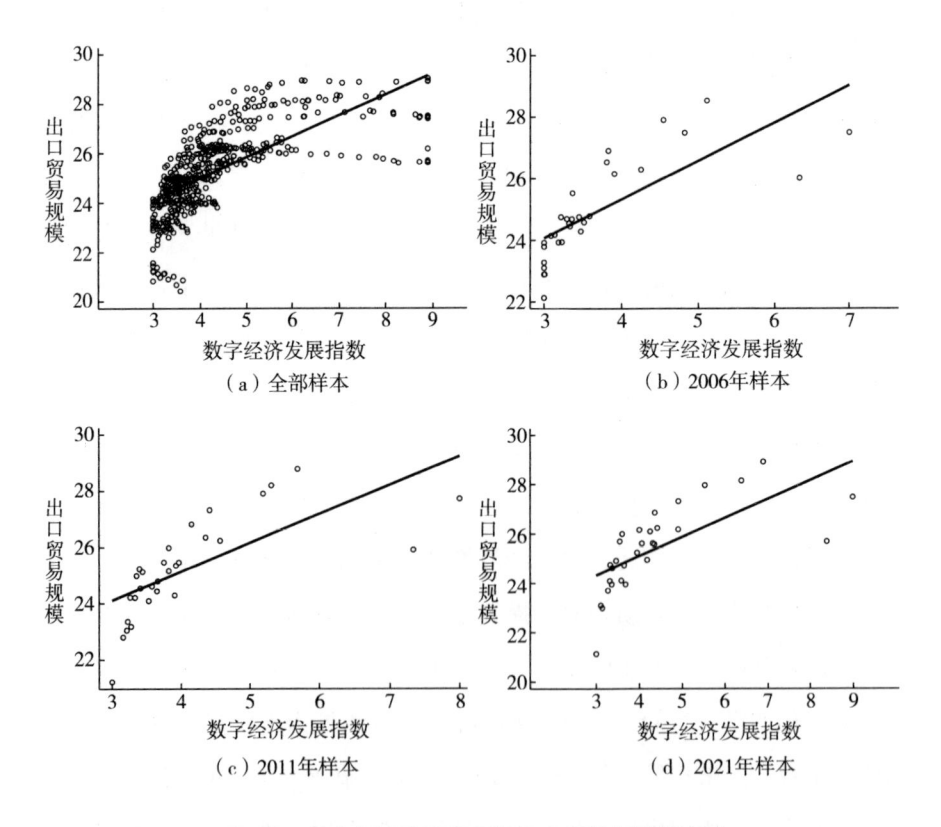

图 4-1 数字经济发展水平与出口贸易规模散点图

第四章
数字经济与出口贸易高质量发展：基于规模增长视角的分析

表 4-1　数字经济对出口贸易影响的检验结果

变量	（1）	（2）	（3）	（4）
DEI	1.9545*** (0.3548)	1.1182*** (0.2719)	3.7410*** (0.1800)	1.3861*** (0.2933)
GDP		0.0109** (0.0048)	0.1646*** (0.0364)	-0.0463 (0.0483)
FDI		5.5737*** (1.1325)	7.2525*** (1.1778)	5.4012*** (1.1166)
FIS		-3.0473*** (0.6393)	-7.0795*** (0.4395)	-3.0335*** (0.6552)
INFR		0.8757*** (0.2181)	0.2475*** (0.0352)	1.0709*** (0.2120)
INS		1.8084*** (0.4434)	3.3258*** (0.4685)	1.2528** (0.5538)
常数项	21.8346*** (0.6856)	22.6775*** (0.5872)	19.1872*** (0.4332)	22.0685*** (0.5892)
省份固定效应	是	是	否	是
时间固定效应	是	否	是	是
N	480	480	480	480
R^2	0.9715	0.9756	0.8879	0.9779

注：*、**、***分别表示在10%、5%、1%的水平上显著；括号内为稳健标准误。

为了确保结论的可靠性，需要采用多种方法进行稳健性检验。首先是采用工具变量法来处理可能的内生性问题。数字经济发展与出口贸易之间可能存在内生性，因为一方面数字经济促进出口贸易增长，另一方面国际贸易的数字化和无纸化正成为一种新趋势，出口贸易的增长将倒逼出口企业进行数字化转型以适应国际市场要求，进而促进地区数字经济的发展。这里使用工具变量法来处理内生性问题，借鉴赵静梅等（2023）的方法，采用各省省会到杭州的距离作为工具变量，表4-2第（1）列给出了工具变量法的估计结果。从表4-2可以看出，数字经济变量DEI的估计系数仍然显著为正，LM统计量显著为正，Wald F统计量大于弱识别检验在10%

水平上的临界值，表明工具变量的选取是有效的。除了工具变量法，我们还直接替换使用数字经济变量 DEI 的一阶滞后值 L.DEI 进行了回归分析，结果在表 4-2 第（2）列给出，可以看出，数字经济变量的估计系数显著为正，表明该变量对于出口贸易的影响具有较好的稳健性。作为第三种稳健性检验方法，我们还使用互联网宽带接入端口数量 INT 替换了数字经济变量重新进行回归分析，结果在表 4-2 第（3）列给出，其中，变量 INT 的估计系数同样显著为正。为控制新冠疫情暴发的影响，构建新冠疫情虚拟变量 COVID 并放入控制变量中，重新回归的结果在表 4-2 第（4）列给出，不难发现，数字经济变量仍然显著为正。此外，如前文所述，新时代以来我国的外部环境发生了很大变化，在多重复杂因素的影响下，出口贸易增长面临越发严峻的挑战。考虑到出口贸易在新时代以后出现的增长态势扭转，这里进一步选取了新时代以来的样本进行实证检验，结果在表 4-2 第（5）列给出，不难发现，数字经济变量的估计系数仍显著为正，表明即便考虑了各种复杂因素的约束，数字经济对出口贸易增长仍然发挥了促进作用。综合表 4-2 的分析结果可知，数字经济促进出口贸易发展的研究结论具有稳健性。

表 4-2　稳健性检验结果

变量	（1）工具变量	（2）滞后解释变量	（3）更换解释变量	（4）考虑政策冲击	（5）新时代以后
DEI	4.2276*** (1.2923)			1.3861*** (0.2933)	1.5031*** (0.3408)
L.DEI		1.4019*** (0.3060)			
INT			0.3375*** (0.0840)		
COVID				1.9698 (1.8460)	

第四章
数字经济与出口贸易高质量发展：基于规模增长视角的分析

续表

变量	（1）工具变量	（2）滞后解释变量	（3）更换解释变量	（4）考虑政策冲击	（5）新时代以后
LNGDP	-0.0308 (0.0388)	-0.1180** (0.0548)	-0.0495 (0.0444)	-0.0463 (0.0483)	-0.0006 (0.0068)
FDI	3.3609 (3.2781)	4.9606*** (1.0446)	5.9314*** (1.0144)	5.4012*** (1.1166)	1.7227 (1.1998)
FIS	-1.5430* (0.8544)	-2.5912*** (0.6233)	-3.9773*** (0.6736)	-3.0335*** (0.6552)	-1.4466* (0.8168)
INFR	1.3609*** (0.4928)	1.0363*** (0.2228)	0.5476** (0.2471)	1.0709*** (0.2120)	0.4421** (0.2233)
INS	1.2438 (1.0269)	1.3351** (0.5928)	0.8574 (0.6016)	1.2528** (0.5538)	1.0339 (1.0548)
识别不足检验	7.5500 (0.0060)				
弱工具变量检验	95.1130 (16.3800)				
常数项		22.1671*** (0.6363)	23.3991*** (0.4007)	22.0685*** (0.5892)	22.1808*** (0.8666)
省份固定效应	是	是	是	是	是
时间固定效应	是	是	是	是	是
N	480	450	480	480	270
R^2	0.4572	0.9797	0.9774	0.9779	0.9914

注：*、**、***分别表示在10%、5%、1%的水平上显著；括号内为稳健标准误；识别不足检验基于Kleibergen-Paap rk LM统计量判断，括号内为 p 值；弱工具变量基于Cragg-Donald Wald F 统计量判断，括号内为10%Stock-Yogo weak ID 检验在10%水平上的临界值。

考虑到我国幅员辽阔，无论是在数字经济还是出口贸易方面都存在着比较明显的地区差异。因此，为了考察数字经济的影响是否存在地区异质性，进一步将样本划分为东部、中部和西部三个子样本并分别重新进行检验，分析结果在表4-3中给出。从表4-3可以看出，数字经济变量的估计系数均显著为正，表明数字经济对各地区的出口贸易增长均起到了促进作用并且未表现出显著的区域异质性。不过观察 DEI 变量估计系数可以发现，第（1）列中该变量估计系数的绝对值和显著性均小于第（2）列和第（3）列针对中部和西部地区样本的估计结果。在一定程度上可能表明，数字经济对东部地区出口贸易的促进作用要弱于中西部地区，考虑到东部地区数字经济发展水平及出口贸易规模远高于中西部地区，数字经济的支撑作用可能存在边际效应递减，因而其影响相对较弱也有一定道理。不过，这只是根据系数绝对值所做出的直观判断，仅具有一定的参考价值。

表4-3 不同地区样本的分析结果

变量	（1）东部地区	（2）中部地区	（3）西部地区
DEI	0.5458** (0.1653)	3.6489*** (0.8675)	4.2557*** (0.7118)
GDP	−0.0573 (0.0418)	−0.1605 (0.1128)	−0.0878 (0.0781)
FDI	0.3930 (0.8189)	−10.5838* (6.1981)	5.3126 (6.8417)
FIS	−0.6181 (0.8446)	−9.6077*** (1.7919)	−2.2930** (1.1061)
INFR	1.1386*** (0.3236)	−0.5512 (0.3469)	0.0357 (0.3769)
INS	2.4228*** (0.5425)	−0.2091 (0.8673)	−1.0423 (1.5480)
常数项	23.2946*** (0.4202)	23.3673*** (1.4914)	19.5009*** (1.3639)
省份固定效应	是	是	是
时间固定效应	是	是	是
N	176	128	176
R^2	0.9928	0.9109	0.9581

注：*、**、*** 分别表示在10%、5%、1%的水平上显著；括号内为稳健标准误。

进一步对数字经济影响出口贸易增长的机制进行分析。如前文所述，数字经济对出口贸易的影响机制首先体现在对贸易成本的降低上，数字技

第四章
数字经济与出口贸易高质量发展：基于规模增长视角的分析

术的广泛应用极大降低了信息不对称程度和国际贸易的交易成本。应该说其中的道理和证据都是很直观的，但实证分析的难点就在于缺少能够对贸易成本进行准确测度的数据支持，因而这里对贸易成本机制的分析也就限于定性的逻辑阐述，不再尝试进行定量的实证分析。数字经济对出口贸易的另一个影响机制体现在作为贸易基础的产业发展水平的提升上，从统计角度来看，可以有很多变量来反映产业发展水平，但全要素生产率无疑是最为综合也是最为关键的反映变量。习近平总书记强调指出，中国经济发展的战略目标就是要建设现代化经济体系，提高全要素生产率，不断增强经济创新力和竞争力。因此，这里在前文机制说明的基础上，围绕全要素生产率就数字经济影响出口贸易增长的机制进行分析。具体地，构建如下形式的中介效应模型。

$$EXPORT_{it} = \alpha_1 + \beta_1 DEI_{it} + \gamma_1 X_{it} + \varepsilon_{it} \qquad (4-2)$$

$$TFP_{it} = \alpha_2 + \beta_2 DEI_{it} + \gamma_2 X_{it} + \varepsilon_{it} \qquad (4-3)$$

$$EXPORT_{it} = \alpha_3 + \beta_3 DEI_{it} + \theta_3 TFP_{it} + \gamma_3 X_{it} + \varepsilon_{it} \qquad (4-4)$$

其中，TFP为中介变量全要素生产率，其他变量的含义如前。全要素生产率的测算借鉴张军和施少华（2003）的做法，即通过索洛剩余法计算全要素生产率，计算过程中需要产出、资本、劳动等投入变量。具体地，产出变量为各省份的实际GDP，资本投入以固定资本形成总额为基础，采用永续盘存法计算得到。劳动投入变量借鉴李冬和杨万平（2023）的做法，以年末就业人数与平均受教育年限的乘积表示。中介效应模型的具体分析结果在表4-4中给出。表4-4第（1）列是式（4-2）的回归结果，实际就是之前的基准分析结果，数字经济变量DEI的估计系数显著为正。第（2）列是TFP对DEI的回归结果，可以看出，DEI的估计系数显著为正，表明数字经济发展对全要素生产率水平提升发挥积极促进作用，因此，TFP具备了充当中介变量的前提条件。第（3）列同时引入了DEI和TFP变量，此时DEI的估计系数不显著，TFP的估计系数显著为正，这就表明数字经济对出口贸易增长的影响,是通过全要素生产率这个中间机制实现的,全要素生产率在两者之间发挥了显著的中介效应。

表4-4 基于全要素生产率的机制分析

变量	(1) EXPORT	(2) TFP	(3) EXPORT
DEI	1.3861*** (0.2933)	0.5714** (0.2249)	0.1269 (0.3290)
TFP			0.3663* (0.2058)
GDP	-0.0463 (0.0483)	0.9534*** (0.0294)	-0.3941** (0.1941)
FDI	5.4012*** (1.1166)	-0.0010 (0.7487)	5.0162*** (1.0472)
FIS	-3.0335*** (0.6552)	-0.3440 (0.3398)	-3.3679*** (0.6032)
INFR	1.0709*** (0.2120)	-0.4261*** (0.1254)	1.0403*** (0.2490)
INS	1.2528** (0.5538)	-0.8017*** (0.2593)	2.3903*** (0.5673)
常数项	22.0685*** (0.5892)	2.1559*** (0.4313)	23.2707*** (0.8546)
省份固定效应	是	是	是
时间固定效应	是	是	是
N	480	420	420
R^2	0.9779	0.9999	0.9802

注:*、**、***分别表示在10%、5%、1%的水平上显著;括号内为稳健标准误。

四、二元边际视角下的进一步分析

近年来,二元边际问题在国际贸易研究中受到了广泛重视。传统上对出口贸易增长的关注点,主要还是贸易规模这个总量指标,我们在前面的

第四章
数字经济与出口贸易高质量发展：基于规模增长视角的分析

分析中讨论的也是贸易总量。实际上出口增长中的一些结构性特征值得我们做更进一步思考。例如，出口贸易的增长是因为对既有市场的出口规模增加，还是因为出口市场的增加呢？是因为既有产品的出口规模增加，还是因为出口产品种类的拓展？这就是二元边际问题。所谓二元边际，一般是分为集约（intensive）和扩展（extensive）边际两类。集约边际一般是指既有出口产品的贸易规模增长，扩展边际的内涵在不同文献中存有一定差别，既有文献将其界定为出口目的地的扩展，也有文献将其界定为出口品种的扩展，主要还是视样本数据类型而定。二元边际研究的价值在于，两个边际增长蕴含着不同的政策含义，例如，Hausmann 和 Klinger（2006）指出，出口贸易增长主要依靠集约边际的国家对外部冲击的抵御能力较弱，会引出出口波动加剧、贸易条件恶化和贫困化增长等问题，而出口贸易增长主要依靠扩展边际实现的国家，其多元化的出口贸易结构则有利于抵御外部冲击。

21世纪以来，在中国出口贸易实现史无前例的快速增长的同时，中国出口贸易增长的二元边际问题也吸引了广泛的研究兴趣。从对既有文献的梳理来看，相关结论具有较高一致性，即普遍认为中国出口增长主要源于集约边际的贡献，扩展边际的贡献较低。例如，Amiti 和 Freund（2008）基于10位HS编码数据测算了中国对美国出口的二元边际变化，结果发现虽然中国对美国出口产品种类大幅增长，但出口增长主要还是通过集约边际而非扩展边际增长实现的。钱学锋和熊平（2010）基于1995~2005年6位HS编码数据测算了中国出口二元边际，同样发现中国的出口增长主要通过集约边际增长实现。张杰等（2013）基于2000~2006年企业数据研究发现，中国出口增长主要是源于集约边际扩张的贡献，扩展边际的贡献相对较弱。王孝松等（2014）基于1996~2010年的数据研究发现，中国出口的内涵边际稳步上升，而外延边际具有较强的波动性，外延边际的年均增长率显著低于内涵边际的增长率。钟腾龙等（2018）采用2000~2013年高度细分的海关出口数据,从"企业—产品—市场"层面测算了出口二元边际,发现中国出口增长主要依靠集约边际实现,扩展边际的贡献十分有限。既有文献就出口二元边际增长的影响因素也进行了比较多的讨论,涉及反倾销措施(王孝松等,2014)、政府补贴(张杰和郑文平,2015)、非关税壁垒(梁俊伟和魏浩,2016)、产业政策(张鹏杨等,2019)、贸易便利化(段文奇和刘晨阳,2020)、产业集聚(白东北等,2021)等方面。

  考虑到二元边际分析的理论价值及政策含义,这里进一步就数字经济对出口贸易二元边际的影响进行分析。我们首先根据 Hummels 和 Klenow (2005) 提出的方法对各省份出口贸易增长的二元边际进行测算。如前文所述,由于样本数据类型和研究对象的不同,二元边际的界定在不同文献中会存有一定的差异。由于这部分采用了产品层面的海关统计数据,本书从"省份—出口目的国—出口产品"层面数据来测算出口二元边际,具体地,集约边际定义为各省份在 HS6 产品层面对各目的国出口总额的增长,扩展边际则定义为各省份对各目的国出口产品种类的增长。具体以二元边际增长指数作为被解释变量,以数字经济发展水平指数 DEI 作为核心解释变量,构建出用以检验分析的计量模型。由于数据类型的不同,这里的控制变量与前一节的分析中并不尽同,具体包括如下控制变量,主要是:基础设施条件 INFR,以铁路营业里程和公路里程数的对数值来衡量;创新能力 PAT,以各省专利申请数作为创新能力的代理变量;人均 GDP 差距 DGDP,各省份与贸易伙伴的人均 GDP 差距的绝对值;自贸协定虚拟变量 RTA,当出口目的地与我国签署自贸协定时取值为 1,否则为 0;共同语言虚拟变量 COMLANG,反映中国与出口目的国的文化相似性。上述变量的数据来源包括《海关统计数据库》《中国统计年鉴》等,受二元边际测算所采用的原始数据的限制,样本时间跨度为 2006~2015 年。

  一般而言,各地并不是所有的商品都有出口,即存在零值贸易问题,如果直接将二元边际用以回归分析,很有可能导致结果存在偏误。为避免

第四章
数字经济与出口贸易高质量发展：基于规模增长视角的分析

这个问题，借鉴施震凯和张能静（2022）的做法，这里采用 Heckman 两阶段模型来进行实证检验。具体地，将数字经济对出口二元边际的影响划分为出口决策、出口表现两个阶段，对应于第一阶段是出口决策模型，旨在检验数字经济对于出口决策的影响；对应于第二阶段的是出口表现模型，旨在检验在形成出口决策的基础上，数字经济对二元边际的影响。表 4-5 第（1）列报告了第一阶段模型的检验结果，可以发现 DEI 变量的估计系数显著为正，表明数字经济发展显著地提升了产品的出口概率。计算得到逆米尔斯比 IMR 均不为 0，表明检验模型有效，将 IMR 放入第二阶段的回归模型。第（2）列报告了第二阶段模型中针对扩展边际的检验结果，可以发现，数字经济与出口扩展边际之间呈现显著的正相关关系，意味着数字经济发展水平提高有效促进了出口产品种类的增长。第（3）列是针对出口集约边际的估计结果，DEI 变量的估计系数显著为负，表明数字经济发展对出口集约边际产生了抑制效应。以上结果表明，数字经济促进出口贸易增长，主要是得益于扩展边际的贡献，而非集约边际所反映出的既有产品出口规模的扩大。如前文所述，Hausmann 和 Klinger（2016）指出，扩展边际的拓展将更有利于抵御外部冲击、提高出口贸易增长的韧性，从这个角度来看，数字经济对出口贸易增长的积极作用就显得更为稳固可靠。前文对二元边际文献的综述中指出，既有研究比较一致地认为中国出口增长主要源于集约边际贡献，扩展边际的贡献较低，可以预期，随着数字经济的深入发展，以及数字经济不断做强做优做大，中国出口增长中来自扩展边际的贡献也将会得到显著提升。

表 4-5　二元边际基准模型回归结果

变量	第一阶段	第二阶段	
	是否出口	扩展边际	集约边际
	(1)	(2)	(3)
DEI	1.5623***	0.0168***	-0.0270***
	(0.1260)	(0.0054)	(0.0051)

续表

变量	第一阶段 是否出口 （1）	第二阶段	
		扩展边际 （2）	集约边际 （3）
FDI	-0.5612*** (0.0523)	-0.0128*** (0.0024)	0.0279*** (0.0022)
TRA	0.0074*** (0.0005)	0.0000 (0.0000)	0.0001*** (0.0000)
PAT	0.1568*** (0.0064)	-0.0028*** (0.0004)	0.0134*** (0.0004)
DGDP	-0.0555*** (0.0106)	-0.0094*** (0.0005)	-0.0023*** (0.0005)
RTA	0.8627*** (0.0227)	0.0018 (0.0019)	-0.0071*** (0.0018)
COMLANG	1.4967*** (0.1583)		
IMR		-0.0169*** (0.0040)	-0.0100*** (0.0037)
常数项	-0.4877** (0.2330)	0.2581*** (0.0103)	0.8896*** (0.0111)
观测量	45559	45559	45559
Wald chi2		866.90***	5693.77***

注：*、**、***分别表示在10%、5%、1%的水平上显著；括号内为稳健标准误。

关于如何理解对于二元边际的异质性影响，我们认为这与数字经济促进出口贸易增长的作用机制是相符的。既定出口产品的规模增长，根据基本的经济学原理，主要还是取决于产品价格，而价格主要取决于生产规模。数字经济对出口贸易的影响一方面体现在减少了信息不对称、降低了贸易成本，这就有利于更多种类产品的生产企业进入国际市场，从而实现出口贸易的扩展边际的增长；另一方面体现在数字经济还通过产业发展质量的提升来影响出口贸易，更多产品具备了参与国际竞争的实力，这也促进了出口种类的拓展。当然，数字经济也通过提高资源配置效率，降低产

第四章
数字经济与出口贸易高质量发展：基于规模增长视角的分析

品成本，这有利于降低产品价格、促进出口规模增长；但同时也要看到，在数字经济条件下，对于大规模产品的偏好正在被个性化、定制化、小批量产品的偏好所取代，价格不再具有决定影响，价格相对较高但更具个性化的产品反而更受偏好，两方面影响结合起来，对个性化偏好超过了对低价格的偏好，这也就导致数字经济对集约边际形成了负面影响。

为了确保分析结论的可靠性，这里进一步采用了多种方法进行稳健性检验。考虑到基于产品层面数据计算二元边际，样本量巨大，为了剔除异常值的影响，进一步对样本进行上下5%区间的截尾处理，基于剔除异常值后的分析结果在表4-6第（1）列至第（3）列给出。可以发现，DEI变量的估计系数在第一阶段回归中显著为正，在第二阶段中，DEI变量对出口扩展边际和集约边际分别具有正向和负向影响，结论与前文一致。此外，我们还使用了传统的面板数据模型方法，就数字经济对二元边际的影响进行了检验分析，根据Hausman检验结果均采用固定效应模型，结果在表4-6第（4）列和第（5）列给出。不难发现，关键结论仍然不变，即数字经济对出口贸易扩展边际具有显著的正向影响，而对集约边际的影响为负。表4-6的估计结果表明针对二元边际分析得出的结论具有稳健性。

表4-6 二元边际分析结果的稳健性检验

变量	剔除异常值			模型替换	
	第一阶段	第二阶段		FE	FE
	是否出口	扩展边际	集约边际	扩展边际	集约边际
	(1)	(2)	(3)	(4)	(5)
DEI	1.5623***	0.0087**	-0.0270***	0.0298***	-0.0192***
	(0.1260)	(0.0038)	(0.0051)	(0.0042)	(0.0041)
FDI	-0.5612***	-0.0098***	0.0279***	-0.0180***	0.0247***
	(0.0523)	(0.0017)	(0.0022)	(0.0019)	(0.0019)
TRA	0.0074***	0.0000	0.0001***	0.0001***	0.0001***
	(0.0005)	(0.0000)	(0.0000)	(0.0000)	(0.0000)

续表

变量	剔除异常值 第一阶段 是否出口 (1)	剔除异常值 第二阶段 扩展边际 (2)	剔除异常值 第二阶段 集约边际 (3)	模型替换 FE 扩展边际 (4)	模型替换 FE 集约边际 (5)
PAT	0.1568*** (0.0064)	-0.0020*** (0.0003)	0.0134*** (0.0004)	-0.0013*** (0.0002)	0.0144*** (0.0002)
DGDP	-0.0555*** (0.0106)	-0.0082*** (0.0003)	-0.0023*** (0.0005)	-0.0102*** (0.0004)	-0.0026*** (0.0005)
RTA	0.8627*** (0.0227)	0.0013 (0.0013)	-0.0071*** (0.0018)	0.0097*** (0.0006)	-0.0024*** (0.0006)
COMLANG	1.4967*** (0.1583)				
IMR		-0.0171*** (0.0028)	-0.0100*** (0.0037)		
常数项	-0.4877** (0.2330)	0.2229*** (0.0071)	0.8896*** (0.0111)	0.2454*** (0.0096)	0.8782*** (0.0100)
观测量	45559	45559	45559	27235	25694
Wld chi2		1301.59**	5693.77**		
R^2				0.0332	0.2708

注：*、**、***分别表示在10%、5%、1%的水平上显著；括号内为稳健标准误。

本章小结

出口贸易规模的稳定增长是实现出口贸易高质量发展的前提保障。习近平总书记指出，"我国对外开放水平总体上还不够高。用好国际国内两个市场、两种资源的能力还不够强"。面对新时代以来出现的新形势与新矛盾，推动出口贸易规模的平稳与持续增长，已成为构建新发展格局，利用好外部市场、外部资源的重要目标要求。数字经济的蓬勃发展为实现这一目标提供了新的驱动力，一方面，数字技术的广泛应用为减少信息不对

第四章
数字经济与出口贸易高质量发展：基于规模增长视角的分析

称、降低国际贸易成本发挥了重要作用；另一方面，数字经济赋能产业现代化发展为出口贸易增长夯实了产业基础。本章基于省级层面数据就数字经济对出口贸易的影响进行了实证检验，结果显示，数字经济发展有力地促进了出口贸易规模的增长，进一步的机制分析表明，作为反映产业发展水平的全要素生产率充当了中间的机制变量，即数字经济发展推动了全要素生产率水平提升，进而促进了出口贸易增长。除了对总量指标的讨论之外，这部分还进一步以二元边际的角度分析了数字经济对出口贸易增长的影响，结果显示数字经济更主要的是推动了出口广义边际的拓展，这有利于通过多元化来提升出口贸易应对风险冲击、保障出口稳定增长的能力。上述研究的政策含义是显而易见的，即抓住数字经济所带来的重要机遇，充分地发挥数字经济的赋能作用，形成新发展阶段下推动出口贸易规模稳定增长的新驱动力。

第五章 数字经济与出口贸易高质量发展：基于技术含量视角的分析

推动出口贸易高质量发展还要求实现出口产品技术水平的提升，这是高质量发展"创新"内涵的体现。加入 WTO 以后，中国出口贸易规模快速扩张，连续十余年位居全球货物贸易出口第一大国。然而在规模扩张的同时，"中国制造"却给外界留下了低要素成本、低技术水平的印象，加工贸易占比始终占较大比重。2019 年，商务部相关负责人在第十三届全国人大常委会十四次会议上作《关于加快外贸转型升级推进贸易高质量发展工作情况的报告》时指出，我国低要素成本的传统竞争优势不断削弱，新的竞争优势尚未形成，相当部分出口产品技术含量较低。在百年未有之大变局下，出口贸易发展面临的外部环境发生了重大变化，技术含量较低产品所具有的替代性强、消费黏性低、竞争优势脆弱等特性也表现得越发明显，这也加剧了出口贸易增长所面临的空间挤压问题。从国际贸易发展史来看，英国、美国等国家都是从以低要素成本为主的出口贸易结构起步的，贸易规模的扩张为资本积累及工业化进程的启动提供了支撑，但随着发展阶段的演进，出口贸易结构也在发生显著变化，贸易产品的技术水平不断提升，而反过来这也为现代化进程的推进提供了驱动力。历次科技革命和工业革命为英美两国出口贸易的技术水平提升以及由贸易大国迈向贸易强国提供了重大历史机遇。面向出口贸易高质量发展的目标要求，如何提高我国出口贸易技术水平将是一个重大挑战。习近平总书记指出，"如果科技创新水平搞不上去，发展动力就不可能实现转换"。当前正处于新一轮科技革命深入发展、数字经济蓬勃发展的重要历史机遇期，数字经济

第五章
数字经济与出口贸易高质量发展：基于技术含量视角的分析

能否推动我国出口产品的技术含量提升是一个非常值得深入探讨的重要议题。

一、问题的提出

学术界对出口贸易技术含量问题给予了比较多的关注。这方面的研究首先需要解决的问题就是，作为无法显见的隐含要素，出口贸易所包含的技术要素如何来加以测度。就现有研究来看，出口贸易技术含量的测度方法大致有两类：一是依据特定分类标准将产品划分为劳动、资本或技术密集型产品，然后计算各类产品在出口中所占份额，进而作为出口贸易技术含量的反映。例如，王韶华等（2014）将高新技术企业出口总额在货物出口总额中的比重作为衡量出口贸易技术含量的指标、陈怡和孙文远（2015）使用了高新技术产品出口在总出口额中的比重。二是计算出口技术复杂度指数，这也是目前衡量一国出口技术特征的主要方法（倪红福，2017），它还可以反映出口产品的国际竞争力（戴翔，2011）。Lall 等（2006）在 Michaely（1984）的基础上，提出了产品技术复杂度的概念及测算方法，并对其含义及优缺点进行了详细阐述。一般认为，产品技术复杂度是指特定产品所有出口国的人均收入的加权平均值，权重为出口国该产品的出口额占该产品的世界出口的比重（倪红福，2017）。实际上，可以简单理解为考虑到经济发展水平差异的出口竞争力修正值。后续研究对技术复杂度中的人均收入权重变量的选取进行了改进，其中最重要的进展就是 Rodrik（2006）、Hausmann 等（2007）的研究，他们利用出口产品的比较优势指数代替产品出口份额作为人均收入的权重，并对计算得到的指数值进行了标准化处理。

讨论中国出口贸易技术含量，技术复杂度是既有文献中主要的分析工具，从研究结论来看，学术界存在两种不同的观点：第一种观点认为近几十年来中国的出口技术复杂度显著提升。例如，Hausmann（2005）计算并比较了中国与其他国家出口技术复杂度，发现中国的出口技术复杂度3倍于人均收入相当的经济体；Rodrik（2006）发现，中国的出口技术复杂度显著高于同等发展水平的国家，这一结果与预期存在较大的差距；Schott（2008）认为，中国与经济合作与发展组织（OECD）国家出口技术复杂度的相似度逐年增加。关于中国出口技术复杂度异常性的争论，被称为"Rodrik悖论"。一般认为，中国作为发展中经济体，出口贸易的技术水平相对有限，不太可能达到发达工业化国家的水平。在对"Rodrik悖论"进行检验的过程中也逐渐形成了第二种观点，即中国出口技术复杂度并未出现显著提升。Amiti和Freund（2008）从贸易结构入手进行研究发现，中国之所以存在较高的出口技术复杂度主要还是由加工贸易所致，如果剔除加工贸易后再进行分析，就不会出现所谓的"Rodrik悖论"。类似地，Assche和Gangnes（2010）也在剔除了加工贸易后对中国出口技术复杂度进行了测度，发现中国电子产品的出口结构并没有出现明显升级。Xu（2010）认为，"Rodrik悖论"的成因可能并非完全归于中国出口贸易的独特结构特征，他认为这种异常结果主要是源于测算中的参数设置误差；具体地，一个是参数中未能考虑到产品质量因素，另一个是错误使用了全国范围内的平均收入水平。除了这些研究文献，国内文献对中国出口贸易技术复杂度问题也做了比较多的研究。例如，杜修立和王维国（2007）对Hausmann等的方法进行了修正，在此基础上分析了1980~2003年中国出口贸易技术结构的演变，发现中国出口贸易的技术结构并没有显著提升。姚洋和张晔（2008）在技术复杂度指数的基础上设计了一个计算产品国内技术含量的指标，更加强调出口产品中源自本国的真实技术含量，测算发现1997~2002年我国出口品国内技术含量迅速下降。戴翔和张二震（2011）基于HS六位数分类商品贸易数据的研究发现，中国的出口技术复杂度远未赶上发达国家水平，对外贸易转型升级仍有很长的

第五章
数字经济与出口贸易高质量发展：基于技术含量视角的分析

路要走。

综合来看，随着出口技术复杂度计算方法的不断改进，越来越多的研究表明，中国出口贸易技术含量仍然相对较低，与发达国家相比仍有较大的差距。相关文献进一步就出口技术复杂度的决定因素进行了探讨，涉及的变量也较为宽泛。从外资外贸的角度切入，Xu 和 Lu（2009）基于 2000~2005 年的数据研究了外商直接投资与出口技术复杂度之间的关系，发现来自 OECD 国家的全资企业比重与出口贸易技术复杂度之间具有正相关性；盛斌和毛其淋（2017）考察了进口贸易自由化与中国制造业出口技术复杂度之间的关系，发现进口贸易自由化显著提高了企业出口技术复杂度，且中间品关税减让对企业出口技术复杂度的促进作用大于最终品；李小平等（2021）基于中国工业企业以及海关统计数据探讨了中间品进口种类扩张对出口技术复杂度的影响，发现更多种类的进口有助于促进出口技术复杂度提升。还有研究聚焦技术和劳动要素的配置对出口技术复杂度的影响，例如，毛其淋（2019）发现，人力资本水平的提高能够显著提高加工贸易企业的出口技术复杂度，具体通过促进企业加大研发投入、提高在职培训力度以及进口使用更多种类和更高质量的中间投入品等途径实现。从制度质量改善角度切入，郑展鹏和岳帅（2020）发现，制度质量改善能够通过减弱道德风险及不确定性来降低经济主体的交易成本，从而有利于出口技术复杂度提升；方杰炜和施炳展（2022）从知识产权保护"双轨制"视角研究发现，知识产权保护提升了企业出口技术复杂度。

随着新一轮科技革命的深入推进，数字技术渗透到经济社会的各个领域，数字经济对出口技术复杂度的影响也开始为学术界所关注。例如，杜传忠和管海锋（2021）基于 2011~2018 年中国制造业省级面板数据的研究发现，数字经济显著提升了制造业出口技术复杂度，尤其是在技术密集型行业表现得更为显著。夏杰长等（2022）也得出了类似的结论。党琳等（2021）基于跨国制造业数据的研究发现，数字化转型对制造业的出口技术复杂度的影响具有显著非线性特征，数字化水平达到一定程度之后，其对出口技术复杂度的提升效应会明显加大。余姗等（2021）基于2008~2017年的省级数据研究发现，数字经济显著地促进了出口技术复杂度的提升，且这种影响具有边际递增的非线性驱动效应。就数字经济对出口技术复杂度影响机制的讨论，主要涉及技术创新、人力资本、贸易成本等因素。例如，杜传忠和管海锋（2021）发现，数字经济能够通过促进区域技术溢出推动制造业出口技术复杂度的提升，刘志坚（2021）发现，数字经济能够通过与科技创新投入的交互作用，进而对出口技术复杂度产生正向影响。夏杰长等（2022）不仅分析了企业研发创新的中介效应，还进一步将人力资本纳入考量范畴，发现数字经济影响中国出口技术复杂度的过程是一条链式多重中介效应路径，即"数字经济—人力资本—R&D经费投入强度—出口技术复杂度"，同时大学生毕业人数占比还起到了调节作用。李宏和乔越（2021）以中国制造业为研究对象，评估了产业数字化转型对出口技术复杂度的影响，发现数字化能够通过扩大市场规模、为新产品赋能来推动出口技术复杂度提升。

产品技术含量的提升是出口贸易高质量发展的内涵要求。从对既有文献的梳理来看，围绕出口技术复杂度展开的讨论较多，但针对数字经济与出口技术复杂度关系的研究目前仍较为缺乏。为数不多的相关文献中，就研究对象来看，也多是基于互联网、数字化转型等技术层面变量展开分析，从实证数据来看，则主要是基于国家或省域层面数据进行检验，因而，无论是对数字经济影响出口技术复杂度的机制机理的理解，还是实证检验的深度，这些方面都存在较大的改进空间。这部分将首先阐述数字经济影响产品技术含量的机制机理，基于微观产品出口数据测算城市层面出口技术复杂度，在此基础上，就数字经济发展对出口技术复杂度的影响效应及中间机制进行实证检验。

第五章
数字经济与出口贸易高质量发展：基于技术含量视角的分析

二、机制的说明

产品技术含量最根本的决定因素是创新，创新也是产品技术含量提升最可靠的驱动力。在新一轮科技革命深入推进及数字经济蓬勃发展的背景下，企业的创新能力是否会因此得到提升，并进而体现于产品技术含量的提升？应该说，这个问题的答案是肯定的。数字经济时代的到来为驱动企业创新活动的开展提供了有力支撑，对此可以从几个方面来阐述。

首先来看经济增长理论关于创新如何出现的讨论，理论上对此已经做了很多探讨。在早期的新古典增长理论中，创新或者技术进步被理解为完全由外生因素决定的不可控变量，创新的出现是随机且企业主体无法施加影响的。这种设定能够较好地满足理论模型构建的需要，但与现实情况还是存在很大出入的。20世纪80年代以后出现的内生增长理论重点探讨了技术进步和创新的决定问题，关键目标是要将创新决策内生化。内生增长理论的流派并不算少，侧重点也各有不同，但在创新的问题上还是形成了一定的共性结论，其中之一就是创新并非外生因素，而是既有知识存量的函数，知识存量越高，越有利于创新的出现。在数字经济时代之前，知识的传播与交流并非易事，以期刊、图书、会议为主要渠道的知识传播模式在深度、广度、效率等方面都有明显局限，科学界、产业界之间及界内都存在创新碎片化现象。直至90年代末，国内大学的知识存储仍然以纸质期刊、图书等为主，各类基于网络的文献数据库仍处于初创阶段。数字技术的发展，特别是互联网的高效联通，在短时间内打破了科学研究的碎片化状态，互联网带来了知识存量的爆炸式增长，数据的共享、思想的碰撞，共同加速了创新的进程。

数字经济时代的到来对创新的模式与路径同样产生了重大影响，加速了创新活动的开展及创新成果的产出。传统条件下的创新一般是从确定特定目标开始，然后基于理论基础知识明确可能的研发方向，进一步通过"试错、反馈、调整"的流程不断重复，最终达到预期的创新目标。当然，也有很大概率无法达到预期目标。毫无疑问，这种试错主导的创新模式在速度、效率与成本负担上都存在很大局限性。数字时代的到来，将创新由这种传统模式逐渐转变为由计算机数据主导的新模式，通过大规模算力及人工智能算法的加速，在极短的时间内就能够在计算设备上完成传统上极为漫长的试错过程。更重要的是，相较于传统试错的简单线性输入与产出关系，基于大规模计算的试错会产生大量的数据资源，在人工智能算法的支持下能够揭示出事物发展的规律性特征，从而对增强创新能力、拓展创新边界发挥重要作用。以材料科学为例，新材料一直是材料科学领域追求的重点，各种新兴技术和新型服务往往就是以新材料发现与应用为前提的。开发新材料的传统路径是不断试错，直到20世纪90年代，随着计算机与计算技术的大发展，这一领域开始出现了"计算材料学"的概念，21世纪以后"计算材料"更是获得了巨大发展。超级算力与人工智能的结合在创造、发明、合成新型材料方面产生了深远的影响。根据《美国化学文摘数据库》中所记载的物质数量。2005~2010年，该目录中增加的物质数量是20世纪增加数量的4倍（米尔斯，2023）。在与材料密切相关的化学领域，也出现了相似的创新模式转变趋势。2013年，卡普拉斯等三位美国科学家获得了诺贝尔化学奖，评选委员会这样评价他们的科学工作，"对化学家来说，计算机是同试管一样重要的工具，计算机对真实生命的模拟已为化学领域大部分研究成果的取得立下了汗马功劳"。计算机能模拟出复杂的化学分子模型，更多的化学实验通过计算机模拟推演，获得了比常规传统实验更快、更准确的预测结果（安筱鹏，2019）。2020年，作为一家科技企业的国际商用机器公司（IBM），发布了一项基于云的"化学反应机器"（RobRXN for Chemistry）服务，内容即通过算力与人工智能的结

第五章
数字经济与出口贸易高质量发展：基于技术含量视角的分析

合来协助设计新的化合物。

Wang等（2023）系统阐述了人工智能技术在物理、化学、生物医药、数学等各个领域如何推动科学研究的前进；文章认为，科学发现是一个涉及多个相互关联阶段的过程，包括假设形成、实验设计、数据收集和分析，人工智能能够增强和加速每个阶段的科学研究，从而彻底重塑科学发现，并有可能解锁以前遥不可及的科学发现。图5-1给出了人工智能对科学发现产生重要影响的领域。与材料科学研究领域的颠覆性变革相比，虽然工业领域中创新模式的演变仍然处于起步阶段，但数字技术的应用正在加速向以计算为支撑的创新模式转变，最突出的例子就是数字仿真系统的广泛应用。通过数字仿真对传统试错法的替代，显著地提高了创新的加速度，特别是在传统试错法面临巨大成本支出与安全风险挑战的情况下，以数字技术为基础的仿真方法的优势就更为突出。2005年，美国总统信息技术顾问委员会提交给美国总统的一份报告中指出，由算法与建模仿真软件、计算机与信息科学、计算基础设施三大元素构成的计算科学，已经成为继理论研究、实验研究之后认识改造客观世界的第三种重要手段。尽管对于计算方法能否在基础理论创新方面发挥作用仍存在质疑，但在应用领域、产业层面上数字经济时代的到来确实有力提升了创新的加速度。

除了上述影响，数字经济时代的到来也给创新活动的组织方式产生了巨大的影响，这对推动创新活动开展、加速创新成果产出也发挥了重要作用。传统条件下的创新活动往往是由特定组织机构开展推进的，创新基本上是组织内部的独立行为，当然在有些情况下也存在跨组织的战略联盟与创新合作，但这并非常态。在数字经济时代背景下，创新组织间的边界逐渐模糊，借助于数字化的网络，创新组织之间形成了分散的虚拟网络联合体，单个组织的创新活动中也会得到其他组织或者组织外个体的贡献。最典型的例子就是互联网上存在的大量开源社区及开源软件，每个组织或

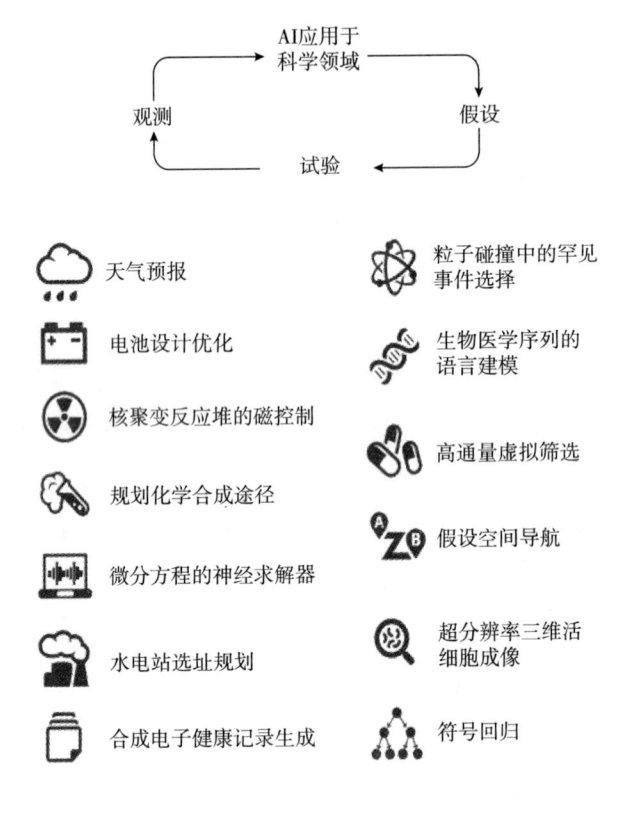

```
         AI应用于
    ┌──→ 科学领域 ──┐
    │               │
   观测             假设
    │               │
    └── 试验 ←──────┘
```

- 天气预报
- 电池设计优化
- 核聚变反应堆的磁控制
- 规划化学合成途径
- 微分方程的神经求解器
- 水电站选址规划
- 合成电子健康记录生成
- 粒子碰撞中的罕见事件选择
- 生物医学序列的语言建模
- 高通量虚拟筛选
- 假设空间导航
- 超分辨率三维活细胞成像
- 符号回归

图 5-1　人工智能时代的科学发现

资料来源：Wang 等（2023）。

个体的创新活动都能够从开源社区中获得帮助，相应的创新产出也会反过来对其他组织或个体的创新活动作出贡献。边界的消失不仅出现在创新组织之间，组织与消费者之间的边界也在逐渐消失，作为终端的消费者同样越来越多地参与到组织创新活动中，从需求侧为加速创新产出发挥了作用。综合来看，数字经济时代下的创新正在逐渐由单主体的孤岛式创新向数字生态体系下的网络式创新转型，创新的广度、深度、速度都将因此获得极大的提升。

三、计量模型构建与变量说明

为了检验数字经济发展对出口产品技术含量的影响,这里构建如下形式的计量模型:

$$\text{EXPY}_{i,t} = \alpha + \beta \text{DEC}_{i,t} + \gamma X_{i,t} + \varepsilon_{i,t} \quad (5-1)$$

其中,被解释变量 EXPY 为出口技术复杂度,反映的是出口产品的技术含量,技术复杂度的数值越大,产品中的技术含量越高,技术水平也相应越高。在这部分的分析中,我们以我国地级以上城市作为分析的基本单元,式(5-1)下标中的 i 为第 i 个城市,t 为年份,即被解释变量反映的就是第 i 个城市 t 年的出口技术复杂度。出口技术复杂度变量的测算主要是借鉴 Xu(2010)的方法,数据基础为各城市在产品层面上的出口贸易金额及数量,数据来源为《中国海关数据库》。该数据库提供了"企业—产品"层面的月度出口数据,样本量十分宏大,为适用于出口技术复杂度的测算需要加以必要处理,具体包括三步:一是剔除贸易、商贸、进出口等中间类型企业的出口数据,确保出口数据源自真正的生产型企业主体;二是将月度数据加总形成"年份—产品"层面的数据;三是进一步按城市加总形成"城市—年份—产品"层面的数据。根据 Xu(2010)的方法,第一步,计算出相对价格指数:

$$Q_{ik} = \frac{P_{ik}}{\sum_{n \in I_k}(\mu_{nk} P_{nk})} \quad (5-2)$$

其中,P_{ik} 为 i 城市出口产品 k 的单位价格,P_{nk} 为 n 城市出口产品 k 的单位价格,I_k 为所有出口 k 产品的城市集合,μ_{nk} 为 n 城市的出口商品 k 占全样本出口总量中的份额,即出口所占的百分比。第二步,计算以 Q_{ik} 作为权重的每种出口产品的技术复杂度:

$$\mathrm{prody}_k = (Q_{ik})^\theta \sum_i \frac{(x_{ik}/\sum_{kx} {}_{ik})}{\sum_i (x_{ik}/\sum_k x_{ik})} Y_i \qquad (5-3)$$

其中，x_{ik} 为 i 城市 k 产品的出口总额，Y_i 为 i 城市的人均 GDP，根据 Xu（2010）的做法参数 θ 的数值设为 0.2。第三步，依据以下公式对所有产品进行加总，计算城市 i 的出口技术复杂度 EXPY：

$$\mathrm{EXPY}_i = \sum_k \frac{x_{ik}}{\sum_k x_{ik}} \mathrm{prody}_k \qquad (5-4)$$

本书第四章从省级层面测算了数字经济发展指数，本章将研究视角进一步细化，基于城市层面数据对数字经济发展水平进行测度。核心解释变量 DEC 为城市层面的数字经济发展指数，借鉴黄群慧等（2019）的方法构建得到。考虑到城市层面相关数据的可得性与完备性问题，首先构建由数字经济投入和产出两个方面的一级指标构成的数字经济发展指标体系，在两个一级指标下分别包含两个二级指标变量，最终构建出由四个相关变量组成的指标体系。具体地，一级指标数字经济投入下包括两个变量，分别是反映硬件基础设施建设水平的百人互联网宽带接入户数，以及反映信息产业发展状况的计算机服务和软件业从业人员占比。一级指标数字经济产出则包括人均电信业务总量、每百人移动电话数等变量。在具体计算过程中，先将四个指标进行标准化处理，在此基础上采用主成分分析法综合成城市层面的数字经济水平指数。

X 为控制变量向量，具体包括以下变量：①人力资本变量（HC）。根据内生经济增长理论的阐释，人力资本是技术进步的重要决定因素，人力资本水平的提升也会起到推动出口产品技术升级的作用。城市层面人力资本变量难以直接进行测量，这里以公共教育支出占政府支出的比例来作为其代理变量。②外商直接投资变量（FDI）。在对外开放的进程中，大力吸引外资一直是政策着力点，而外资的进入也对产业发展产生了深刻影响。外资既有可能发挥技术溢出效应提高产业以及出口贸易的技术水平，也可

第五章
数字经济与出口贸易高质量发展：基于技术含量视角的分析

能通过挤出效应、竞争效应发挥负向的抑制作用。这里以实际利用外商直接投资占 GDP 比重来表示该变量。③人口密度变量（POP）。该变量反映了特定地区的经济集聚水平，根据马歇尔对经济集聚现象的分析，集聚度越高的地区，越能够促进思想的交汇、创意的激发，从而有利于创新产出及技术进步的加速涌现。该变量以每平方千米的人口数来表示。④人均国内生产总值变量（PGDP）。经济状况是技术进步的重要决定因素，经济发展水平高的地区在物质资本、人力资本积累等方面具有更为突出的优势，这些又构成了技术进步的保障。上述各变量的数据来源包括历年《中国海关数据库》《中国城市经济统计年鉴》《中国统计年鉴》等，数据处理过程中剔除了样本缺失较多的城市，将存在行政区划变化的城市进行合并处理，个别缺失值采用插值法进行补充。由于在基于《中国海关数据库》测算出口技术复杂度时，2016 年后的样本不能有效识别各条目所归属的城市，故将 2016 年后的样本剔除。由此，本章样本共涵盖中国 260 个地级市，时间跨度为 2003~2015 年。

四、数字经济与出口贸易技术含量关系的经验分析

1. 基准回归结果

我们首先在图 5-2 中绘制了 EXPY 和 DEC 两个变量的散点图及相应拟合曲线，用以对两者之间关系进行初步判断。不难看出，无论是从全部样本来看，还是从部分年份样本来看，拟合曲线均为向右上方倾斜的直线，这表明数字经济与出口技术复杂度之间应该存在比较明显的正相关性。当然，要对两者之间关系做出严谨的判断，还需要进一步利用计量模型进行实证检验，表 5-1 给出了相应的基准回归结果。其中，第（1）列和第（2）列是未引入控制变量的检验结果，第（3）列和第（4）列为引入控制变量后的检验结果，各个模型控制了不同类型的固定效应。具体来看，

表中第（1）列和第（2）列 DEC 变量的估计系数均显著为正值，这与基于散点图所做出的初步判断相一致，第（3）列和第（4）列加入控制变量后，DEC 变量的估计系数仍然显著为正，表明数字经济发展有助于提升出口技术复杂度。如前文所述，数字经济是继农业经济、工业经济之后的主要经济形态，数字经济影响的广度与深度前所未有，正推动经济社会各个方面发生着深刻变革，成为改变全球竞争格局的关键力量。数字经济从创新的基础保障、创新路径、创新组织模式等方面切入，对创新活动的开展和创新成果的产出发挥了加速推进的作用，由此也促进了技术水平的提升，最终这种效应也将体现于出口贸易技术复杂度的提高上。

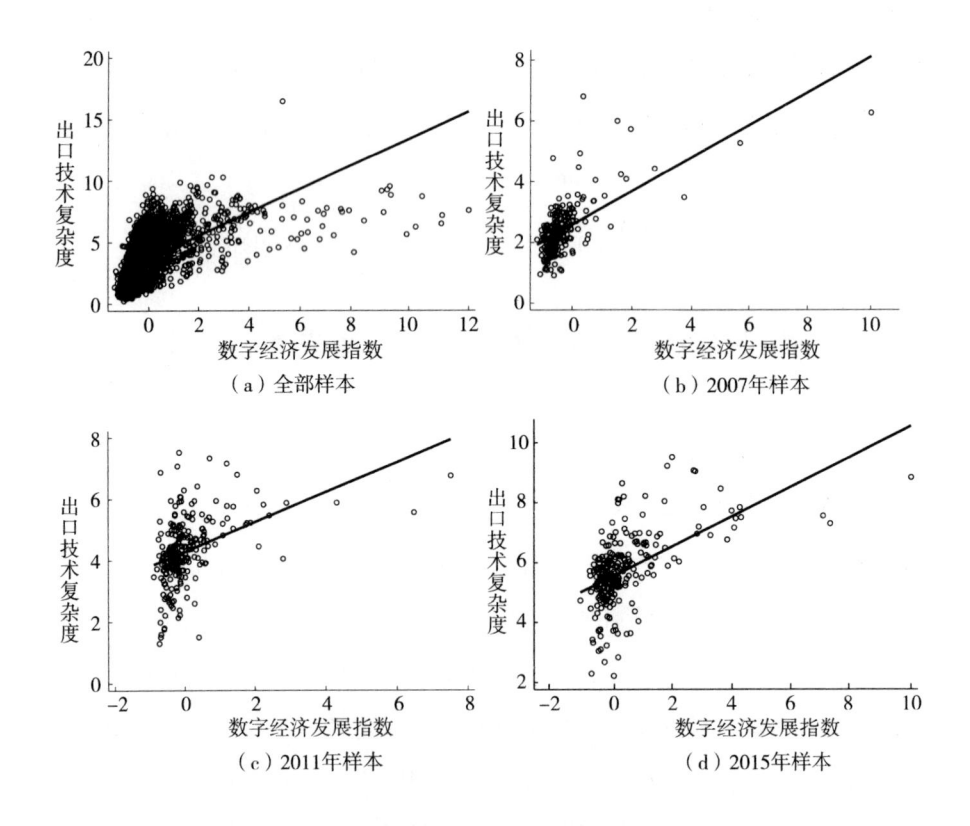

图 5-2 数字经济发展指数与出口技术复杂度散点图

第五章
数字经济与出口贸易高质量发展：基于技术含量视角的分析

表 5-1　基准模型回归结果

变量	（1）	（2）	（3）	（4）
DEC	2.3943***	0.2139***	0.3603***	0.1689***
	（0.0452）	（0.0238）	（0.0299）	（0.0252）
HC			0.9770***	0.1045
			（0.0568）	（0.0637）
FDI			0.0156***	0.0133***
			（0.0015）	（0.0012）
POP			0.0003**	0.0001
			（0.0002）	（0.0001）
PGDP			1.1179***	0.2303***
			（0.0777）	（0.0763）
常数项	-4.0234***	2.6596***	-24.1317***	-1.7707*
	（0.3934）	（0.1614）	（0.2875）	（1.0235）
城市固定效应	是	是	是	是
时间固定效应	否	是	否	是
观测量	3531	3531	3272	3272
R^2	0.5793	0.9380	0.9059	0.9388

注：*、**、***表示在10%、5%、1%的水平上显著；括号内为稳健标准误。

进一步观察控制变量的估计系数。HC 的估计系数在各模型中均显著为正，表明人力资本水平的提升有助于提高出口技术复杂度，人力资本是技术进步的重要决定因素，这一结果符合理论预期。FDI 的估计系数在各模型中同样均显著为正，表明利用外资有助于促进出口技术复杂度的提高。外商直接投资的影响效应一直是学术界讨论的热点问题，从理论上来说这种影响具有不确定性，既有可能通过溢出效应促进本土产业的技术进步，也有可能因为竞争效应而加速了本土产业的萎缩与退出。应该说，外资进入中国市场，对本土产业的影响虽然两方面兼有，但正向的溢出效应更为突出。本土产业通过溢出效应快速学习了外资企业的先进技术，进而也有利于提高出口贸易的技术复杂度。POP 变量的估计系数为正值，表明经济集聚促进了出口技术复杂度的提高。集聚是加快信息、技术流通的重要推手，也有助于形成更大的市场规模，这些都能够对出口技术复杂度的提高发挥积极作用。PGDP变量的估计系数显著为正，较高的人均GDP意味着经济发展阶段的进步，有助于物质资本、人力资本的积累并进而推动出口技术复杂度的提升。

2. 稳健性分析

为确保结论的可靠性，还要采用多种方法进行稳健性分析。第一种稳健性分析是对被解释变量出口技术复杂度进行替换。前面的分析中利用Xu（2010）提出的方法计算了各城市的出口技术复杂度，这里进一步采用Hausmann等（2007）提出的方法重新测度出口技术复杂度，并以其作为被解释变量重新进行估计，表5-2第（1）列报告了相应的检验结果。可以看出，关键解释变量DEC的估计系数仍显著为正，表明数字经济对出口技术复杂度的影响效应并未发生明显改变。Xu（2010）与Hausmann等（2007）两种方法的核心区别在于对出口产品权重的设置，Xu（2010）认为Hausmann等（2007）构建的模型没有考虑到不同行业出口产品的价格差异，从而过高估计了出口技术复杂度，需要引入产品价格因素予以调整。就这里的检验结果来看，无论采用哪种技术复杂度测算方法，最终的检验结果都是一致的，结论具有稳健性。

第二种稳健性分析是对部分样本进行剔除，避免异常值对结果的可能影响。考虑到北京、上海、广州、深圳、杭州等城市在数字经济方面起步时间早、数字基础设施完备，数字经济发展水平显著领先于其他城市，具备突出的先发优势，为了避免这些城市样本对检验结果可能产生的偏向性影响，这里将其剔除后重新对模型进行估计，表5-2第（2）列报告了相关结果。可以看出，DEC变量的估计系数依然显著为正，表明数字经济推动出口技术复杂度提升的结论具有稳健性。

第三种稳健性分析是处理关键解释变量与被解释变量之间可能存在的内生性问题。出口技术复杂度的提升，有利于出口贸易竞争力的提高以及

第五章
数字经济与出口贸易高质量发展：基于技术含量视角的分析

出口贸易规模的扩大，而这又会进一步驱动经济增长。发展数字经济需要有充足的经济实力作为支撑，数字技术的开发应用、数字基础设施的完善优化，这些都需要以经济实力为基础。因此，从这条逻辑主线来看，出口技术复杂度与数字经济发展之间是有可能存在内生性问题的。为了确保结论的稳健性，需要采用相应的方法对内生性问题加以处理。首先采用工具变量方法，具体采用城市坡度、降雨量作为数字经济的工具变量，原因在于，数字经济发展的载体是数字基础设施，数字基础设施的建设与完善受城市地理环境制约，但地理因素与出口技术复杂度之间并无明确的直接影响，这就满足了作为工具变量的前提条件。表5-2第（3）列给出了基于工具变量法的相关估计结果，可以看出，DEC变量的估计系数虽然显著性有所降低，但仍然显著为正，表明数字经济发展促进出口技术复杂度提升的结论具有稳健性。作为处理内生性问题的另一种方法，这里也采用了基于系统广义矩的动态面板模型估计方法进行分析，模型通过了AR检验和Sargan检验，结果在表5-2第（4）列给出，不难发现，DEC变量的估计系数同样显著为正，从而再次验证了核心结论的稳健性。

表 5-2 稳健性检验

变量	（1）变量替换	（2）剔除样本	（3）工具变量法	（4）动态面板估计
DEC	0.1689*** (0.0252)	0.1689*** (0.0252)	0.5644*** (0.0937)	0.0243*** (0.0083)
HC	0.1045 (0.0637)	0.1045 (0.0637)	0.6453*** (0.0261)	0.5011*** (0.0225)
FDI	0.0133*** (0.0012)	0.0133*** (0.0012)	-0.0140*** (0.0023)	0.0153*** (0.0010)
POP	0.0001 (0.0001)	0.0001 (0.0001)	-0.0002*** (0.0001)	-0.0000 (0.0000)
PGDP	0.2303*** (0.0763)	0.2303*** (0.0763)	1.2283*** (0.0545)	0.9388*** (0.0331)

续表

变量	（1）变量替换	（2）剔除样本	（3）工具变量法	（4）动态面板估计
常数项	-1.7707* (1.0235)	-1.7707* (1.0235)	-16.5315*** (0.6372)	-13.5475*** (0.2576)
城市固定效应	是	是	否	否
时间固定效应	是	是	否	否
AR（1）				-2.8582***
AR（2）				-1.135
Sargan				224.3085***
观测量	3272	3272	2803	2503
R^2	0.9388	0.9388	0.7219	

注：*、**、***表示在10%、5%、1%的水平上显著；括号内为稳健标准误。

3. 异质性检验

这里从地区和产品两个维度进行异质性分析。首先将样本划分为东中西部三大地区并重新进行实证检验，表5-3第（1）列至第（3）列报告了回归结果。可以发现，各地区样本的检验结果中，DEC变量的估计系数均显著为正，表明数字经济发展对各地区的出口技术复杂度提升都发挥了积极的促进作用。但从对估计系数绝对值的粗略比较来看，西部地区数字经济发展的影响作用似乎要更大一些，事实上这也并不难理解。例如，由于数字经济的影响边际递减，导致在数字经济发展水平相对落后的西部地区，数字经济对出口技术复杂度的影响反而略高一些。进一步从产品维度进行异质性分析，按照要素密集程度将产品细分为劳动密集型、资本密集型和技术密集型等类型，并分别计算出口技术复杂度。表5-3第（4）列至第（6）列给出了针对不同类型产品样本的检验结果。不难发现，DEC变量的估计系数在各样本中均为正值，且在1%的统计水平上显著，表明数字经济发展对不同类型产品的出口技术复杂度提升具有普遍性的影响，并没有因为产品异质性而存在差异。不过，通过对DEC变量的估计系数绝

第五章
数字经济与出口贸易高质量发展：基于技术含量视角的分析

对值的简单比较可以得出一个粗略的发现，即数字经济对于技术密集型产品的出口技术复杂度的影响最大，其次是资本密集型产品，最后是劳动密集型产品。这一结果是符合预期的。数字经济与技术密集型、资本密集型产业融合的趋势最为显著，产业数字化转型更加易于推进，而劳动密集型产业的利润率本就不高，数字化转型需要支付高昂的固定成本，这更加导致劳动密集型产业与数字经济融合的激励弱化。因此，数字经济对劳动密集型产品的出口技术复杂度的影响相对较弱也就不难理解。

表 5-3　异质性检验结果

变量	（1）东部地区	（2）中部地区	（3）西部地区	（4）劳动密集	（5）资本密集	（6）技术密集
DEC	0.0925*** (0.0306)	0.0917** (0.0464)	0.2067*** (0.0642)	0.0975*** (0.0224)	0.1034*** (0.0229)	0.1305*** (0.0267)
HC	0.0902 (0.1037)	0.1602** (0.0805)	0.2010 (0.1585)	0.0605 (0.0568)	0.0322 (0.0584)	0.1479** (0.0685)
FDI	0.0027** (0.0013)	0.0474*** (0.0038)	0.0397*** (0.0044)	0.0061*** (0.0011)	0.0064*** (0.0011)	0.0108*** (0.0013)
POP	-0.0000 (0.0001)	-0.0003 (0.0002)	0.0093*** (0.0022)	0.0001 (0.0001)	-0.0001 (0.0001)	0.0001 (0.0001)
PGDP	0.0022 (0.1106)	0.7196*** (0.1051)	0.9792*** (0.2098)	0.1964*** (0.0681)	0.2255*** (0.0696)	0.1667** (0.0822)
常数项	1.5258 (1.5818)	-6.6563*** (1.2246)	-12.1473*** (2.3454)	-1.5002 (0.9124)	-0.9732 (0.9332)	-1.8928* (1.1017)
城市固定效应	是	是	是	是	是	是
时间固定效应	是	是	是	是	是	是
观测量	1268	1246	758	3244	3248	3166
R^2	0.9514	0.9528	0.9191	0.9449	0.9432	0.9297

注：*、**、***表示在10%、5%、1%的水平上显著；括号内为稳健标准误。

4. 机制分析

本部分从创新入手对数字经济推动出口技术复杂度提升的机制进行检

验。如前文所述，产品技术含量最为根本的决定因素是企业创新活动，创新也是产品技术含量提升最为可靠的驱动力。在新一轮科技革命深入推进的背景下，数字经济从创新能力的基础保障、创新路径、创新组织方式等方面，对加速企业创新活动的开展和创新成果的产出带来了积极影响。数字经济的发展加快了企业由"制"到"智"的转型，有力地推动了创新驱动战略的实施。基于上述分析，这部分采用中介效应模型，就数字经济是否通过提高创新能力水平，进而推动出口技术复杂度提高的机制路径进行检验分析。具体地，构建形式如下的中介效应模型：

$$EXPY_{i,t} = \alpha_1 + \beta_1 DEC_{i,t} + \gamma_1 X_{i,t} + \varepsilon_1 \qquad (5-5)$$

$$INV_{i,t} = \alpha_2 + \beta_2 DEC_{i,t} + \gamma_2 X_{i,t} + \varepsilon_2 \qquad (5-6)$$

$$EXPY_{i,t} = \alpha_3 + \beta_3 DEC_{i,t} + \theta_3 INV_{i,t} + \gamma_3 X_{i,t} + \varepsilon_3 \qquad (5-7)$$

式（5-5）实际上就是前面的基准回归分析模型，它检验的是数字经济是否推动了出口技术复杂度的提升，相关结果在前面相关表格中已经给出，这里不再列出。中介变量为创新变量INV。目前，尚未有标准的指标来测算城市层面创新水平，这里以各城市的专利申请数量作为代理变量，表5-4报告了相关估计结果。具体地，表5-4第（1）列中DEC变量的估计系数显著为正，肯定了数字经济对创新的积极效应，表明创新能够作为中介机制变量；第（2）列在加入INV变量后DEC变量的估计系数不显著，表明此前得到的DEC对出口技术复杂度的正向影响效应，实际上是来自中介变量INV的影响。也就是说，数字经济能够通过创新的中介渠道对出口技术复杂度产生影响作用，且这种影响属于完全中介效应，创新构成了这中间的作用机制。表5-4第（3）列至第（8）列分别给出了三大地区样本的估计结果，其中，第（3）列、第（5）列、第（7）列是数字经济对创新能力的影响，各模型中DEC变量的估计系数均显著为正，表明数字经济有效推动了各地区创新水平的提升，创新也满足了作为数字经济影响出口技术复杂度的中介变量的前提要求。第（4）列、第（6）列、第

第五章
数字经济与出口贸易高质量发展：基于技术含量视角的分析

（8）列是在基准模型中引入创新变量后的回归结果，可以发现，各样本的估计结果中，DEC 变量的估计系数均不再显著，INV 变量的估计系数显著为正，表明此前得到的 DEC 对出口技术复杂度的正向影响效应，实际上是来自中介变量 INV 的影响，创新构成了数字经济影响出口技术复杂度的作用机制。

表 5-4 机制分析结果

变量	(1) 全部样本 INV	(2) 全部样本 EXPY	(3) 东部地区 INV	(4) 东部地区 EXPY	(5) 中部地区 INV	(6) 中部地区 EXPY	(7) 西部地区 INV	(8) 西部地区 EXPY
DEC	0.1789*** (0.0329)	0.0442 (0.0323)	0.1737** (0.0710)	0.0305 (0.0402)	0.0746*** (0.0184)	-0.0339 (0.0620)	0.1004*** (0.0234)	0.0051 (0.0704)
INV		0.1171*** (0.0225)		0.0390* (0.0209)		0.5362*** (0.1271)		0.3903*** (0.1466)
HC	0.1177 (0.0822)	0.1140 (0.0787)	0.0390 (0.2446)	0.0372 (0.1312)	0.0762** (0.0308)	0.1321 (0.1040)	0.1073 (0.0691)	0.0848 (0.2044)
FDI	0.0277*** (0.0025)	0.0132*** (0.0024)	0.0208*** (0.0046)	0.0005 (0.0025)	0.0407*** (0.0018)	0.0122 (0.0079)	0.0494*** (0.0023)	0.0276*** (0.0099)
POP	0.0009*** (0.0002)	0.0000 (0.0002)	0.0010*** (0.0003)	0.0000 (0.0002)	-0.0002** (0.0001)	0.0001 (0.0003)	0.0062*** (0.0011)	0.0098*** (0.0033)
PGDP	-0.5255*** (0.1263)	0.6322*** (0.1227)	-0.6558* (0.3902)	0.2385 (0.2098)	0.0100 (0.0501)	0.6764*** (0.1690)	-0.0842 (0.1133)	1.6793*** (0.3572)
常数项	3.2192** (1.4708)	-5.2026*** (1.4240)	5.3149 (4.1283)	-0.1585 (2.2157)	-0.9500 (0.6052)	-5.0297** (2.0467)	-2.4468** (1.2076)	-17.6740*** (3.8074)
城市固定效应	是	是	是	是	是	是	是	是
时间固定效应	是	是	是	是	是	是	是	是
观测量	2040	1982	767	759	799	766	474	457
R^2	0.7908	0.9330	0.7779	0.9486	0.8800	0.9185	0.9311	0.9253

注：*、**、***表示在 10%、5%、1%的水平上显著；括号内为稳健标准误。

对数字经济背景下创新的影响效应做进一步拓展分析。现实中各个地区并非孤立个体，数字技术的渗透与广泛应用更加速了信息的传播与溢出,特定地区能够更快捷、更便利地获得其他地区的创新外溢效应。因此,来自其他地区的创新溢出在数字经济促进出口技术复杂度提升的过程中是否也发挥了作用,这是一个很有意思的研究议题。这里构建基于地理距离的权重矩阵来衡量来自其他城市的创新溢出,并基于溢出变量进行实证检验。具体地,其他城市对 i 城市的创新溢出效应记为 INV_E_i:

$$INV\_E_i = [INV_1, INV_2, \cdots, INV_j] \times [DIST_{i,1}, DIST_{i,2}, \cdots, DIST_{i,j}]' \quad (5-8)$$

其中,INV 是以专利申请数量衡量的城市创新水平,DIST 为城市之间欧式距离的倒数,当 i=j 时,将 DIST 的数值设为 0。这里将要讨论两个问题,一是来自其他城市的创新溢出对出口技术复杂度的影响效应,具体地,表5-5 中的第(1)列给出了基于全部样本的检验结果,第(2)列至第(4)列给出了基于分地区样本的检验结果。二是通过引入 INV_E 与数字经济的交乘项 DEC×INV_E,分析创新溢出变量在数字经济推动出口技术复杂度提升过程中是否发挥调节作用。表5-5 第(5)列至第(8)列报告了相关检验结果。观察表5-5 第(1)列至第(4)列可以发现,在全部样本以及东部地区样本中 INV_E 项的估计系数显著为正,但在其他地区样本中该变量的估计系数并不显著,全样本估计结果应该主要受东部地区样本的影响所致。中西部地区的地域面积更大,不同城市在空间上的紧密性可能会更低一些,加上基础设施条件都要相对较差,这就导致创新的溢出作用可能要相对较弱。表5-5 第(5)列中数字经济与创新溢出的交乘项 DEC×INV_E 的估计系数显著为正,表明其他城市的创新溢出,在数字经济促进出口技术复杂度提升的过程中发挥了调节效应,创新溢出效应强化了数字经济在促进出口技术复杂度提升过程中的作用。分地区样本中交叉项估计系数的显著性水平存有差异,但估计系数值均为正数。具体来看,创新溢出在数字经济促进西部地区出口技术复杂度提升的过程中发挥了显著的调节作用,这种作用在东部地区和中部地区的样本中表现得相对较弱。

第五章
数字经济与出口贸易高质量发展：基于技术含量视角的分析

表 5-5 创新溢出效应检验

变量	(1)全部样本	(2)东部地区	(3)中部地区	(4)西部地区	(5)全部样本	(6)东部地区	(7)中部地区	(8)西部地区
INV_E	0.9782*** (0.2375)	1.0580*** (0.3203)	-0.0375 (0.5484)	0.7862 (1.2024)	0.9851*** (0.2370)	1.0448** (0.3202)	-0.0289 (0.5482)	0.4836 (1.2076)
DEC×INV_E					0.0201*** (0.0067)	0.0141 (0.0099)	0.0166 (0.0133)	0.0287** (0.0145)
HC	0.0820 (0.1343)	-0.0661 (0.3042)	0.0901 (0.1547)	0.5968** (0.2907)	0.0691 (0.1341)	-0.1038 (0.3051)	0.1073 (0.1552)	0.5411* (0.2910)
FDI	0.0097*** (0.0030)	0.0034 (0.0039)	0.0279*** (0.0088)	0.0265*** (0.0092)	0.0084*** (0.0030)	0.0028 (0.0039)	0.0254*** (0.0090)	0.0239** (0.0093)
POP	0.0001 (0.0003)	-0.0000 (0.0004)	0.0001 (0.0004)	0.0090** (0.0045)	0.0001 (0.0003)	-0.0000 (0.0004)	0.0001 (0.0004)	0.0069 (0.0046)
PGDP	0.8377*** (0.2079)	0.3208 (0.4900)	1.0387*** (0.2507)	1.9532*** (0.5101)	0.9014*** (0.2085)	0.3869 (0.4918)	1.0533*** (0.2509)	2.0781*** (0.5121)
常数项	-7.6864*** (2.9452)	0.3267 (5.6908)	-5.9278 (4.3029)	-30.0856*** (8.6110)	-8.7357*** (2.9590)	-0.1501 (5.6962)	-6.4182 (4.3190)	-28.2969*** (8.6265)
城市固定效应	是	是	是	是	是	是	是	是
时间固定效应	是	是	是	是	是	是	是	是
观测量	2014	783	766	465	2014	783	766	465
R²	0.8949	0.8610	0.8990	0.9057	0.8954	0.8614	0.8993	0.9066

注：*、**、***表示在10%、5%、1%的水平上显著；括号内为稳健标准误。

本章小结

数字经济时代的到来为实现出口产品技术含量的提升带来了重要机遇，这是因为数字技术的广泛应用深刻改变了创新活动的基础保障、推进路径及组织方式，由此加速了创新活动的开展及创新成果的产出。这些在产业基础层面产生的影响，最终会延伸反映到出口贸易中。以出口技术复杂度来衡量出口贸易的技术水平，这部分基于《中国海关数据库》提供的HS6位数编码产品的出口数据，具体测算了地级以上城市2003~2015年的出口技术复杂度，并采用数字经济投入和产出两方面指标构建城市层面数字经济发展指数。进一步构建计量模型，实证检验了数字经济对出口技术复杂度的影响，结果显示，数字经济在整体上有助于提高出口技术复杂度，且在不同地区、不同要素密集型行业样本中都有显著的影响。机制分析结果显示，创新是数字经济影响出口技术复杂度的中间机制变量，而且在数字技术广泛渗透应用的背景下，创新表现出显著的外溢效应，周边地区的创新活动在促进本地出口技术复杂度提升方面也发挥了重要作用。这部分研究结论的政策含义是，抓住数字经济蓬勃发展带来的机遇，充分发挥数字技术、数字要素的赋能作用，加速创新活动的开展与推进，积极推动产业现代化水平以及出口贸易技术水平的提升。

第六章　数字经济与出口贸易高质量发展：基于产品质量视角的分析

产品质量是出口贸易高质量发展的重要评价维度，也是对高质量发展的"创新"内涵的践行。产品质量与产品技术水平虽然有相关性，但两者并不能完全等同，对于特定技术水平的产品，同样存在质量高低之分。技术水平高的产品，如果质量评价低，在国际市场上同样是难以形成竞争力的。虽然中国目前已经是全球贸易大国，但还不能称为贸易强国，大而不强的问题突出，出口产品质量与发达工业化国家相比仍存有很大差距。总体来看，中国制造产品在大部分功能性常规参数上能够基本满足要求，但在功能档次、可靠性、质量稳定性和使用效率等方面有待提高。例如，美欧发达国家的产品平均合格率一般可以达到 4.5sigma，而中国总体为 2.5sigma，中国产品的一次合格率低，关键零部件可靠性不高，精度保持性和可靠性低（黄群慧，2019）。根据中国工程院等机构联合编制的《2020 中国制造强国发展指数》公布的质量效益指数，2019 年中国该项指标得分值仅为 16.11，不仅远低于美国 51.96 的分值，而且也明显低于日本、法国、德国、英国、韩国等国家的分值。在新的发展阶段下，传统上以"量"高速增长而"质"相对落后为特征的出口贸易发展模式遇到的阻力越来越大。党的十八大以来，以习近平同志为核心的党中央高度重视质量工作，提出了建设质量强国的重大战略部署。2021 年，习近平总书记在向中国质量（杭州）大会的致信中强调指出，"质量是人类生产生活的重要保障。人类社会发展历程中，每一次质量领域变革创新都促进了生产技术进步、增进了人民生活品质"。加快推进出口贸易高质量发展，加强产品质量建设已成为当务之急。《中共中央 国务院关于推进贸易高质量发展的指导意见》明确提出，要"加强质量管理，提高产品质量"，实现中国贸易的高质量发展。产品质量的提升受多种因素的影响，数字经济时代的到来同样为产品质量管理带来了全新的工具手段与方法思路，为提高出口产品质量提供了重要机遇。

一、问题的提出

在"中国制造"走向国际市场的同时，却没有形成多少具有国际影响力的品牌，中国产品很难在国际市场上卖出与欧美品牌接近的高价格，这也从侧面反映了出口产品的低质问题。当今，中国面临着人口红利消失殆尽、西方制造业回流、亚洲国家同质竞争带来的多重压力，要实现产业结构转型和经济高质量发展，产品质量的提升至关重要。在开放经济背景下，出口产品质量从根本上决定了中国制造业在全球价值链中的地位（龙飞扬和殷凤，2019）。学术界对出口产品质量方面的问题一直较为关注。根据国际标准化组织 ISO 9000 标准的界定，质量是一组固有特性满足相关方要求的程度。产品质量不仅反映了产品自身的特性，也是企业生产效率、生产能力、国际竞争力等方面的综合反映。长期以来，质量更多是管理学领域的研究议题，质量管理也是管理科学与工程学科中一个非常重要的研究方向。管理学中对于质量的讨论往往聚焦在特定类型产品，对产品质量进行评估，可以根据产品的特性参数展开，当然，这样测算得到的结果也只能用于特定场景下的问题研究。若要从经济学的研究思路出发，给出质量的一般性测度框架并将测算结果应用于不同议题下的分析则并非易事。围绕出口产品质量，现有相关研究主要从测算方法、影响因素以及提升路径等方面展开。

围绕出口产品质量的测度，既有研究中主要采用了单位价值法、特征

第六章
数字经济与出口贸易高质量发展：基于产品质量视角的分析

指标衡量法以及事后反推法等。单位价值法就是通过计算出口产品的总金额与数量的比值，即出口产品的单价来反映其质量高低（Schott，2004），理由在于，产品质量与产品价格存在一定的正相关性，因而可以用出口产品的单价来粗略反映产品质量。单位价值法因其数据获取的便利性曾被广泛应用（Hallak，2006；李坤望和王有鑫，2013）。不过，也有不少文献指出，单位价值法过于粗糙，因为产品的单位价格除受到产品质量的影响外，还会受到其他多种非质量因素的干扰，有可能导致估算结果出现比较大的偏误。特征指标衡量法是围绕产品主要性能特征，有针对性地设计评估指标来对产品质量做出判断。这种方法类似于管理学领域的案例分析，如可以根据多种参数指标对红酒质量进行评判，并设计出分级标识，优点是能够较为精确地衡量特定产品的质量，但对数据要求较高，存在一定的限制性，并且难以进行跨行业的横向比较。近年来，事后反推法在学术研究中得到较为广泛的应用。Kaplinsky和Readman（2005）认为，产品价格和市场份额都是衡量质量升级的关键因素，两者同时呈现增加的趋势就代表了产品的质量升级。按此思路，Hallak和Schott（2011）、Khandelwal等（2013）指出，在其他条件不变的前提下，同等价格水平下在市场竞争中表现较好的产品一般具有较高的质量水平，因而就可以结合价格、销售额等可观测变量，利用消费者的消费偏好选择来反推出质量水平。Feenstra和Romalis（2014）提出了供需信息综合法，通过供给、需求信息加总得到产品质量，该方法基本上也是遵循了事后反推法的思路。在众多测算方法中，学术界普遍认为事后反推法相对更为科学，也是目前计算出口产品质量的常用方法。

以上述测算方法为基础，国内学者就中国出口产品质量进行了测算，但并未形成一致的结论。一部分研究发现，中国出口产品质量呈上升趋势。例如，施炳展（2014）利用反推方法测算了2000~2006年中国企业出口产品质量的变化，发现出口产品质量总体呈上升趋势，但上升主要源自外资企业出口产品质量的升级，本土企业产品质量则出现了下降趋势，这同时也意味着本土企业与外资企业产品质量的差距扩大。余淼杰和张睿（2017）将供需信息加总法拓展到微观企业层面，利用2000~2006年中国微观企业数据测算了中国制造业的出口质量情况，结果也发现在此期间中国制造业出口产品质量呈现出显著的上升趋势。但是，也有一部分研究发现，中国出口产品质量呈下降趋势。例如，施炳展等（2013）基于事后反推法研究发现，1995~2006年中国出口产品品质呈下降趋势，行业资本密集度越高，行业技能密集度越高，出口产品品质越低。李坤望等（2014）采用单值法研究了1995~2010年中国出口产品品质，发现在此期间产品品质的变化并未表现出明确趋势，但加入WTO后我国高品质产品出口比重急剧下降，低品质产品出口比重上升，大有落入"品质陷阱"的迹象。谢申祥和冯玉静（2019）采用多种方法研究了21世纪以来中国制造业出口产品质量，结果显示虽然出口产品质量不断提高，但是质量水平仍然偏低，制成品质量的相对优势不大，多数高新技术产品出口质量较低，从区域来看，东部地区出口产品质量相对中西部地区没有明显优势。

既有文献进一步探讨了中国出口产品质量的决定因素。例如，聚焦人力资本因素，王明益和戚建梅（2017）认为，劳动力价格扭曲会影响出口产品质量，当劳动力价格扭曲程度较轻时能够促进出口产品质量升级，但扭曲程度较重时则会在一定程度上降低出口产品质量。刘啟仁和铁瑛（2020）认为，企业雇佣结构升级对出口产品质量起到正向促进作用，而且中间品质量越高，雇佣结构对出口产品质量的促进作用越强。聚焦经济开放因素，王明益等（2022）发现，设立自贸试验区虽然能够通过吸引外资进入、发挥其溢出效应和竞争效应对出口产品质量升级起到积极的作用，但本土低生产率企业的进入以及制度红利对于企业研发创新起到负向作用，总体上设立自贸试验区并没有促进出口产品质量升级。罗勇等（2021）认为，贸易便利化虽然在短期内对出口产品质量具有抑制影响，

第六章
数字经济与出口贸易高质量发展：基于产品质量视角的分析

但在长期存在促进作用。魏浩和连慧君（2020）研究了进口竞争的影响，发现最终品进口竞争显著地抑制了企业出口产品质量提升，而投入品进口竞争显著促进了企业出口产品质量提升，进口竞争总体上表现为抑制了中国企业出口产品质量提升。对外直接投资也可能对出口产品质量产生影响，刘宏等（2020）将2000~2013年的中国工业企业数据库与中国海关数据库进行了匹配，发现对外直接投资对出口产品质量具有显著的提升作用，而且这种提升效应在民营企业当中更为明显。余静文等（2021）也得出了类似的结论，还进一步研究发现，对外直接投资对出口产品质量的提质升级作用在差异化产品、一般贸易产品中更为突出。聚焦知识产权保护，许家云和张俊美（2020）考察了国内知识产权保护对中国出口产品质量的影响，发现国内知识产权保护显著地提升了出口产品质量。魏浩和王超男（2023）研究了外国知识产权保护对出口产品质量的影响，发现出口目的地加强知识产权保护在导致中国多产品企业增加出口产品种类的同时，也会促使企业扩大出口核心优势产品，提升出口产品质量。聚焦基础设施因素，李兰冰和路少朋（2021）发现，高速公路连通显著地促进了企业出口产品质量升级。卢昂荻和花泽苏（2023）发现，由高铁开通引致的市场可达性上升显著地提升了企业出口产品质量，而且对中心城市的企业的产品质量影响更为显著。此外，相关研究还涉及了环境规制、产业集聚、金融发展等多个方面的因素，所得出的结论也不尽相同，这里不再赘述。

随着新一轮科技革命的深入推进以及数字经济的蓬勃发展，数字经济对于出口产品质量会产生怎样的影响也引起了学术界的兴趣，绝大多数研究表明，数字经济对于出口产品质量将会产生积极的正向影响。例如，杜明威等（2022）、洪俊杰等（2022）基于上市公司年报数据构造了企业数字化转型指数，并考察了数字化转型对出口产品质量的影响效应，发现企业数字化转型有利于推动出口产品质量升级。谢靖和王少红（2022）基于投入产出表构建了产业数字化指数,基于该指数的分析表明,数字经济能显著地提升制造业企业出口产品质量。林峰和秦佳慧(2022)采用腾讯研究院构建的数字经济指数,考察了数字经济对中国制造企业出口产品质量的影响,发现数字经济发展显著地促进了出口产品质量升级。王瀚迪和袁逸铭(2022)以互联网普及率、数字创业活跃度为数字经济的代理变量,研究发现数字经济对出口产品质量具有正向促进作用。从数字经济对出口产品质量的影响机制来说,主要涉及生产率、创新效率、贸易成本等方面。例如,数字化、智能化设备的引入优化了生产流程,缩短了生产时间和消耗,进而提高了劳动生产率(袁淳等,2021),提高的劳动生产率降低了生产的边际成本,促使企业获得规模效应进而带动企业进一步细化分工,获得长尾效应,最终推动产品质量升级(周升起等,2022)。互联网还可以帮助企业打破信息孤岛,共享研发成果,进而推动企业创新效率的提升,而企业创新效率水平跃升将促使企业出口产品质量提高(金祥义和施炳展,2022)。

产品质量提升是推动出口贸易高质量发展、实现由贸易大国向贸易强国转型的必然要求。既有文献对出口产品质量问题进行了比较多的讨论,主要通过采用不同的质量测算方法,对中国出口产品质量的演进动态及趋势给出基本判断,这方面研究并未形成一致性结论。围绕出口产品质量的决定因素,既有文献也做出一些探讨,数字经济也是其中的因素之一。针对数字经济是否影响出口产品质量展开研究的文献非常有限,主要是从互联网等特定技术层面变量切入,涉及机制的分析也主要集中于生产率提升、成本降低等。客观而言,这些研究并没有准确地把握到产品质量的准确内涵,对数字经济作用机制的讨论与产业实践存在一定偏差。这部分将系统阐述数字经济影响产品质量的作用机制,采用微观出口产品数据测算产品质量,在此基础上,进一步就数字经济对产品质量的影响效应及作用机制进行实证检验。

第六章
数字经济与出口贸易高质量发展：基于产品质量视角的分析

二、机制的说明

质量是一组固有特性满足相关方要求的程度，如果极致地追求产品的高品质，最好的办法是由手工主导完成产品的制作。时至今日，仍有大量的高质量产品需要按此方法来制作，如作为奢侈品的服装、皮包、钟表等，手工打造的劳斯莱斯汽车也是高质量机械产品的杰作，即使在航空发动机这种高技术产品的制作过程中，也有一部分零部件需要手工完成。显然，这种生产方式不适合于绝大部分产品的工业化大规模制造，自工业革命特别是电气化时代以来，以流水线及大规模生产为核心的制造模式成为现代工业的典型特征。在大规模生产过程中对产品质量的把控将会涉及整个生产流程，任何一个环节的瑕疵都会导致甚至累积放大最终产品的质量问题。工业化大规模生产决定了不可能由人工对每个环节都进行监控，更不可能完全依靠手工进行精细加工或校准。导致产品质量出现问题的因素复杂多样，原材料上的瑕疵、加工设备上的磨损、制造环境的扰动等都是可能的原因，传统条件下对质量进行管控，主要是通过过程控制与产品抽检。过程控制是对整个生产流程实施严格的操作规范，从前端避免不确定因素对制造过程的扰动影响，如设备的保养检修规范等。抽检则是中间部件及最终产品进行抽样检测，判断次品率是否控制在一定范围内。本质上，质量是成本与要求满足度之间的折中平衡，实现更高的满足程度，就要求相应支付更高的成本，如抽检改为全检则可以显著提高出售产品的质量水平，但由此导致成本的提升可能就是企业难以承受的。

数字技术的广泛使用对产品质量提升能够发挥显著的促进作用，关键就在于有效降低了既定质量水平下的成本支出，或者说，在既定成本支出条件下实现了质量水平的提升。传统条件下预防设备故障对产品质量的影响，一般的解决方法是对设备进行定期维修、定期更换易损部件，但实际上设备故障的出现兼具规律性与随机性，定期维修与更换并不能确保排除潜在故障，而且还存在未有故障隐患却更换部件所导致的成本上升问题。以物联网、人工智能、工业互联网平台为核心的数字技术与数字设备的应用，大幅度降低了故障发生的概率及维护成本，为质量把控提供了支撑。基于传感器的物联网将机器设备的运行状态，以高频数据的形式返回到工业互联网平台，基于人工智能算法的工业 App 对由此形成的运行大数据进行智能分析，通过与理论机理模型的比较，可以对设备状态进行精准研判，精准预测设备潜在故障，从而在大幅度降低运维成本的同时，保证了产品质量的稳定性。与此同时，在产品的制造过程中，物联网与人工智能被越来越广泛地应用于质量检测，每一件产品都会通过光或温度传感器进行数据采集，并进一步由人工智能判断产品是否存在瑕疵，从而基本实现了由终端抽检向流程全检的转变，大大提高了良品率。以笔者调研企业为例，上海洪朴信息科技有限公司是一家专门从事光伏产品质量检测软硬件集成装备制造企业，核心产品即是基于人工智能算法的光伏质量检测系统，其推出的围绕视觉缺陷检测、工业参数优化、智能分析和智能决策的系列产品在头部光伏企业中得到大量应用。根据调研过程中洪朴信息所展示的数据，传统人工检测效率为至少 10 秒以上，且受人体状态影响不稳定，而基于人工智能技术可以稳定控制在 2 秒以内，人检的漏检率超过 10%，而人工智能的漏检率低于 0.05%。精研科技是位于常州的一家专业的金属粉末注射成型（Metal Injection Molding，MIM）产品生产商和解决方案提供商，也是工信部"5G+工业互联网"应用典型企业。为提高产品质量，该公司构建了智能化的诊断系统，采用多角度高速相机连续不断地拍摄精密产品的高清照片，并通过 5G 网络传到云端进行人工智能识别，2 秒之内就能同步完成 1 个精密产品的瑕疵检测，而在传统生产线上，工人在设备辅助下至少也需要 20 秒才能完成上述检测，数字技术实现了质检效率 10 倍以上的提升。数字技术的应用对于产品质量提升发挥了显著的促进作

第六章
数字经济与出口贸易高质量发展：基于产品质量视角的分析

用，尽管数字装备的投入也需要支付一定成本，但相对于显著的质量收益，实际上是降低了为达到既定质量水平所要支付的成本，或者反过来说，特定成本下实现了更高的质量水平。

以上只是从产品良率的角度来看数字经济对于质量管理的影响。良品率反映的是产品按设计工艺制造、与设计参数相匹配的情况，国际标准化组织所给出的定义中，质量评价的关键是相关方要求得到满足的程度。符合设计参数的合格产品，如果不能满足市场需求，消费者对于产品不感兴趣或不满意，这样的良品也不能称为高质量产品。产品质量的提升不是单纯地依靠过程控制与产品控制做到的，更需要在产品设计之时就要面向消费者需求。在传统的大规模生产主导的福特制时代，实现产品设计与消费者需求的高度匹配是很困难的，大规模生产需要模块化、通用化、标准化，生产流程缺乏灵活性和柔性，消费者的需求却又是多样易变的，加之复杂层级制度下也缺乏有效的信息传递渠道，这两者之间存在着显然的矛盾。大规模制造产品的质量在工艺方面可能是合格的，但在满足相关方要求方面更多是处于消费者满意与生产可行之间的折中状态。数字经济时代的到来加速了智能制造系统的应用，工业由大规模生产向大规模定制的发展模式转型。通过数字化驱动的信息物理系统，制造企业与终端消费者之间的信息隔膜被打破，部署的大量传感器可以对客户进行精准画像并将消费者偏好、客户需求反馈回制造企业。在智能制造系统的支持下，生产流程更具柔性，实现迅速按照客户需求进行定制化生产，确保产品与需求的高度匹配，而这也正是高质量产品的重要特征。以红豆集团为例，传统条件下的服装企业都是根据特定的打版公式进行服装设计，而服装是在个性化方面具有极高要求的产品，这就造成了服装企业每年都有大量库存浪费的情况。红豆集团基于工业互联网积极推动服装向定制化方向发展，通过智能量体仓内的360度快速扫描，获得消费者的精确形体数据，在以分钟为单位的时间内根据数据设计出服装版型，然后进一步通过网络传输回智能生产线，消费者在很短时间内就能够拿到完全定制化的服装，极大地提升了消费者对产品的满意度。不仅如此，很多正在向智能制造转型的企业，积极利用数字技术开发各种各样的在线用户社区，通过采集、整理、分析用户生成内容，反过来为企业新产品设计提供创意来源，这样制造出来的产品在与消费者需求匹配方面具有更好的优势，从而实现产品质量的进一步提升，戴尔的 IdeaStorm、海尔的众创意平台、小米社区、华为花粉俱乐部等都是典型案例。

三、计量模型构建与数据说明

为考察数字经济发展对出口产品质量的影响，构建形式如下的计量分析模型：

$$\text{QUALITY}_{cihmt} = \alpha + \beta \text{DEC}_{ct} + \gamma X_{cit} + \varepsilon_{cihmt} \quad (6\text{-}1)$$

其中，被解释变量 QUALITY 是城市 c 企业 i 对 m 地出口产品 h 的质量指数，采用事后反推法估计各企业的出口产品质量。这里对质量估计的过程加以说明，主要是借鉴自施炳展（2014）的工作。首先假定消费者具备双层（two-tier）效用函数，外层效用函数为：

$$U_{mt} = U\left[u_{mt}^1, u_{mt}^2, \cdots, u_{mt}^g, u_{mt}^{g+1}, \cdots, u_{mt}^G\right] \quad (6\text{-}2)$$

式（6-2）表明 m 国消费者在 t 年获得的效用水平，是在所有商品（共 G 种）上消费所获效用的函数，具体地，对于任意第 g 种商品，m 国消费者 t 年在第 g 种商品上获得的效用如下：

$$u_{mt}^g = \left[\sum_{i=1}^{N_{gt}} (\lambda_{imt}^g q_{imt}^g)^{\frac{\sigma_g - 1}{\sigma_g}}\right]^{\frac{\sigma_g}{\sigma_g - 1}} \quad (6\text{-}3)$$

其中，N_{gt} 为生产 g 商品的企业总数，假设每种企业只生产一种产品种类（variety），那么 N_{gt} 也表示 g 商品的种类数；λ_{imt}^g、q_{imt}^g 分别为企业 i 生产的 g 商品的质量和数量，$\sigma_g > 1$ 为替代弹性。式（6-3）对应的价格指数

第六章
数字经济与出口贸易高质量发展：基于产品质量视角的分析

如下：

$$P_{mt}^g = \sum_{i=1}^{N_{gt}} p_{imt}^{1-\sigma_g} \lambda_{imt}^{\sigma_g-1} \quad (6-4)$$

由此可以推导出企业 i 生产的 g 商品的需求量则为式（6-5）：

$$q_{imt}^g = p_{imt}^{-\sigma_g} \lambda_{imt}^{\sigma_g-1} (E_{mt}^g / P_{mt}^g) \quad (6-5)$$

其中，E_{mt}^g 为 m 国消费者 t 年在 g 商品上的总支出。式（6-5）表明消费量同时取决于产品质量和价格。进一步地，即可以根据式（6-5）构建计量模型。由于回归在产品层面进行，角标 g 可以省略掉，进而 m 国消费者 t 年对企业 i 生产商品种类的消费量可以简化为下式：

$$q_{imt} = p_{imt}^{-\sigma} \lambda_{imt}^{\sigma-1} (E_{mt} / P_{mt}) \quad (6-6)$$

两边取自然对数，进行简单整理后得计量回归方程式（6-7）：

$$\ln q_{imt} = \chi_{mt} - \sigma \ln p_{imt} + \varepsilon_{imt} \quad (6-7)$$

其中，$\chi_{mt} = \ln E_{mt} - \ln P_{mt}$ 为进口国一时间虚拟变量，随时间和进口国变化的变量。$\ln p_{imt}$ 为企业 i 在 t 年对 m 国出口产品的价格；$\varepsilon_{imt} = (\sigma-1) \ln \lambda_{imt}$ 测度企业 i 在 t 年对 m 国出口产品的质量，作为残差项处理。对式（6-7）进行估计可能存在内生性问题，产品质量 ε_{imt} 与产品价格 p_{imt} 相关，从而导致出口产品价格替代弹性的估计偏误，使出口产品质量的估计不准确（Piveteau and Smagghue，2019）。借鉴 Broda 和 Weinstein（2006）提供的 HS—3 位码产品的价格替代弹性来削弱内生性问题。同时，考虑到需求偏好理论，人均收入和进口的产品质量之间存在正相关性，即人均收入越高，进口产品质量越高，在对式（6-7）进行回归分析时还引入了出口目的国的人均收入水平变量。根据回归结果，通过式（6-8）定义质量。

$$quality_{imt} = \ln \widehat{\lambda_{imt}} = \frac{\widehat{\varepsilon_{imt}}}{(\sigma-1)} = \frac{\ln q_{imt} - \ln \widehat{q_{imt}}}{(\sigma-1)} \quad (6-8)$$

根据式（6-9）对质量指标进行标准化处理。

$$\text{r-quality}_{imt} = \frac{\text{quality}_{imt} - \text{minquality}_{imt}}{\text{maxquality}_{imt} - \text{minquality}_{imt}} \tag{6-9}$$

min、max 分别代表求最小值和最大值，由此得到的标准化质量指标取值位于 [0，1]，且不具有测度单位，因此可以针对特定研究需求，根据式（6-10）进行加总与比较研究。

$$TQ = \frac{v_{imt}}{\sum_{imt \in \Omega} v_{imt}} \times \text{r-quality}_{imt} \tag{6-10}$$

其中，TQ 为对应样本集合 Ω 的整体质量，如本土企业、高技术产品等不同集合的总体质量水平。

核心解释变量 DEC 为城市层面的数字经济发展指数，测算方法见第五章中的详细说明。X 为控制变量向量，主要包括以下变量：①企业规模（SCALE）。企业规模大有利于形成边际成本递减的规模效应，促进要素有效配置、生产流程优化，对提高出口产品质量具有积极影响。该变量以企业的工业总产值表示。②资本密集度（KL）。质量管理离不开资本投入，资本密集度高的企业，表明企业的资本要素丰裕度相对较高，在质量管理方面进行资本支出的能力也会越强。该变量以企业固定资产净值与职工人数的比值来表示。③企业年龄（AGE）。经营时间是企业竞争能力的重要反映，较长的企业年龄有助于建立自有品牌并形成企业声誉，也有利于企业产品质量声誉的维护；另外，企业的战略导向、组织架构、生产结构也可能随企业年龄增长而越发呈现固化趋势，进而影响企业的技术创新、设备更新及产品质量提升。④工资水平（WAGE）。研究指出低工资水平所引发的效率损失、创新激励不足在一定程度上阻碍了出口产品质量提升（铁瑛等，2017）。根据效率工资理论，企业支付较高的工资溢价能够提升员工努力程度，提高员工黏性和忠诚度，这些对生产效率、品质监控都会产生积极作用。上述变量的数据来源主要是历年《中国海关数据库》《中国工业企业数据库》《中国城市经济统计年鉴》等。受限于《中国工业企业数据库》中原始数据可得性，研究样本的时间跨度为2001~2013年，个别缺失值通过插值法填补。

四、数字经济与出口产品质量关系的经验分析

1. 基准回归结果

表6-1报告了基准回归结果，第（1）列和第（2）列没有加入控制变量，可以发现无论是否控制时间或城市固定效应，数字经济发展水平变量DEC的估计系数均显著为正。表中第（3）列和第（4）列在上述模型基础上进一步引入了控制变量，可以发现，DEC变量的估计系数仍然显著为正，这就表明数字经济发展有效地促进了企业出口产品质量的提升。数字经济时代的到来为出口产品质量的提升带来了全新的工具与手段，以"大数据+人工智能"为核心的智能制造系统颠覆了传统生产管理与质量监控模式，极大地提高了质量管理的效率以及产品的良品率，最终带来的就是产品质量的显著提升。很长时期以来，中国制造在国际市场中留下的多是低价低质的形象，数字经济的发展必然将为中国制造向中国创造、中国质量、中国品牌的转变提供强有力的保障。

以表6-1第（3）列和第（4）列为准，进一步观察控制变量。企业规模（SCALE）在两列中的估计系数均在1%水平上显著为正，该结果与预期相一致，即规模经济可以是推动企业出口产品质量提升的重要因素。企业规模的扩大有利于在更多产品上分担固定投资成本，这也导致企业更愿意在质量相关的固定资产上进行投资，如更高精度的检测仪器、更为全面的质量管理体系、更加专业化的质监部门等，从而有利于产品的质量提升。资本密集度（KL）的估计系数为负值，且在1%的水平上显著，表明较高的资本密集度对出口产品质量产生了负向影响。这可能反映出一个事实，即中国制造业在资本密集型产业领域仍然缺乏足够的竞争力。如前文

所述，产品质量是通过市场份额与价格反推出来的，KL 的估计系数显著为负，表明资本密集型产品的价格与市场份额等特征指标值，要弱于非资本密集型产品。资本相对稀缺仍然是我国要素禀赋条件的基本特征，资本密集型产业与要素禀赋不相符，导致这些产业领域缺乏竞争力，质量水平无论是相对于发达工业化国家，还是相对于传统上具有优势的劳动密集型产品都要更低。事实上，资本密集型产品的质量提升是一个漫长的过程，需要在关键基础原材料、核心基础零部件、先进基础工艺、产业技术基础等"工业四基"领域的系统性强化，对于刚进入工业化后期阶段的中国制造业，这些方面仍然有很长的发展之路要走。第（3）列和第（4）列的企业年龄变量 AGE 的回归系数均为正，但在显著性方面略有差异，在未控制时间效应时对被解释变量影响的显著程度较高，但在控制时间效应后不再具有统计显著性。工资水平变量 WAGE 的回归系数估计值显著为正，并且在1%的水平上显著，表明较高的工资水平有助于通过发挥"效率工资"效应，对出口产品质量提升产生积极影响。

表 6-1 基准模型回归结果

变量	(1)	(2)	(3)	(4)
DEC	0.0115*** (0.0002)	0.0029*** (0.0002)	0.0093*** (0.0002)	0.0028*** (0.0002)
SCALE			0.0051*** (0.0004)	0.0018*** (0.0004)
KL			−0.0006** (0.0003)	−0.0011*** (0.0003)
AGE			0.0231*** (0.0005)	0.0008 (0.0006)
WAGE			0.0010*** (0.0001)	0.0023*** (0.0004)
常数项	0.4549*** (0.0004)	0.4535*** (0.0005)	0.3219*** (0.0060)	0.4114*** (0.0067)
城市固定效应	否	是	否	是

第六章
数字经济与出口贸易高质量发展：基于产品质量视角的分析

续表

变量	（1）	（2）	（3）	（4）
时间固定效应	否	是	否	是
观测量	1705376	1705376	1705372	1705372
R^2	0.0052	0.0378	0.0091	0.0379

注：*、**、***分别表示在10%、5%、1%的水平上显著；括号内为稳健标准误。

2. 稳健性检验

为确保分析结论的可靠性，需要采用多种方法进行稳健性检验。首先通过剔除特殊样本进行稳健性检验，具体包括两种检验：第一种稳健性检验是剔除直辖市及省会城市样本。由于特殊的政策和经济优势，中心城市无论是在数字经济发展，还是在出口贸易发展方面都具有其他城市无可比拟的基础优势。为避免这部分样本对研究结论可能造成的偏向性影响，先剔除这些中心城市的企业样本，重新估计了含有控制变量及各种固定效应的基准模型，表6-2中第（1）列报告了相关结果。可以发现，DEC变量的估计系数不仅显著为正，而且估计系数的绝对值还有所增加，表明数字经济对出口产品质量的影响具有普遍性，排除了中心城市特殊样本的偏向性影响。第二种稳健性检验是剔除产品质量数据中的异常值，具体对样本进行缩尾处理，将位于上下5%的对应样本剔除，并重新对基准模型进行估计，表6-2第（2）列报告了相关结果。可以发现，DEC变量在剔除异常值后仍然显著为正，表明结论具有较好的稳健性。

表6-2 稳健性检验结果

变量	（1）剔除样本	（2）异常值处理	（3）工具变量法	（4）动态面板估计
DEC	0.0031*** (0.0002)	0.0027*** (0.0002)	0.0221*** (0.0028)	0.0068*** (0.0005)

续表

变量	(1) 剔除样本	(2) 异常值处理	(3) 工具变量法	(4) 动态面板估计
SCALE	0.0019*** (0.0004)	0.0016*** (0.0003)	0.0080*** (0.0010)	-0.0002 (0.0010)
KL	-0.0013*** (0.0003)	-0.0010*** (0.0003)	-0.0003 (0.0006)	0.0019*** (0.0006)
AGE	0.0005 (0.0006)	0.0004 (0.0006)	0.0025** (0.0012)	0.0211*** (0.0016)
WAGE	0.0025*** (0.0004)	0.0019*** (0.0004)	0.0024*** (0.0008)	0.0029*** (0.0002)
常数项	0.4106*** (0.0072)	0.4201*** (0.0062)	0.2526*** (0.0207)	0.3069*** (0.0180)
城市固定效应	是	是	是	是
时间固定效应	是	是	是	是
观测量	1441562	1705372	835748	353931
R^2	0.0385	0.0335		
F	2175.4169	2287.0186		
AR (1)				-101.68***
AR (2)				0.7679
Sargan				4700.012***
Wald chi2			1.54e+7***	2230.13***

注：*、**、***分别表示在10%、5%、1%的水平上显著；括号内为稳健标准误。

稳健性检验还要考虑到内生性问题。数字经济和出口产品质量之间也可能存在内生性问题，本章探讨的是前者对后者的影响作用，其理论逻辑是数字经济能够影响到出口产品的质量。但从另一个角度来看，高质量的产品往往需要较高的生产技术，从而驱动数字技术的应用，这就意味着数字经济和出口产品质量之间有可能存在互为因果的关系。为此，本节采用工具变量法进行稳健性检验。在工具变量的选择方面，数字经济的发展基础是以互联网为代表的数字基础设施，而地理因素对基础设施建设的影响

第六章
数字经济与出口贸易高质量发展：基于产品质量视角的分析

显而易见，那些地势平坦、极端气候较少的城市具备更好的发展基础。例如，长三角地区的数字网络铺设成本较低，数字基础设施完善程度较高。为此，本节选取城市坡度和年降雨量的乘积作为工具变量，这一做法不仅可以有效地解决地理坡度固定不变的问题，也能够有效利用自然变化带来的影响，表 6-2 第（3）列报告了相关结果。可以发现，采用工具变量法估计，数字经济发展水平仍然对出口产品质量提升产生了显著的促进作用。这里还进一步利用基于系统广义矩方法的动态面板模型来解决潜在的内生性问题，表 6-2 第（4）列报告了相关结果，DEC 项的估计系数依然显著为正，前文的核心结论具有稳健性。

3. 异质性检验

考虑到各地区地理条件、经济社会发展状况存在较大差异，首先从区域维度探讨数字经济对出口产品质量的影响是否存在异质性，具体地，表 6-3 第（1）列到第（3）列报告了三大地区的回归结果。可以发现，DEC 项的回归系数在东部地区样本中显著为正，而在中部、西部地区则并不显著，表明数字经济对出口产品质量的影响效应在地区间确实存在较大差异。原因可能在于，东部地区在数字经济发展方面具有显著优势，不仅拥有着完善的数字基础设施，数字经济对产业的渗透也更为广泛与深入，我国的出口贸易也主要集中于东部地区，因此数字经济发展对出口产品质量的促进作用在东部地区就更容易显现出来。数字经济对出口产品质量的影响也可能会因企业性质不同而存在差异，这里按照中国工业企业数据库报告的企业注册类型，将样本划分为国有企业、民营企业和外资企业三类，分别进行回归分析，表 6-3 第（4）列到第（6）列报告了相关结果。可以发现，DEC 变量回归系数在各模型中均为正数，但在显著性水平上存在一定差异。就国有企业样本来看，DEC 项的回归系数即使在 10% 的水平上仍不显著，在民营企业、外资企业样本中均显著为正，表明数字经济在这些企业中发挥了重要作用，有效推动了出口产品质量的提升。导致国有企业和其他企业样本结果迥异的原因有很多,如国有企业作为承担多种经济乃至社会职能的机构主体,在决策中往往因考虑多方面因素而更注重实现折中平衡,在对市场反应的敏感度上可能要低于民营企业、外资企业等高度市场化主体,加之国有企业在经营效率方面相对较弱,这些都会降低其在质量优化方面的投入激励。

表6-3 异质性检验结果

变量	(1) 东部地区	(2) 中部地区	(3) 西部地区	(4) 国有企业	(5) 民营	(6) 外资企业
DEC	0.0027*** (0.0002)	-0.0002 (0.0045)	-0.0053 (0.0081)	0.0015 (0.0023)	0.0032*** (0.0007)	0.0022*** (0.0002)
SCALE	0.0014*** (0.0003)	0.0043*** (0.0016)	0.0051** (0.0023)	0.0063*** (0.0023)	0.0023*** (0.0007)	0.0027*** (0.0005)
KL	-0.0010*** (0.0003)	-0.0008 (0.0012)	-0.0018 (0.0015)	-0.0006 (0.0019)	-0.0005 (0.0004)	-0.0010*** (0.0003)
AGE	0.0002 (0.0006)	0.0007 (0.0017)	0.0047 (0.0032)	0.0028 (0.0026)	-0.0002 (0.0008)	0.0002 (0.0009)
WAGE	0.0020*** (0.0004)	0.0018 (0.0016)	-0.0020 (0.0024)	-0.0008 (0.0025)	0.0011 (0.0007)	0.0023*** (0.0004)
常数项	0.4213*** (0.0065)	0.3899*** (0.0278)	0.4077*** (0.0421)	0.3601*** (0.0471)	0.4027*** (0.0126)	0.4048*** (0.0086)
城市固定效应	是	是	是	是	是	是
时间固定效应	是	是	是	是	是	是
观测量	1579867	85872	39633	53464	675631	976277
R^2	0.0338	0.0275	0.0321	0.0186	0.0207	0.0406

注:*、**、***分别表示在10%、5%、1%的水平上显著;括号内为稳健标准误。

4. 机制检验

这部分采用中介效应模型探讨数字经济影响出口产品质量的中间机制,具体围绕生产成本和全要素生产率两个渠道展开分析。严格来说,这两个中介变量与我们此前就数字经济影响产品质量的机制说明并不完全匹

第六章
数字经济与出口贸易高质量发展：基于产品质量视角的分析

配。数字经济对质量管理的积极作用体现在，数字技术应用对于过程控制的优化、对于相关方要求的更高匹配，但这些方面客观上很难用定量化方法加以衡量并进而用于实证检验。数字技术对于过程控制的优化，实际上发挥了提高生产效率、降低不必要瑕疵、节约企业生产成本的效果。因此，这里选择了生产成本和全要素生产率作为中介变量来进行检验，在一定程度上能够从侧面反映出数字经济对质量管理的影响。具体地，首先采用中间品投入单位成本（PRI）作为中介变量进行分析，表6-4第（1）列和第（2）列报告了相关结果。可以发现，DEC对PRI发挥了显著的抑制作用，即数字经济水平提高降低了中间品投入单位成本，这也表明中间品投入单位成本符合作为中介变量的前提条件。第（2）列中PRI项的数值为-0.0105，且在1%的水平上显著，表明中间投入成本的下降同样有助于出口产品质量提升，但DEC项的回归结果仍然显著为正，表明PRI变量仅发挥了部分中介效应。进一步以生产率作为中介变量进行检验，具体采用张军和施少华（2003）提出的参数法进行全要素生产率估算，在得到各企业全要素生产率（TFP）的基础上，将其代入中介效应模型进行回归估计，表6-4第（3）列和第（4）列报告了相关结果。可以发现，DEC项对TFP发挥了促进作用，表明数字经济有助于提高企业的全要素生产率，生产率变量符合作为中介变量的前提条件。在第（4）列中，DEC项的数值为0.0027，小于基准模型的回归结果，而TFP项则对被解释变量起到了积极作用，进一步结合DEC项的统计显著性可知，全要素生产率在数字经济影响出口产品质量提升过程中发挥了部分中介效应。

表6-4 机制检验结果

变量	(1) PRI	(2) QUALITY	(3) TFP	(4) QUALITY
DEC	-0.0228*** (0.0013)	0.0029*** (0.0002)	0.0079*** (0.0007)	0.0027*** (0.0002)

续表

变量	(1) PRI	(2) QUALITY	(3) TFP	(4) QUALITY
SCALE	0.0045** (0.0021)	0.0016*** (0.0003)	−0.0872*** (0.0010)	0.0021*** (0.0003)
KL	0.0044*** (0.0016)	−0.0010*** (0.0003)	0.1117*** (0.0008)	−0.0015*** (0.0003)
AGE	0.0035 (0.0035)	0.0003 (0.0006)	0.0284*** (0.0018)	0.0005 (0.0006)
WAGE	0.0258*** (0.0023)	0.0016*** (0.0004)	0.1833*** (0.0011)	0.0010*** (0.0004)
PRI		−0.0105*** (0.0002)		
TFP				0.0043*** (0.0004)
常数项	3.0735*** (0.0390)	0.3878*** (0.0063)	6.7818*** (0.0197)	0.3888*** (0.0069)
城市固定效应	是	是	是	是
时间固定效应	是	是	是	是
观测量	1729956	1705372	1700816	1676496
R^2	0.0049	0.0378	0.0991	0.0340

注：*、**、***分别表示在10%、5%、1%的水平上显著；括号内为稳健标准误。

本章小结

产品质量水平的提升是出口贸易高质量发展的必然要求，也是实现由贸易大国向贸易强国转型的重要保障。改革开放以来，中国制造业的产品质量不断提升，在国际市场中形成了较高的竞争力，但"中国制造"距离成为高质量产品的代名词仍存在很大差距。在新一轮科技革命背景下，数字技术的广泛渗透应用为质量提升提供了全新的工具与手段，基于大数据与人工智能的质检系统极大地提升了产品的质量可靠性，而全数字化的智

第六章
数字经济与出口贸易高质量发展：基于产品质量视角的分析

能制造系统也更加促进了需求端信息与生产流程的耦合，有力地提升了消费者对产品的满意度，这些都为提升产品质量提供了有力支撑。本章基于中国海关数据库中提供的"企业—产品"层面的出口数据，采用事后反推法测算了企业的出口产品质量，并以企业所在城市的数字经济发展水平作为关键解释变量，实证检验数字经济对出口产品质量的影响。结果显示，数字经济发展对推动出口产品质量提升具有显著促进作用，但这种影响效应在不同样本间存在明显异质性。具体地，在地区异质性方面，数字经济对东部地区企业出口产品质量的提升作用较为显著，而对中部、西部地区企业的影响缺乏显著性；在企业异质性方面，数字经济对非国有企业的出口产品质量具有显著的促进作用，但对国有企业的影响并不显著。进一步从生产成本和全要素生产率两个渠道切入，探讨了数字经济影响出口产品质量的机制渠道，结果发现，数字经济通过显著降低生产成本、提高全要素生产率促进了出口产品质量的提升。这部分研究的政策含义在于，抓住数字经济蓬勃发展带来的新机遇，充分发挥数字技术在质量管理领域中的作用，用数字化的手段来推动质量管理模式的创新，推动质量管理能力与水平的提升，为推动实施"质量强国"战略、提升"中国制造"质量层次、提高出口产品质量水平提供有力保障。

第七章　数字经济与出口贸易高质量发展：基于绿色低碳视角的分析

绿色低碳同样是出口贸易高质量发展的应有之义，是践行高质量发展的"绿色"内涵的必然要求。工业革命以来，温室气体排放规模持续增长已成为人类社会发展进程中的重大环境问题。根据世界气象组织发布的《全球气候状况报告（2022）》，受全球温室气体排放影响，2022年全球平均气温较工业化前水平高出约1.15℃，特别是20世纪80年代以来，全球平均气温增长幅度明显加速。全球气温上升导致气候灾害发生概率大幅提高，对地球生态以及人类社会的可持续发展带来了巨大挑战。减少以二氧化碳为主的碳排放，已成为确保全球可持续发展的当务之急。习近平主席在2020年第七十五届联合国大会上发表讲话指出，"应对气候变化《巴黎协定》代表了全球绿色低碳转型的大方向"，"中国将提高国家自主贡献力度，采取更加有力的政策和措施，二氧化碳排放力争于2030年前达到峰值，努力争取2060年前实现碳中和"。碳达峰碳中和目标的设定不单纯是环境方面的问题，更将对经济社会发展模式产生长远而深刻的影响。实现双碳目标、推进绿色低碳发展，数字经济将发挥重要作用。《"十四五"国家信息化规划》提出"以数字化引领绿色化，以绿色化带动数字化"，中共中央、国务院发布的《关于完整准确全面贯彻新发展理念做好碳达峰碳中和工作的意见》提出"推动互联网、大数据、人工智能、第五代移动通信（5G）等新兴技术与绿色低碳产业深度融合"。数字技术的广泛应用，特别是与实体经济的不断融合，为推动产业绿色低碳发展提供了机遇，进而也将驱动出口贸易的绿色低碳发展。这部分具体以贸易隐含碳为切入

第七章
数字经济与出口贸易高质量发展：基于绿色低碳视角的分析

点，探讨数字经济如何影响出口贸易高质量发展以及其中存在的作用机制。

一、问题的提出

研究国际贸易的绿色低碳发展问题，基本都是围绕贸易隐含碳展开的，而这些研究首先要解决的问题就是如何测算贸易中的隐含碳。隐含碳是指为了获取某种产品或服务而在整个生产过程中直接或间接排放的二氧化碳，贸易隐含碳则是隐含碳概念的延伸，指的是在国际贸易商品或服务的生产过程中所直接或间接排放的二氧化碳。测算贸易隐含碳一般要借助于投入产出模型，具体又可以分为基于单区域或多区域投入产出模型两种情况，单区域投入产出模型法主要用来测算本国与外国双边贸易隐含碳排放，并一般假定本国的进口替代部门与外国生产部门有着同质生产技术。Wyckoff 和 Roop（1994）最早对贸易隐含碳进行了测算，基于国际贸易流、投入产出表以及能源使用和碳生成等构建了分析模型，在此基础上测算了加拿大、法国、德国、日本、英国和美国的进口贸易中所隐含的碳规模；结果显示，黑色金属和有色金属、化工、电力、天然气和水、采矿和服务业五大行业是进口隐含碳的主要来源。

在 Wyckoff 和 Roop 的研究之后，针对贸易隐含碳进行测算的文献不断涌现。例如，Schaeffer 和 Leal de Sá（1996）测算了 1970～1993 年巴西非能源贸易中的隐含碳值，发现 1980 年前处于隐含碳净进口状态，而此后进入隐含碳净出口状态，国家层面的碳排放总量在样本期间不断上升。Schaeffer 和 Leal de Sá 认为，发展中国家出口越来越多的能源密集型产品，发达国家进口越来越多的能源密集型产品，这实际上是将部分能源消耗和碳排放转移到了发展中国家。Machado 等（2001）测算了 1995 年巴西非能源类产品进出口中的隐含碳值，发现巴西非能源产品出口的隐含碳值要高于进口，非能源产品进出口的隐含碳值分别占到了当年全国碳排放总量的10%和14%。Machado等（2001）与Schaeffer（1996）的研究结论基本一致，均表明20世纪90年代以后巴西出口中的隐含碳要高于进口中的隐含碳数量。Ackerman等（2007）研究了日美贸易对温室气体排放的影响，发现1995年日美贸易使美国的工业温室气体排放减少了1460万吨，使日本的排放增加了670万吨，约占各自国家总排放量的1%，综合起来，美日贸易减少了两国碳排放总量，渠道是通过国际贸易将美国的部分碳排放转移到日本。此外，美国与除日本之外经济体的国际贸易帮助其碳排放量减少了1.67亿吨，日本与除美国之外经济体的国际贸易也帮助其碳排放量减少了3840万吨，表明两国将其工业碳排放转移到了世界其他地区。

相较于单区域投入产出模型法，多区域环境投入产出模型方法考虑了本国产品与外国产品在生产技术上的差异性，并且分离了本国对世界其他国家的中间产品进口和最终出口，测算出来的贸易隐含碳数据更为精确。采用多区域环境投入产出模型方法研究中，Ahmad和Wyckoff（2003）对24个OECD成员国的贸易隐含碳进行了测算，发现它们的进出口隐含碳排放规模通常比国内生产部门的碳排放规模更高，如芬兰、法国等国家超出了20%；总体来看，隐含在净进口中的碳排放量约相当于全球排放量的2.5%，或经济合作与发展组织总排放量的5%。Kanemoto等（2014）利用全球多区域投入产出表（MRIO）考察了187个国家1970~2011年的隐含碳数值，发现发达国家将碳排放量转移到了发展中国家，即出现了碳泄漏；那些成功控制或降低其国内排放规模的部门，通常也是进口隐含碳增加的部门，促使国内排放减少的不是清洁生产或绿色消费转型，而是碳排放密集型生产活动的国际转移。Kanemoto等（2014）还指出，隐含碳排放增长最快的主要是《京都议定书》附件B签署国之外的国家；如果监管政策不考虑碳排放泄漏因素，即使发达国家强制执行强有力的排放目标，全球碳排放也有可能上升。

随着中国经济高速增长并成为世界第二大经济体和第一大贸易体，绿

第七章
数字经济与出口贸易高质量发展：基于绿色低碳视角的分析

色低碳可持续发展的挑战下，贸易隐含碳问题也成为学术界关注的焦点。近年来，不少文献就中国与特定经济体贸易的隐含碳进行了测算，特别要指出的是，这些研究大多注意到了中国出口贸易中加工贸易占比较大、中间品贸易重复统计的问题。例如，Dietzenbacher 等（2012）采用独特的三方投入产出表测算了 2002 年中国出口贸易隐含碳，发现如果不对加工贸易和一般贸易出口进行区分，测算结果将会被高估 60% 以上。Su 等（2013）构建了包含一般贸易和加工贸易的拓展投入产出模型，研究发现 1997 年中国出口贸易隐含碳总量为 396.72 百万吨二氧化碳，相较于传统投入产出模型下的计算结果降低了 32%，传统投入产出法明显高估了贸易隐含碳规模。Liu 等（2016）将有关企业所有权和贸易品类型的信息添加到投入产出表中，发现忽略企业异质性导致中国出口隐含碳排放量被高估了 20%。Yu 和 Chen（2017）测算了 2000~2010 年中韩贸易隐含碳排放规模，发现中国对韩出口中的碳排放量要大于进口中的碳排放量。

  国内学者对中国贸易隐含碳问题也进行了较多讨论。例如，齐晔（2008）基于 2002 年投入产出表对 1997~2006 年中国贸易隐含碳规模进行了估算，结果发现 1997~2002 年隐含碳净出口量占当年碳排放总量的 12%~14%，2002 年后迅速增加，2006 年时该指标值已达 29%。李艳梅和付加锋（2010）对 1997 年和 2007 年中国出口贸易中隐含碳排放进行了估算，结果显示 1997 年和 2007 年隐含碳排放规模分别为 290.61 百万吨和 940.69 百万吨，占中国生产活动碳排放总量的比重分别为 28.47% 和 45.53%。张为付和杜运苏（2011）对 2000~2009 年数据的分析发现，中国对外贸易中隐含碳排放不仅规模巨大，而且存在不平衡，净出口隐含碳规模非常大，失衡主要由金属冶炼及压延加工业等少数几个行业引起，认为中国对外贸易中隐含碳排放大量增加是新一轮国际产业转移的结果，发达国家对中国碳排放应该承担部分责任。赵玉焕和李洁超（2013）基于中美两国 1995~2009 年非竞争型投入产出表，运用多区域投入产出（MRIO）模型测算了中美贸易隐含碳，发现 1995~2009 年中国向美国出口隐含碳、自美国进口隐含碳以及中国对美国净出口隐含碳均增长了 3 倍以上。

既有文献针对出口贸易隐含碳决定因素的探讨并不多，但从更宏观的层面上对碳排放决定因素的讨论较多，贸易隐含碳作为碳排放问题的延伸，相关因素在很大程度上也会对贸易隐含碳造成影响。例如，有文献发现外资会对碳排放产生直接影响，且这种影响在不同时间段和不同行业存在异质性（昌敦虎等，2022；李新安和李慧，2022）；有文献发现人口规模结构、人均实际生产总值、产业结构、能源消耗结构等均构成了中国碳排放的影响因素（Shuai et al.，2018；Jiang et al.，2018）；还有文献指出制造业和服务业融合对碳排放效率具有显著正向影响（李琳和赵桁，2021）。近年来，数字经济对碳排放的影响也开始引起较多关注。Li 等（2021）基于 2011~2017 年省级数据研究发现，数字经济发展降低了以煤为主的能源结构对碳排放的影响。Ma 等（2022）利用 2006~2017 年省份数据研究发现，数字化能够遏制碳排放，而研究和开发投资、技术创新在此过程中发挥了调节作用。徐维祥等（2022）基于 2011~2017 年城市面板数据研究发现，数字经济发展会减少城市碳排放，但这种影响也存在空间异质性。

从对既有文献的梳理来看，直接针对数字经济与贸易隐含碳关系的研究仍处于缺失状态。绿色低碳是出口贸易高质量发展的内涵要求，就数字经济在出口贸易绿色化过程中的作用进行判断，是兼具理论价值与现实意义的研究课题。针对既有研究的缺乏，本章将首先就数字经济影响出口贸易绿色低碳发展的作用机制进行阐述，在对中国出口贸易隐含碳进行测算与特征梳理的基础上，实证检验数字经济对出口贸易隐含碳的影响效应及作用机制。

二、机制的说明

关于数字经济发展如何影响出口贸易绿色低碳发展，既有文献中针对性

第七章
数字经济与出口贸易高质量发展：基于绿色低碳视角的分析

的讨论仍然缺乏。大部分研究所关注的还是数字经济如何影响产业绿色低碳发展，但贸易终归是产业的镜像，数字经济对产业绿色低碳发展的影响也将延伸到出口贸易上。大体来看，数字经济驱动产业绿色低碳发展的机制路径主要是两个：一是促进创新；二是节能降耗。创新是绿色低碳发展的重要保障，无论是产品创新还是制造工艺创新，本质上都是以更为先进的技术来进行生产，而这就要求对投入要素加以更为科学的利用，最终有利于实现更为绿色低碳的生产。本书第五章就数字经济对创新的影响进行了较多讨论，其中对机理机制的说明在此处仍然适用。如前文所述，创新除了是劳动与资本要素的函数，还是已有知识存量的函数。在数字经济蓬勃发展的背景下，数字技术的广泛应用极大地降低了信息流动的壁垒和成本，互联网极大便利了各类信息的全时空、全过程、低成本、高效率的共享，经济主体之间知识与信息交流的深度与广度大幅提升。借助于数字技术及互联网，企业能够更便捷地获得更多的知识信息，这里也包括绿色低碳方面的新方法新思路新技术，从而有利于企业技术创新并推动绿色低碳发展。

节能降耗是数字经济推动产业绿色低碳发展的另一条机制路径。能源是工业领域最核心的基础性投入，无论行业性质有多大不同，能源投入无一例外地在企业生产投入成本中都占有相当大的比重。能源消耗又是企业生产过程中最主要的碳排放来源，降低能耗是减少碳排放的重要途径。节能减排的关键在于实现能源结构的转型，在于更多绿色能源对传统化石能源的替代。然而能源结构转型目前仍面临很多突出难题，转型方向也并非清晰明确，注定了这将是漫长的过程。因此，中短期内实现节能降耗主要还是要依靠提高能源效率。尽管现代企业以大规模生产、标准化、机械化为突出特征，表现出很高的精准性，但事实上企业生产流程的科学化、标准化程度要远低于我们的想象。例如，生产过程中各个环节的高效协作就是个很大的挑战，每个节点可能只有紧邻的上下节点的信息，并据此进行工序安排，为了能够确保整体系统的正常运行，往往只能按照最大容忍度设置各个环节的工序时间，整个生产流程缺乏柔性，这就必然导致总会有部分环节处于空转与等待状态，由此带来极为突出的能源浪费。再如，在工业制造过程中目前仍然有很多设备的运维做不到科学判断与精准决策，甚至有时需要一定的主观经验，如钢铁企业炼铁高炉、工业企业广泛使用的锅炉等，这些设备的运行状态如何、是否存在潜在的风险点，传统条件下这些问题都很难做出科学的精准判断。缺乏良好维护、设备状态不佳都会提高能源消耗，而过度的设备维护又提高了维护成本与空机时长，同样会带来无谓的能源消耗。客观来看，工业企业节能降耗存在很大的空间，而这也是数字技术能够发挥巨大作用的地方。

数实融合、数字经济赋能能源使用效率的提高，这成为产业绿色低碳发展的重要驱动。由"大数据+智能算法+算力平台"构成的工业互联网技术的广泛应用，推动了传统业务流程的自动化和智能化变革，有效地促进了流程优化，极大地提高了生产流程的柔性程度，推动了精益生产，降低了系统空置等待时间，提高了各种生产要素以及各类资源的配置效率。以人工智能为核心的数字技术的应用有效提升了设备的运维效率，成为促进设备能效提升的助推器。例如，对于炼铁高炉这种高能耗设备而言，通过布置传感器进行运维高频数据采集，并采用人工智能技术对数据进行分析，进而实现对设备状态的精准评估并开展预测性维护，彻底改变了以往多是靠熟练工人经验判断的做法。目前，东方国信、北方智治互联、宝信软件等都在炼铁高炉的智能检测领域提供有解决方案，通过推动炼铁高炉上云，开展故障诊断、工艺优化、协同管控等方面的智能服务，全面提升设备的运维效率及能源利用效率。以酒泉钢铁（集团）有限公司为例，该集团企业使用了东方国信炼铁平台，基于平台实现了能源消耗数据的自动实时采集，并通过人工智能算法对能源进行智能管理，对能源需求进行预测优化，构建高效的能源利用方案，减少能耗成本，据测算单座高炉每年节省的能源能够减少碳排放 20000 吨。东方国信还为工业锅炉的智能检测

第七章
数字经济与出口贸易高质量发展：基于绿色低碳视角的分析

提供有解决方案，其开发的锅炉云平台通过机理模型与大数据分析算法的整合，实现脱硝效率最大化，解决负荷波动时的锅炉燃烧稳定性，可以使燃料消耗量降低15%左右，实现每年减少碳排放26万吨。根据有关行业协会的初步测算，2017年我国近1000座炼铁高炉年消耗标准煤约3.4亿吨，推动高炉数字化改造，预计将使设备平均能耗下降3%，碳排放减少1000万吨以上（安筱鹏，2019）。

除了流程优化所推动的能源效率提升，近年来随着工业互联网的广泛应用以及产业数字化转型的深入，基于数字孪生的数字技术应用场景深刻地改变了企业各环节的运行模式，也对节能降耗产生了积极影响。例如，传统的研发模式下需要多次反复试验，这一过程耗费了大量的资金与能耗，而数字孪生使很多研发流程放在虚拟孪生体上用计算机模拟来完成，这对于很多企业而言将节省极大的成本与能耗。此外，尽管能源结构转型在短期内很难实现，但数字技术在促进能源结构转型方面也在发挥着越来越重要的作用。当前风电、光伏电在实际发电过程中存在能源浪费严重、供电不稳、并网协调难等问题。近年来，基于工业互联网平台的数字技术在风电、光伏电发电过程管理中的应用逐渐增多，在虚拟风场技术设备预测维护、风场管理优化等方面提供服务，有效提升了发电效率，促进了新能源在能源结构中的占比。新型电力系统和智慧能源系统的逐步应用，也在很大程度上降低了下游产业的隐含碳排放规模。《中华人民共和国国民经济和社会发展第十四个五年规划和2035年远景目标纲要》明确提出"以数字化转型整体驱动生产方式、生活方式和治理方式变革"，就是为加快推动数字经济与实体经济深度融合、促进产业低碳发展指明了方向。

三、出口贸易隐含碳排放测算与比较分析

本部分将分别测算中国向主要经济体出口贸易中的隐含碳，以及各省

及行业层面的出口贸易隐含碳,从不同角度揭示出口贸易绿色低碳发展的基本特征事实。

1. 出口贸易隐含碳测算方法说明

测算出口贸易隐含碳需要采用投入产出表,基本思路就是计算行业碳排放量,然后根据投入产出表将出口贸易中消耗的各行业碳排放量加总。具体地,一国总产出表示为:

$$O = AO + d \qquad (7-1)$$

其中,O 为总产出向量,d 为总需求向量,A 为直接消耗系数矩阵。A 中的元素 a_{ij} 反映 j 部门生产单位产品中源自 i 部门的价值消耗量,即 $a_{ij} = O_{ij}/O_j$,其中,O_{ij} 为 j 部门对 i 部门的中间使用,O_j 为 j 部门的总产出。完全消耗是指某一产品在整个产业链上消耗的所有产品的价值之和,完全消耗系数矩阵记为 B,计算公式为 $B = (I-A)^{-1} - I$。记 $\hat{V}$ 为直接附加值系数矩阵,等于单位矩阵减去直接消耗系数矩阵。基于上述变量系数,可以计算出 a 国对 b 国的出口增加值为:

$$VAO_{ab} = \hat{V}_a \sum_{g=1}^{G} B_{ag} d_{gb} \qquad (7-2)$$

其中,g=1, 2, …, G 表示投入产出表中的国家数量。进一步根据投入产出表中的能源消费数据,以及碳排放系数测出各行业的碳排放总量,公式如下:

$$C_i = \sum_k EG_{ik} \times T_{ik} \times CO_{ik} \times R_{ik} \times 44/12 \qquad (7-3)$$

其中,EG_{ik} 为第 i 行业第 k 种能源的年消费量;T_{ik} 为第 k 种能源热值转换系数;CO_{ik} 和 R_{ik} 分别是第 k 种能源的碳排放系数和碳氧化因子;44/12 为二氧化碳和碳分子量比例。根据式(7-4)可算出各行业的直接碳排放系数 gc_i,具体如下:

$$gc_i = C_i / O_i \qquad (7-4)$$

进一步地,完全碳排放矩阵可表示为:

第七章
数字经济与出口贸易高质量发展：基于绿色低碳视角的分析

$$TC = (I-A)^{-1}GC \qquad (7-5)$$

由此得到 a 国出口到 b 国的出口隐含碳排放总量 EC 的计算公式：

$$EC = TC \times VAO_{ab} \qquad (7-6)$$

根据多区域跨国投入产出表测算出口增加值，就可以得到增加值出口中的隐含碳规模。省域产业层面的出口贸易隐含碳测算要基于国内区域投入产出表，该表中并没有跨国投入产出表那样详细的进出口数据，也无法从增加值角度计算出口贸易隐含碳。因此，采用上述方法测算省域产业出口贸易隐含碳时，将增加值出口数据替换为省域产业出口贸易数据。

2. 数据说明与比较分析

测算中国对主要经济体的出口贸易隐含碳，具体使用的是 2016 年版 WIOD 数据库中的世界投入产出表，时间跨度为 2000~2014 年。该数据库包含 43 个国家和 56 个行业，我们选取了中国出口贸易最为重要的 10 个目的国。在行业选择方面，考虑到与碳排放数据匹配问题，将相似行业进行了删减合并，最终保留了农林牧渔业，采掘业，食品饮料和烟草加工业，纺织业，服装和皮革制品，木材加工、竹、甘蔗、棕榈纤维和稻草产品，造纸和纸制品，印刷和记录介质复制，焦炭和精炼石油产品的制造，化学原料及化工产品，基础药品和药物制剂的制造，橡胶和塑料制品的制造，非金属矿物产品，金属制品，电子和电信设备、电气设备制造，普通机械，家具制造，电力、蒸汽、热水的生产和供应，水的收集、处理和供应，建筑，批发、零售贸易和餐饮服务，陆路运输和管道运输、空运、水运，文化、教育和体育用品 23 个行业。碳排放数据来自中国碳排放核算数据库（CEADs），同样根据投入产出表进行必要的合并删除。

表 7-1 给出了根据多区域投入产出方法计算得到的中国对 10 个主要目的国的出口贸易隐含碳数据。从中可以发现以下几个比较明显的特征：一是总的出口贸易隐含碳规模在 2008 年迎来了增长拐点，此前不断增长的态势开始转变为下降态势，并且在 2014 年基本恢复到了样本期初的规

模，这表明中国出口贸易绿色低碳发展取得了显著成效。2005 年《京都议定书》正式生效，碳减排与绿色低碳发展的问题在全球范围内受到高度重视，中国也已经在 2002 年批准了该议定书。尽管《京都议定书》对发展中经济体碳减排并未设定限制性目标，但绿色低碳已经成为中国经济发展过程中恪守的基本理念，出口贸易隐含碳的下降，反映了中国对外贸易低碳化发展的趋势。二是出口贸易隐含碳规模存在显著的出口目的地异质性。具体地，大部分隐含碳集中于对美出口贸易，样本期内对美出口贸易隐含碳占对 10 国出口贸易隐含碳总量的 38% 左右。尽管中国是全球碳排放大国，但这些碳排放中很多是由转移生产所致，碳排放真正的源头实际上是美国的消费需求。日本是中国出口贸易隐含碳第二大目的国，样本期内约占出口贸易隐含碳总量的 23% 左右。其余 8 个经济体共同组成了第三梯队，对各国出口贸易中的隐含碳规模要相对有限。三是从增长趋势来看，对所有 10 个经济体出口贸易隐含碳的增长率都表现出较为明显的波动下降趋势，这一点从图 7-1（b）中可以更为清晰地看到。

表 7-1　中国对主要经济体出口贸易的隐含碳测算　　单位：千吨

年份	澳大利亚	加拿大	德国	法国	英国	日本	韩国	荷兰	俄罗斯	美国
2000	340	491	867	377	677	4395	460	229	363	5292
2001	364	550	887	388	752	4814	626	256	546	5911
2002	514	763	905	470	905	5030	819	254	771	7363
2003	827	1170	1522	791	1294	6720	1135	346	1523	10392
2004	1028	1425	1853	969	1616	8130	1300	498	1568	11939
2005	930	1583	2131	1210	2012	8097	1400	577	1859	12607
2006	1059	1829	2245	1246	2087	7656	1557	613	2095	12936
2007	1115	2067	2551	1464	1922	6654	1609	805	2823	12520
2008	850	1854	2498	1405	1404	5570	1464	711	2627	11000
2009	774	1544	1977	1198	1197	4741	997	586	1958	9031
2010	908	1728	2210	1508	1507	4809	1206	689	2696	10115
2011	977	1722	2249	1365	1364	4719	1302	596	2514	7840

第七章
数字经济与出口贸易高质量发展：基于绿色低碳视角的分析

续表

年份	澳大利亚	加拿大	德国	法国	英国	日本	韩国	荷兰	俄罗斯	美国
2012	761	1555	1618	1075	1074	3990	1035	418	2016	8186
2013	676	1346	1478	944	1251	3248	971	475	1972	6943
2014	569	949	1264	916	877	2594	839	447	1484	6466

资料来源：笔者计算得到。

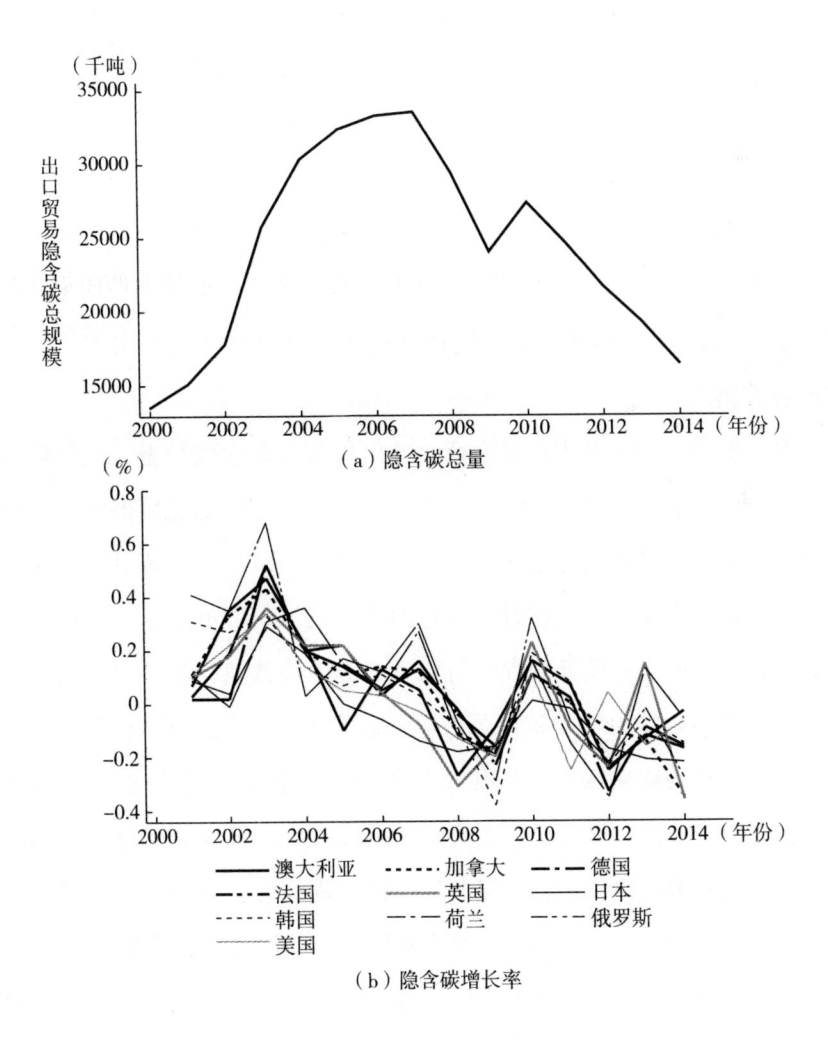

(a) 隐含碳总量

(b) 隐含碳增长率

图 7-1 中国对主要经济体的出口贸易隐含碳演变动态

资料来源：笔者计算得到。

测算省域产业层面的出口贸易隐含碳需要采用区域投入产出表，具体使用的是国家统计局编制发布的《中国地区投入产出表》。受限于投入产出表每五年一次的统计核算周期，该投入产出表仅有 2002 年、2007 年、2012 年和 2017 年四个年度的数据，因而测算出的也是离散数据。为聚焦重点分析对象，测算过程中我们对投入产出表中的产业部门进行了合并整理，最终只选取了 15 个制造业行业，即食品制造和烟草加工业，纺织业，服装皮革羽绒及其制品业，木材加工及家具制造业，造纸印刷及文教用品制造业，石油、炼焦产品和核燃料加工业，化学工业，非金属矿物制品业，金属冶炼及压延加工业，金属制品业，通用、专用设备制造业，交通运输设备制造业，电气、机械及器材制造业，通信设备、计算机及其他电子设备制造业，仪器仪表及文化办公用机械制造业。碳排放数据来自中国碳排放核算数据库（CEADs），同样根据《中国地区投入产出表》进行必要的合并删除。

具体测算得到了各省份各个行业的出口贸易隐含碳数据，但受篇幅所限，本章并没有将全部数据列出，表 7-2 中给出了经加总后得到的各省制造业出口贸易隐含碳规模数据。尽管由于数据的离散性而难以展现完整的演进动态，但大体上也能够看出一定的趋势特征。数据显示，无论是各年份各省份制造业出口贸易隐含碳的均值或者中位数值，都呈现出先逐步上升后下降的态势，2017 年这两个指标值都要低于上一次统计核算期的相应值，出口贸易表现出绿色低碳化发展态势。从表 7-2 中各省具体数据来看，各省制造业出口贸易隐含碳规模相差比较大，但大体上与经济规模和产业结构的相关性比较高，经济大省、制造业大省特别是重工业基地的出口隐含碳规模明显更大。例如，制造业出口贸易隐含碳规模最大的是山东省，这与其经济大省、重工业占比较高的基本状况密切相关，而北京的出口贸易隐含碳规模最低且下降幅度最大，反映出北京经济结构加快向高端服务业转型的事实。表 7-3 给出了各行业的出口贸易隐含碳规模数据，就

第七章
数字经济与出口贸易高质量发展：基于绿色低碳视角的分析

演变态势来看，绝大部分行业在最近一次统计核算期都开始出现出口贸易隐含碳下降，表明这些行业在向绿色低碳化方向发展。隐含碳规模数据同样表现出显著的行业异质性。以2017年测算的结果为例，出口隐含碳主要集中于"金属冶炼及压延加工业"，总量达到约1.8亿吨，较2012年有一定的下降但规模依然庞大。紧随其后的"化学工业"，2017年出口贸易隐含碳总量达到约0.7亿吨，同样远高于其他行业。相较而言，像"仪器仪表及文化办公用机械制造业""电气、机械及器材制造业"等行业，出口贸易隐含碳的规模则要小很多。这些比较明显的地区和行业异质性，也为推动出口贸易绿色低碳发展指出了重要着力点和优化方向。

表 7-2　各省份制造业出口贸易隐含碳　　　　单位：万吨

年份 省份	2002	2007	2012	2017	年份 省份	2002	2007	2012	2017
安徽	824	514	505	602	河南	342	763	1395	1074
北京	755	542	152	89	湖北	1376	2605	2279	1727
福建	257	565	508	785	湖南	412	1604	1279	808
河北	1312	1200	2066	2124	广东	706	946	2152	2296
黑龙江	602	713	1230	1459	广西	309	411	721	943
吉林	1103	1165	1069	577	海南	752	121	399	137
江苏	1537	1074	1654	1967	重庆	1046	1072	857	856
江西	277	385	544	472	四川	952	1146	2038	2231
辽宁	1004	825	1441	1669	贵州	631	577	434	643
内蒙古	681	337	1002	1834	云南	1716	625	1255	1925
山东	790	2551	2962	1976	陕西	458	809	793	1072
山西	455	729	1929	1835	甘肃	181	349	378	418
上海	814	701	972	821	青海	85	76	706	401
天津	380	701	553	474	宁夏	111	142	288	231
浙江	404	612	752	498	新疆	159	507	701	865

资料来源：笔者计算得到。

表 7-3 主要制造业行业出口贸易隐含碳　　　　单位：万吨

行业	2002年	2007年	2012年	2017年
食品制造及烟草加工业	1455	1744	1530	1332
纺织业	379	540	574	416
服装皮革羽绒及其制品业	123	167	159	138
木材加工及家具制造业	98	100	126	63
造纸印刷及文教用品制造业	497	669	693	484
石油、炼焦产品和核燃料加工业	3153	2152	3263	3946
化学工业	3260	5728	5766	7006
非金属矿物制品业	1032	2237	2392	2022
金属冶炼及压延加工业	7544	9868	20540	17908
金属制品业	127	223	189	761
通用和专用设备制造业	193	265	389	287
交通运输设备制造业	295	231	251	283
电气、机械及器材制造业	99	123	118	87
通信设备、计算机及其他电子设备制造业	158	294	408	70
仪器仪表及文化办公用机械制造业	18	21	16	9

资料来源：笔者计算得到。

四、数字经济与出口贸易隐含碳关系的经验分析

1. 模型构建与数据说明

在对出口贸易隐含碳进行测算的基础上，进一步就数字经济发展对出口贸易绿色低碳发展的影响进行经验分析。考虑到对主要经济体出口贸易隐含碳进行测算所得出的是总量值，在实证分析中对应的是国家层面的数字经济发展指数，数据量很有限且缺少变化性，经验分析的价值不太大，故这里基于省域行业层面的出口贸易隐含碳数据进行经验分析。我国的地区投入产出表只包括2002年、2007年、2012年、2017年四个年份，为了保证数据的连续性，我们运用KNN算法对缺失年份的数据进行补充，将计算缺失点近邻的平均值作为填充值。具体地，构建如下形式的计量模型：

第七章
数字经济与出口贸易高质量发展：基于绿色低碳视角的分析

$$ETC_{ijt} = \theta_0 + \theta_1 DEI_{it} + \gamma X_{it} + \varepsilon_{ijt} \tag{7-7}$$

其中，ETC_{ijt} 为 i 省 j 行业在 t 年份的出口贸易隐含碳规模的自然对数值，数据来自前文的测算。DEI_{it} 为 i 省 t 年的数字经济发展指数，具体测算方法可见第一章的相关说明。X 为控制变量向量，具体包含了以下变量：①出口变量（EXP），为出口规模自然对数值，反映了各地区参与国际贸易的程度，出口贸易规模越大，其中的隐含碳排放规模也会相应越大。②地区生产总值（GDP），为国内生产总值的自然对数值，反映了特定地区的总体经济规模，用于控制不同地区经济规模大小对贸易隐含碳的影响。③外资变量（FDI），为外商直接投资规模的自然对数值，用于反映外资进入所带来的影响。外资是改革开放以来中国经济增长中不可忽视的力量，外资进入的影响是多方面的，既有可能带来技术进步、生产率溢出等积极效应，也有可能因为过度的竞争效应而对本土企业的效率造成负面影响。④经济结构变量（INS），为第二产业产值占总产值的比重，反映各省份的产业结构状况和制造业发展水平。⑤能源结构变量（COAL），为煤炭消费占能源总消费的比重，反映各省份能源消费结构。我国的能源禀赋条件决定了煤炭在能源投入结构中的重要地位，煤炭又是碳排放较高的能源，因而煤炭占比越高，产品中的隐含碳规模也就会越大。上述变量的数据来源为历年《中国统计年鉴》《中国工业经济统计年鉴》《中国能源统计年鉴》等，水平值变量均采用 CPI 指数进行平减处理调整为不变价格值。

2. 经验分析结果说明

表 7-4 是基准回归分析结果，其中第（1）列和第（2）列是未加入控制变量情况下的结果，两列结果分别引入了不同的固定效应，但结果并不受影响。可以看出，数字经济发展指数（DEI）的估计系数均显著为负，表明数字经济发展能够显著地降低出口贸易中的隐含碳规模，有利于促进出口贸易的低碳化绿色发展。第（3）列和第（4）列是引入控制变量后的

估计结果,可以看出,核心结论并未发生改变,关键解释变量数字经济发展指数的估计系数同样显著为负,数字经济发展促进了出口贸易的低碳发展。随着新一轮技术革命的深入推进,数字技术广泛渗透到经济生活的各个方面,以智能化、网络化为趋势方向的数字化转型,显著改变了产业的传统运营模式,在推动流程柔性化、快速响应的同时也极大提高了能源使用效率,进而推动了低碳化发展以及出口贸易隐含碳的下降。表 7-4 的经验分析结果正是对上述论断的验证。进一步观察可以发现,各控制变量基本与预期一致。具体地,煤炭消费量占比（COAL）对出口贸易隐含碳的影响显著为正,这反映出我国出口贸易乃至整个国民经济的绿色低碳化发展,都明显受制于能源消费结构的约束。能源消费结构以煤炭为主,又因煤炭资源的高碳排放自然属性,这就决定了低碳化发展以及双碳目标的实现将是一个极具挑战的目标任务。外商直接投资变量（FDI）的估计系数显著为负,表明外资进入有利于促进出口贸易隐含碳的降低,在中国经济增长中发挥着重要作用,外资进入所带来的先进技术、管理经验等有可能会通过直接或间接形式外溢至本土企业,进而推动产业层面上生产率水平提升,并对绿色低碳发展产生积极作用。出口贸易规模 EXP 及 GDP 规模变量的估计系数缺乏显著性,但均为正值。以第二产业占比表示的经济结构变量 INS 的估计系数结果不显著为负。

表 7-4 基准回归分析结果

变量	（1）未加入控制变量	（2）未加入控制变量	（3）加入控制变量	（4）加入控制变量
DEI	-0.0178** (0.0071)	-0.0176** (0.0071)	-0.0235*** (0.0069)	-0.0234*** (0.0069)
EXP			0.0151 (0.0436)	0.0208 (0.0437)
GDP			0.3071 (0.2185)	0.3085 (0.2184)
INS			-0.2367 (0.6122)	-0.2985 (0.6131)

第七章
数字经济与出口贸易高质量发展：基于绿色低碳视角的分析

续表

变量	（1）未加入控制变量	（2）未加入控制变量	（3）加入控制变量	（4）加入控制变量
FDI			-0.0693* （0.0382）	-0.0699* （0.0382）
COAL			0.8490*** （0.2602）	0.8291*** （0.2605）
常数项	2.1986*** （0.0923）	2.1984*** （0.0398）	-2.9707 （3.8155）	-3.0443 （3.8154）
省份固定效应	是	是	是	是
行业固定效应	否	是	否	是
时间固定效应	是	是	是	是
N	6685	6685	6685	6685
R^2	0.1091	0.7957	0.1097	0.7964

注：*、**、***分别表示在10%、5%、1%的水平上显著；括号内为稳健标准误。

出口贸易隐含碳与数字经济发展之间也有可能存在内生性问题，因为在可持续发展挑战日益严峻的背景下，更具有绿色特征的产品将获得更明显的绿色竞争优势，也更容易在市场上得到消费者偏爱，在环保主义理念盛行的发达经济体中表现得尤为突出。因此，相对于非绿色低碳产品而言，绿色低碳产品能够获得更多的收益，这也可以理解为绿色溢价，进一步地，这就使绿色低碳产品能够给出口国经济增长带来更大的带动作用。经济增长是数字技术应用的前提，按照这条逻辑主线下来，隐含碳含量更低的绿色低碳产品出口，将会对数字经济发展产生更为突出的影响，因而从实证的角度来看，这也就形成了出口贸易隐含碳与数字经济之间的内生性问题。为了确保分析结果的可靠性，采用多种方法来处理内生性问题。首先基于解释变量滞后期值进行检验，表7-5第（1）列和第（2）列均采用了数字经济发展指标的滞后一期 L.DEI 进行回归分析，可以看出，采用不同的固定效应，估计结果并未发生明显改变，关键解释变量数字经济发展指数的估计系数均显著为负，表明数字经济对出口贸易隐含碳具有抑制效应。表 7-5 第（3）列采用了动态面板回归分析方法，本质上也是以数字经济滞后期值为工具变量所得到的估计结果，可以看出，数字经济发展指数的估计系数同样显著为负。不过进行动态面板回归分析需要满足一定的假设条件，如误差项的差分存在一阶自相关，不存在二阶自相关，但这里的相关检验结果显示并未满足上述假设，且 Sargan 过度识别检验也拒绝了不存在过度识别的原假设，因此第（3）列的估计结果仅供参考与比较。

表 7-5 内生性问题分析结果

变量	（1）滞后变量	（2）滞后变量	（3）动态面板估计
L. DEI	-0.0096*** (0.0007)	-0.0099* (0.006)	
DEI			-0.0119*** (0.0003)
EXP	0.0279*** (0.001)	0.0299 (0.0419)	0.0239*** (0.0013)
GDP	0.3119*** (0.003)	0.3084 (0.2136)	-0.0834*** (0.0103)
INS	-0.7358*** (0.012)	-0.7452 (0.6135)	-0.3350*** (0.0102)
FDI	-0.0687*** (0.001)	-0.0693* (0.0388)	-0.0448*** (0.0011)
COAL	0.5232*** (0.0036)	0.5143* (0.278)	0.7961*** (0.0141)
常数项	-2.9192*** (0.0002)	-2.8717 (3.7398)	2.5677*** (0.1673)
省份固定效应	是	是	是
行业固定效应	否	是	否
时间固定效应	是	是	是
N	6240	6240	5791
R^2	0.1098	0.9467	—

注：*、**、***分别表示在10%、5%、1%的水平上显著；括号内为稳健标准误。

第七章
数字经济与出口贸易高质量发展：基于绿色低碳视角的分析

进一步考察分析结果是否会因样本不同而表现出异质性。首先将样本按照区域不同划分为东部、中部、西部三个子样本分别进行回归分析，相关结果在表7-6第（1）列至第（3）列给出。具体地，第（1）列是针对东部地区样本的回归结果，关键解释变量数字经济发展指数的估计系数显著为负，表明数字经济发展有利于促进出口贸易隐含碳的降低。第（2）列是针对中部地区样本的分析结果，与第（1）列的结果相类似，数字经济发展有利于出口贸易绿色低碳化发展。第（3）列针对西部地区样本的估计结果，数字经济发展指数的估计系数并不显著。如何解释估计结果的这种区域异质性呢？我们认为原因可能还是在于西部地区与东中部地区在数字经济发展方面的差距。无论是在数字基础设施方面，还是数字技术对于产业的渗透度方面，西部地区与东中部地区差距明显，数字经济对西部地区经济社会生活各方面的影响深度和广度都较为有限，因而其真正能够发挥的作用可能更弱一些。第（4）列和第（5）列是分别对高能耗和中低能耗行业样本的回归分析结果，可以看出，数字经济发展指数变量对中低能耗行业出口贸易隐含碳的影响显著为负，对高能耗行业的影响系数为负但并不显著。高能耗行业中能源消耗占总成本的比重要更高，这也反映出数字经济发展对高能耗行业虽然可以发挥节能减排的效果，但相对于巨大的能源投入规模，节能降耗所减少的能源消耗量在能源投入总量中可能只占很小一部分。因此，如果不能实现能源投入结构的优化调整，数字技术所能够发挥的作用也有其局限性。

表 7-6 异质性分析结果

变量	（1）东部地区	（2）中部地区	（3）西部地区	（4）高能耗行业	（5）中低能耗行业
DEI	-0.0267*** (0.0057)	-1.2340* (0.6366)	0.1286 (0.0961)	-0.0090 (0.0101)	-0.0312*** (0.0089)

续表

变量	(1) 东部地区	(2) 中部地区	(3) 西部地区	(4) 高能耗行业	(5) 中低能耗行业
EXP	0.4395*** (0.1379)	-0.0460 (0.0853)	-0.0543 (0.0622)	-0.0053 (0.0779)	0.0302 (0.0531)
GDP	0.3666 (0.3888)	0.6746 (0.5051)	-0.5557 (0.3772)	-0.2172 (0.4239)	0.5637** (0.2308)
INS	0.2161 (0.9706)	-1.5816 (1.2522)	-0.9351 (1.2985)	0.5536 (1.2477)	-0.6716 (0.6393)
FDI	-0.0779* (0.0445)	-0.2160*** (0.0816)	-0.0288 (0.0556)	-0.1498** (0.0738)	-0.0296 (0.0370)
COAL	1.5418*** (0.4342)	-0.1047 (0.3973)	-0.1830 (0.4490)	0.9767* (0.5432)	0.7567*** (0.2782)
常数项	-11.6323 (7.4002)	-4.1847 (8.4073)	12.9534* (6.6705)	9.3804 (7.4224)	-9.0989** (3.9870)
省份固定效应	是	是	是	是	是
行业固定效应	是	是	是	是	是
时间固定效应	是	是	是	是	是
N	2475	2021	2189	2245	4440
R^2	0.8452	0.8028	0.7841	0.7553	0.7273

注：*、**、*** 分别表示在10%、5%、1%的水平上显著；括号内为稳健标准误。

3. 相关机制分析

数字经济的发展促进了出口贸易隐含碳的下降，进一步对其中的机制进行检验。尽管围绕数字经济影响出口贸易隐含碳缺乏针对性的机制分析，但数字经济对产业绿色低碳发展的影响在很大程度上也将延伸到贸易层面。如前文所述，数字经济赋能产业绿色低碳发展的机制渠道较多，有些还处于探索应用阶段，因此这里主要聚焦两个方面：一是数字经济与实体经济相融合，赋能能源使用效率的提高；二是数字技术极大地便利了信息共享进而加速了创新。具体地，本书分别选取能源强度和创新两个变量来进行中介效应检验。能源强度 EP 为单位 GDP 所要消耗的能源投入，数

第七章
数字经济与出口贸易高质量发展：基于绿色低碳视角的分析

据来源为历年《中国统计年鉴》《中国能源统计年鉴》。创新则以专利申请数（PAT）和创新效率（INE）作为代理变量。PAT为各省份发明专利申请数的自然对数，数据来源为《中国科技统计年鉴》。INE则是以各省份R&D人员全时当量和R&D内部经费支出作为投入指标，以地区发明专利申请量作为产出指标，通过数据包络分析法计算得出的研发产出效率，其中R&D数据来源为《中国统计年鉴》。

中介效应检验的相关结果在表7-7中给出。第（1）列是以能源强度作为中介变量，将数字经济发展指数（DEI）对其进行回归的结果，结果显示，DEI变量的估计系数显著为正，即数字经济并没有带来能源效率的提高，反而提升了单位GDP所消耗的能源。第（2）列是同时引入数字经济变量与中介变量EP的估计结果，可以看出，DEI变量估计系数显著为负，但中介变量并不显著，这就表明能源强度（EP）并非机制变量。这里的结果可能反映一个潜在问题，即数字技术对能源效率的提升反而推动了更多的能源使用，即能源回弹现象。此外，还有一个问题也需要考虑到，那就是数字技术本身所具有的能耗特征。有研究指出，数字技术在助力经济社会低碳转型和绿色发展的同时，数字经济逐渐成为碳排放的主要来源之一，对推进"双碳"目标具有"双刃剑"作用（渠慎宁等，2022）。电脑、手机、通信基站、网络设施等，所有的数字技术设备的运行都需要能源，移动一个比特数据的能耗微乎其微，但数据规模达到天文数字级别时，移动数据的能耗就是惊人的。像比特币这种基于区块链的私人加密货币，在商业应用时面临很多难题，其中之一就是整个系统运行时高昂的能耗成本。2023年流行起来的基于大模型技术的生成式人工智能，需要海量数据和极大算力的支撑，其背后的能耗也是巨大的。据统计，每平方英尺数据中心所消耗的电力，是每平方英尺摩天大楼所耗电力的100倍（米尔斯，2023）。渠慎宁等（2022）发现，我国数字经济碳排放强度相对偏高，预测到2030年，数字经济碳排放占比将达到11.63%，成为中国碳排放主要来源之一。

这就带来一种可能，数字经济在促进绿色低碳发展方面所做出的贡献，可能被数字经济本身所产生的碳排放所抵消。因此，发展数字经济，必须高度重视数字经济自身的排放问题，引导数字经济部门加快能源转型，降低数字产品及数字基础设施能耗。第（3）列和第（4）列是以 PAT 为中介变量的估计结果，第（3）列结果显示 DEI 对 PAT 的影响显著为正，第（4）列同时引入变量 DEI 和 PAT，结果显示 DEI 和 PAT 变量的估计系数仍然显著为负，且此时 DEI 的估计系数绝对值也要小于表 7-4 第（4）列中的系数绝对值，表明变量 PAT 发挥着机制变量的作用，即存在数字经济到创新再到出口贸易低碳化增长的传导路径。第（5）列和第（6）列使用了创新效率 INE 作为中介变量，可以看出，相关结果同样验证了中介效应的存在，即数字经济发展不仅提高了创新规模，而且也提升了创新效率，进一步对出口贸易隐含碳的降低发挥了积极的促进作用。

表 7-7 基于中介效应模型的机制分析结果

变量	(1) EP	(2) ETC	(3) PAT	(4) ETC	(5) INE	(6) ETC
DEI	0.0043* (0.0024)	-0.0236*** (0.0069)	0.0484*** (0.0039)	-0.0169** (0.0070)	0.0276*** (0.0018)	-0.0161** (0.0071)
EXP	-0.0017 (0.0152)	0.021 (0.0436)	0.2290*** (0.0292)	0.0516 (0.0442)	0.1097*** (0.0127)	0.0498 (0.0441)
GDP	-0.0253 (0.0969)	0.3087 (0.2181)	0.9832*** (0.1070)	0.4415* (0.2273)	-0.1106* (0.0650)	0.2778 (0.2160)
INS	-0.2803 (0.1917)	-0.2805 (0.6145)	0.2810 (0.4621)	-0.2563 (0.6035)	0.5551*** (0.1943)	-0.1485 (0.6026)
FDI	-0.0139 (0.0105)	-0.0687* (0.0381)	0.0170 (0.0191)	-0.0674* (0.0379)	-0.0039 (0.0079)	-0.0707* (0.0381)
COAL	0.1837** (0.0764)	0.8159*** (0.2585)	0.3505*** (0.0960)	0.8749*** (0.2597)	0.0531 (0.0625)	0.8431*** (0.2569)
EP		0.0137 (0.0794)				

第七章
数字经济与出口贸易高质量发展：基于绿色低碳视角的分析

续表

变量	(1) EP	(2) ETC	(3) PAT	(4) ETC	(5) INE	(6) ETC
PAT				-0.1361*** (0.0434)		
INE						-0.2649*** (0.0862)
常数项	2.3142 (1.6708)	-3.1727 (3.8505)	-13.9765*** (1.7413)	-4.9288 (3.9096)	0.4541 (1.0900)	-2.9026 (3.7975)
N	6750	6685	6750	6685	6750	6685
R^2	0.9643	0.7964	0.9728	0.7967	0.6182	0.7967

注：*、**、***分别表示在10%、5%、1%的水平上显著；括号内为稳健标准误。

本章小结

绿色低碳既是出口贸易高质量发展的内涵要求，也体现了对"人类命运共同体"理念的践行。实现绿色低碳发展目前主要有能源转型与节能降耗两条路径，数字经济在促进新能源的有效供给、推动能源转型方面正发挥着越来越为重要的作用，而在节能降耗方面，数字经济通过赋能能源效率提升，已经为节能降耗做出了突出贡献。产业基础层面的绿色低碳转型，也进一步为出口贸易绿色低碳发展提供了支撑。这部分基于2002年、2007年、2012年和2017年四个年度的《中国地区投入产出表》测算出中国省域产业层面的出口贸易隐含碳数据，在此基础上，就数字经济对于出口贸易隐含碳的影响进行经验分析，结果显示，数字经济发展显著地降低了出口贸易中的隐含碳规模，有力地促进了出口贸易的低碳化绿色发展。进一步的检验结果显示出异质性，对于东部、中部地区而言，数字经济有利于促进出口贸易隐含碳的降低，而在西部地区，数字经济的影响并不显著；产业异质性方面，数字经济对中低能耗行业出口贸易隐含碳的影响显著为负，对高能耗行业的影响系数为负但并不显著。围绕数字经济促进出口贸易隐含碳下降的机制，进一步分析了能源强度、创新水平、创新效率等变量的传导作用，结果发现数字经济通过提高创新水平和创新效率来影响出口贸易隐含碳。这部分的政策含义也是明确的，即充分发挥数字融合、数字赋能的作用，通过有效降低传统能源消耗、促进新能源使用来推动绿色低碳发展，但在此过程中，也要高度重视数字经济本身的能源消耗特征，推动数字经济与实体经济的绿色协同发展。

第八章　跨境电商与出口贸易高质量发展：机遇、局限与突破路径

前文围绕数字经济与出口贸易高质量发展之关系的讨论，主要还是聚焦于传统贸易领域，遵循数字经济到产业发展基础再到出口贸易的逻辑主线。数字经济对于出口的深刻影响并不会局限于传统贸易领域，更是通过数字技术与国际经贸的深度融合实现了贸易业态的变革，催生了跨境电商与数字贸易等新业态的出现。如果采用宽口径定义的话，跨境电商也可以归入数字贸易的范畴，但采用窄口径定义的话，数字贸易则仅指通过互联网实现跨境交付的数字化贸易部分。比较而言，我们认为从窄口径来定义数字贸易要更为合适，更能反映出数字贸易概念体现的结构性变革的内涵。跨境电商虽然也是对传统贸易业态的变革，但本质上还是数字技术在传统贸易领域的延伸应用，尚不足以用结构性变革来对其加以形容。因此，我们将跨境电商和数字贸易看作两个平行的概念，本章将聚焦跨境电商对出口贸易高质量发展的影响。在全球主要经济体中，我国是最早关注到跨境电商发展前景并从顶层制度设计上来加以支持的国家。在多重激励政策以及积极外部环境的叠加影响下，近年来，我国跨境电商规模快速增长，为推动出口贸易发展发挥了积极作用，突出地反映在降低了进入国际市场的门槛、拓宽了国际市场的进入渠道、拓展了出口贸易增长空间等方面，为践行高质量发展的"开放"理念做出了贡献。

一、中国跨境电商的发展与典型特征

跨境电商是电子商务在国际贸易领域的延伸，很多人对数字经济的认

知就是从电子商务开始的。首先来看电子商务的发展历程。20世纪90年代初，互联网开始大规模商业化应用，并很快渗透进商业和贸易领域。Tapscott 在《数字经济：网络智能时代的前景与风险》(*The Digital Economy: Promise and Peril in the Age of Networked Intelligence*) 一书中所谈的数字经济，主要就是指基于互联网开展的电子商务。全球电子商务在90年代中期以后快速发展，Amazon、eBay等电商企业就是在这一时期相继成立的，电子商务的应用场景一片广阔。很快，美国出现了第一次互联网繁荣期，不仅诞生出了大量互联网企业，很多传统企业更是寄希望于改名加入".com"以期推动市值上涨。这场互联网繁荣很快演变成互联网泡沫并于21世纪初最终破裂。尽管如此，互联网无疑已经给全球商业和贸易领域烙下了不可磨灭的印记。一般认为，我国电子商务产业正式起步于1997年，是年由中国化工信息中心主办的中国化工信息网正式上线，提供化工领域专业信息是其主要商业模式。此后，一大批电子商务网站如雨后春笋般涌现，有的后来发展成为业界头部企业，有的最终退出了市场但却也在我国电子商务发展史上留下足迹，而大多数企业则最终被市场淘汰并被大众所遗忘。大致来看，我国电子商务发展可以划分为三个阶段，分别是20世纪90年代中期至2002年的发展起步期，电子商务的价值初步显现；2003~2010年的快速发展期，消费电子普及以及非典疫情的推动下，电子商务开始快速发展；2010年以后的新发展时期，移动互联网时代的到来为电子商务提供了更为广阔的发展空间。

跨境电商是电子商务极为重要的构成，是全球化进程中数字技术与国际贸易不断融合的产物。冷战结束后全球一体化进程不断深化，世界贸易组织的建立更是大幅降低了全球贸易壁垒，国际贸易规模快速扩张。在此背景下，越来越多的中国企业开始寻求进军国际市场，从而推动了跨境电商平台不断涌现，如1998年上线的中国制造网、1999年上线的阿里巴巴等。进入21世纪后，在中国经济进入新一轮增长期以及加入WTO等积极

第八章
跨境电商与出口贸易高质量发展：机遇、局限与突破路径

因素的影响下，出口贸易迎来了广阔的发展空间，大量制造企业产生了强烈的出口动机，服务出口贸易的跨境电商企业快速发展起来。2003年非典疫情暴发后，传统贸易促进渠道全线暂停，跨境电商则以其无接触、全时段、广空域的优势，成为特殊时期中国出口贸易稳定增长的重要保障。此后，中央以及各地对跨境电商的关注度显著提高，政策支持力度不断加大。2013年，商务部等部门发布了《关于实施支持跨境电子商务零售出口有关政策意见的通知》，首次从顶层制度设计的层面为跨境电商发展提供了政策引导与支持。该通知指出，发展跨境电子商务对于扩大国际市场份额、拓展外贸营销网络、转变外贸发展方式具有重要而深远的意义，并具体从建立新型海关监管模式等六大方面提出了支持政策。2015年，国务院发布了《关于促进跨境电子商务健康快速发展的指导意见》，就促进我国跨境电子商务健康快速发展，从提高贸易各环节便利化水平等12个方面提出了指导意见。作为促进跨境电商发展的重要政策抓手，2015年国务院批准设定了杭州跨境电子商务综合试验区，这是全国首个跨境电商综试区，综试区的设立目的是推动跨境电商在交易主体、物流、通关、退税、结汇等多个环节的技术标准、业务流程、监管模式、信息化建设等方面的先行先试，为推动全国跨境电商发展提供可复制、可推广的经验。截至2022年底，国务院分七批共设立了165个跨境电商综试区，基本覆盖全国主要一二线城市。

综合来看，我国跨境电商发展呈现出三个突出特征：一是重视顶层制度设计。在全球主要经济体中，中国是唯一高度重视跨境电商发展的相关顶层制度设计的国家。近年来，基本每年国务院相关部委都会出台至少一件优化营商环境、鼓励和推进跨境电商发展的政策文件，形成了其他国家所难以比拟的体制优势。中央对于跨境电商的重视还充分体现于政府工作报告中，自2014年"跨境电子商务"一词首次出现在《政府工作报告》中，至2023年跨境电商已连续10年被写入《政府工作报告》，是年的

《政府工作报告》中明确指出要充分发挥跨境电商作用。二是规模快速增长。在积极政策的有力支持下，跨境电商规模增长迅速，在对外贸易格局中的重要性显著提升。表8-1给出了自有统计年份以来我国跨境电商进出口规模数据。可以看到，跨境电商进出口总额由2019年的1.3万亿元增长至2022年的2.1万亿元，增长了1.6倍，其中出口额由0.8万亿元增长至1.5万亿元，增长了1.7倍。在此期间，跨境电商进出口总额和出口额的年均增速分别为17.1%和25.9%，远高于同期货物进出口总额10.1%和货物出口总额11.6%的年均增速。三是参与主体数量多。根据《中国跨境电商发展报告（2022）》援引自天眼查数据，截至2021年上半年，我国共有超过60余万家跨境电商相关企业。技术变革与制度创新带来了国际市场进入门槛的降低，加上中国制造的实力增强，促进了跨境电商企业数量的大幅增长，这也成为支撑跨境电商产业发展的重要基础。

表8-1 历年跨境电商进出口规模

年份	金额（亿元）			同比（%）		
	进出口	出口	进口	进出口	出口	进口
2019	12903	7981	4922	22.2	30.5	10.8
2020	16220	10850	5370	25.7	39.2	9.1
2021	19237	13918	5319	18.6	28.3	-0.9
2022	21000	15300	5278	7.1	10.1	-0.8

资料来源：商务部历年《中国电子商务报告》。

二、跨境电商如何驱动出口贸易高质量发展

2020年，习近平总书记在第三届进博会开幕式上指出："中国将推动跨境电商等新业态新模式加快发展，培育外贸新动能。"跨境电商作为新发展格局蓝图中的重要构成，在推动出口贸易高质量发展方面发挥了重要

第八章
跨境电商与出口贸易高质量发展：机遇、局限与突破路径

作用。

首先，跨境电商成为出口贸易稳定增长的重要保障。贸易的关键是实现供需双方的匹配。在国际贸易领域，信息不对称是供需匹配的突出障碍，特别是在空间、制度、文化等多重因素的制约下，匹配难题就更加越发突出。企业进军国际市场需要付出很高的信息搜索成本，这也导致只有部分企业能够进军国际市场。跨境电商时代以前，解决信息不对称造成的供需匹配难题，一般包括参加展销会、利用关系网络、实地考察等多种途径。例如，自1957年开始举办的中国进出口商品交易会（以下简称广交会）长期以来一直是我国极为重要的贸促平台，广交会上的交易行情也成为观察对外贸易形势的"晴雨表"。关系网络在贸易促进中也发挥着重要作用，近年来就有不少文献讨论了移民网络形成的熟人关系对国际贸易的影响，这种关系网络的价值就在于降低信息不对称并促成供需匹配。实地考察在国际贸易中同样十分重要，外贸行业里存在不少中介或代理机构，它们的主要职责就是代采购方实地考察寻找合适的供应商。无论通过何种方式来解决信息不对称问题，其中的交易成本都难以忽略，甚至可能相当昂贵，而且时效性较差。

基于互联网的跨境电商以极低的成本、极高的效率、极广的范围弱化了信息不对称、提高了供需双方的匹配度。从供给侧来看，无论是通过亚马逊、阿里巴巴国际站、Shopify这样的跨境电商平台，或是通过建设独立站，跨境电商企业都可以低成本地做到产品的不间断展示及信息发布，如同不落幕的国际展销会；而且，借助于网络搜索、智能算法等数字技术的支持，能够实现产品信息面向高潜力顾客的高效推送，显著提高了出口方与需求方的匹配度。从需求侧来看，跨境电商平台对于交易行为的监控及交易历史数据的展示，也在一定程度上对产品出口质量和出口企业信用状况进行了画像，从而有助于降低需求方的信息不对称并促成交易的达成。尽管数字技术的应用也是有成本的，但由于贸易对象扩大而分摊在单品上

的成本则要低于传统方式下的单品成本支出，特别是对于一些非传统的偏远市场，信息不对称的问题更为突出，传统贸易方式的有效性会很低且成本更高，跨境电商的优势此时就表现得更为明显。我国跨境电商出口规模增长迅速，这也从侧面反映了跨境电商在降低信息不对称、拓展贸易增长空间等方面的巨大作用。

其次，跨境电商为更多企业甚至个人主体参与出口贸易提供了机会。根据国际贸易相关理论，企业进入国际市场必须支付一定的固定成本，而要弥补这部分成本支出就要求企业生产率水平达到一定的门槛标准（Melitz，2003）。出口固定成本所包含的内容很多，如设立专门的贸易部门、采购相关的工作设备等，这些成本支出也使只有少量企业会选择进入国际市场。跨境电商时代的到来显著降低了进入国际市场的难度，跨境电商平台普遍集成了商品展示、数字营销、交易支持等基本的外贸功能，企业甚至个人主体，只要在备好货源的前提下即可接入跨境电商平台开展外贸经营。例如，中国制造网是B2B跨境电商领域的头部平台企业，该平台集成了线上展会、物流解决方案、供应链管理、海外仓等多方面服务，在面向非主流海外市场时还提供了专业的小语种站点，截至2022年上半年该平台网站建立有15个小语种站点，为中国供应商提供丰富的语种服务，这些都极大提高了国际贸易的便利性。大幅简化的出口贸易流程，甚至使企业在出口方面的成本支出并不见得比国内贸易情况下更高，带来的结果就是出口主体的数量大幅增加。如果把跨境电商通过降低信息不对称、提高供需双方匹配度，进而推动出口贸易增长的作用称为跨境电商的"集约边际效应"，那么，跨境电商通过降低国际贸易门槛，扩大贸易主体数量，进而推动出口贸易增长的作用则体现了其"广义边际效应"。

根据商务部的统计数据，截至2021年7月，我国跨境电商综试区线上综合服务平台备案企业超过三万家。根据《中国跨境电商发展报告（2022）》的数据，截至2021年第三季度，我国存量跨境电商B2C企业和

第八章
跨境电商与出口贸易高质量发展：机遇、局限与突破路径

B2B 企业数量共计为 60 万家左右。特别需要强调的是，广义边际的拓展并非不同类型企业的同比例扩张，事实上，新进入出口市场的跨境电商企业绝大部分是此前"不会做外贸、做不起外贸、不敢做外贸"的中小微企业。也就是说，跨境电商让更多的中小微企业及从业人员能够从国际贸易中受益，显著改进了贸易福利的分配效应。更具普惠性、包容性，这也是出口贸易高质量发展的内涵要求，跨境电商在此过程中发挥的作用不容忽视。例如，河南许昌的假发制品跨境电商产业集群中聚集了超过 2000 家生产主体，从业人员超过 30 万，年交易额超过 300 亿元，全球销售占比超过 60%；河南鹿邑的化妆刷跨境电商产业集群中有生产企业超过千家，从业人数超过 5 万，年产值超过 50 亿元，产品外销全球 20 多个国家。蓬勃发展的跨境电商推动了当地出口贸易的快速增长，更成为地区经济发展、乡村振兴与共同富裕的有力保障。

再次，跨境电商平台对于出口产品的技术及质量升级发挥了积极作用。各种跨境电商平台实际上是在网络空间中搭建起了虚拟的产业集聚区，不仅有特定产业的专业化聚集，更有不同产业的多元化集聚。无论是线下实体物理空间的集聚还是线上空间的虚拟集聚，马歇尔所强调的集聚效应依然都存在。跨境电商平台上的产业集聚同样促进了知识要素的传播、溢出与共享，而且这种溢出与传播的速度要更快、成本更是基本等于零。跨境电商平台上的产品展示并不仅仅面向潜在顾客，竞业主体同样能够从产品的展示中获得竞品的相关技术特征和基本性能参数，从而可以很快将获得的关键价值信息用于产品改进与升级。在跨境电商时代以前，产品知识的溢出与传播，主要还是生产企业通过参加展销会、实地调研等方式来获得，不仅时效性较低，而且成本也会相对较高。虚拟集聚所带来的知识溢出与传播：一是加快了企业技术和质量升级的速度，推动了产业整体发展质量的提升；二是显著提高了市场透明度和竞争强度，反过来进一步驱动了企业的技术和质量升级。很多中小微企业之所以能够在跨境电商

时代进入出口市场，除了前文所述的成本因素，也得益于虚拟集聚所带来的知识要素溢出，帮助其快速跳过了困难重重的学习曲线起步阶段。虚拟集聚中的中小微企业又可以通过交互式模仿与学习，逐渐推动虚拟产业集群向虚拟创新集群的转型，进而形成其独特的核心竞争优势。

跨境电商平台的数据赋能也是出口企业技术和质量升级的有力支撑，这是跨境电商时代之前所不曾有的巨大机遇。平台企业对消费者的浏览、点击、交易支付等行为生成的数据进行人工智能分析，进而对买方的消费偏好进行精准画像，生产企业即可通过消费者画像所揭示出的关键价值信息进行产品设计、生产与营销，有效地提升了产品的竞争优势和竞争力。跨境电商平台表面上只是提供交易支持服务的第三方平台，但实际上则是高价值数据的生产方、分析方与供给方，向出口企业销售具有巨大商业价值的数据资源，构成了这些平台企业极为重要的商业模式。在学术研究领域，近年来有不少文献针对平台网站上提问区的留言信息进行研究，分析这些信息对于交易促成、营销设计、价格调整等方面的影响，这也从侧面反映出了平台如何对企业经营形成赋能作用。此外，跨境电商在推动进口方面所发挥的作用，也能够反过来促进出口产品的技术和质量升级，例如，进口产品的知识溢出效应、竞争效应、示范效应能够促进出口产品的技术和质量提升，进口中间品种类的拓展也有利于出口产品升级。不过，跨境电商进口种类与规模目前仍相对有限，这方面作用的充分发挥仍有待时日。

最后，跨境电商对于出口贸易高质量发展的促进作用，还体现于显著推动贸易便利化水平的提升。跨境电商时代之前，国际贸易各个环节主要还是采用纸质单据，纸质单据的表象之下反映的是数据的碎片化和孤岛化，这就导致整个业务流程的时间很长、效率很低、中间成本很高。早在20世纪90年代初，我国曾尝试采用EDI技术和相关系统对国际贸易单据进行电子化处理，以期提高贸易便利化程度，但受多种因素的影响，EDI

第八章
跨境电商与出口贸易高质量发展：机遇、局限与突破路径

系统效果欠佳且应用范围有限。跨境电商的兴起加速了数字技术与国际贸易的融合，国际贸易单据开始越来越多地脱离纸质载体而呈现电子化趋势，贸易监管流程也逐渐实现了电子化、网络化。这方面最为重要的突破就是国际贸易"单一窗口"的设立，我国首个"单一窗口"——中国国际贸易"单一窗口"在2014年正式上线运行，目前已完成了"单一窗口"的基本覆盖。电子化的通关流程极大地提高了贸易便利化程度。近年来，海关总署在"单一窗口"的基础上不断优化监管模式，压缩通关环节，提高通关效率，迄今海关已经针对跨境电商发布了9610、1210、9710、9810等监管方式[①]，助力跨境电商出口快速增长。自贸试验区及跨境电商综试区也在不断聚焦贸易便利化进行先行先试，总结成功经验做法，这些举措最终将会对总体贸易便利化水平的提升发挥重要作用。此外，伴随着跨境电商的发展，跨境支付、跨境物流等配套领域的商业模式也发生了显著变化，基于网络的第三方支付越来越多地取代了传统的银证交易，数字技术赋能的跨境物流也更加智能化、可视化，这些无疑也为提升贸易便利化水平、提高贸易效率、推动出口贸易增长做出了贡献。

三、跨境电商发展表现出的局限性

我们在前面讨论数字贸易的概念界定时曾指出，美国对于数字贸易的定义在不同版本中摇摆不定，争议焦点在于是否将跨境电商包含在内。这也从侧面反映出一个事实，即美国对于跨境电商的价值认知是存有分歧

[①] "9610"全称为"跨境贸易电子商务"，俗称"集货模式"，适用于境内个人或电子商务企业通过电子商务交易平台实现交易的零售进出口商品。"1210"全称为"保税跨境贸易电子商务"，简称"保税电商"，俗称"备货模式"，适用于境内个人或电子商务企业在电子商务平台实现跨境交易，并通过海关特殊监管区域或保税监管场所进出的电子商务零售进出境商品。"9710"全称为"跨境电子商务企业对企业直接出口"，简称"跨境电商B2B直接出口"，适用于跨境电商B2B直接出口货物。"9810"全称为"跨境电子商务企业对企业出口海外仓"，简称"跨境电商B2B出口海外仓"，适用于跨境电商出口海外仓的货物。对应于每种监管代码，海关都提供了相应的监管便利化措施，旨在促进跨境电商优进优出。

的。尽管跨境电商作为数字经济时代的新产物，对国际贸易产生了重要影响，但将其纳入数字贸易这一具有结构性变革特征的概念内涵中，似乎仍然缺乏足够的说服力。国内学者将美国数字贸易定义的摇摆不定解读为美方在跨境电商领域的比较劣势，及其试图强化在数据贸易方面的比较优势的动机，这种解读不能说没有道理，但也存在因我国跨境电商发展态势良好，而对跨境电商之地位有过分抬高之嫌。事实上，国内对数字贸易内涵的界定也不无争议，也有学者主张跨境电商不应被纳入数字贸易范畴，跨境电商只是贸易方式的改变，并非国际贸易业态的重大变革。因此，肯定跨境电商对出口贸易高质量发展的积极价值，同时也应看到在此过程中跨境电商所表现出的局限性。

首先，跨境电商的贸易创造效应究竟有多大，这是个需要谨慎判断的问题。跨境电商在本质上只是贸易方式的改变，数字技术的渗透应用将合约磋商、通关流程、支付渠道等环节转变为数字化形式，跨境电商所驱动的贸易增长，很大部分源自传统线下交易向线上交易的转变，后者与前者之间客观上存替代效应。跨境电商的贸易创造效应到底有多大，不能够只看跨境电商的出口规模数据，更要关注剔除掉替代效应后的净值部分。不可否认，数字技术的渗透应用显著地降低了进入出口市场的成本门槛，跨境电商确实促进了出口贸易规模的边际增长，但在统计实践中由于对跨境电商的替代效应缺乏相应测算，因而很难对跨境电商带来的净增长加以估计。事实上，从微观企业的角度来看，有很多外贸企业并不愿意开展跨境电商，毕竟进入出口市场所支付的门槛成本可能是短期性甚至是一次性的，建立后的业务联系可能会长期持续下去，而跨境电商在降低进入成本的同时，也在平台使用过程中产生了持续性成本支出，这在稳定且持续的贸易联系中反而形成了更高的成本。因此，跨境电商对于出口贸易规模的拓展存在局限性，需要谨慎看待跨境电商对出口贸易增长的促进作用。

其次，跨境电商推动出口贸易增长的潜力空间到底有多大，这也是一

第八章
跨境电商与出口贸易高质量发展：机遇、局限与突破路径

个需要谨慎思考的问题。这个问题的答案在一定程度上取决于如何定义跨境电商。如果把数字技术应用于国际贸易视为跨境电商，那么现在几乎所有贸易活动的开展都离不开电子邮件，跨境电商的应用空间无疑是巨大的。然而，如果狭义地把经由互联网及跨境电商平台撮合完成的国际贸易视为跨境电商，那么跨境电商的应用空间就要小得多且可能存在增长"天花板"，对促进出口贸易增长的潜力也是有限的。狭义的跨境电商也是通常意义上我们所理解的跨境电商，不难发现，这种跨境电商所涉及的商品范畴主要还是生活消费类产品。这类产品的基本特性能够比较直接地观察到，消费者对产品的需求比较明确，因而能够在网络平台上实现较高效率、较低成本的交易撮合。然而像工业品这种具有更高品控要求、产品参数指标更多的产品，跨境电商渗透的程度较为有限，且与终端消费品的跨境电商模式存在很大不同。除了像五金配件这种可消费者自用的低值易耗品，大部分复杂工业品尚难以在平台上完成交易流程，平台更多是起到了信息推广的作用，类似于在线黄页。一旦产生购买意向以后，买卖双方还是要在线下完成交易流程，现场考察与谈判仍非常必要，相关的支付与交付流程也与传统贸易无异。工业品所具有的复杂技术特性限制了跨境电商在这些产品领域的应用；事实上，利用网络平台进行信息推广的工业企业也并非多数，很多企业主要还是依赖产业分工网络、工业品展销会等作为出口促进渠道。农产品、矿产资源产品等大宗商品的贸易模式就更为特殊，决定因素也要更加复杂，跨境电商在这些领域基本无用武之地。因此，跨境电商对出口贸易增长的促进效应主要集中于终端消费品领域，在工业品、大宗商品这种复杂产品领域的增长潜力比较有限。

最后，跨境电商平台对出口产品质量升级的提升作用也需要辩证看待。如前文所述，跨境电商平台的发展促进了产品信息溢出，有利于出口企业对产品进行改进、创新以及产品质量提升。然而跨境电商发展的同时也出现了一些制约产品创新和质量升级的问题。具体来说，一是跨境电商

在推动更多企业主体进入出口市场的同时,也形成了低价竞争的发展陷阱。市场中存在大量类似产品的竞争者,导致价格成为主要竞争手段,如果企业试图从产品创新上寻求构建竞争优势,跨境电商所加速的信息溢出效应会驱动模仿者很快跟进,并最终又陷入了价格竞争的循环。亚马逊是我国跨境电商企业依托的重要平台,亚马逊设定了名为"跟卖"的交易规则,即对于比较畅销的产品,其他商家可以与该产品共用一个详情页面,当消费者单击被跟卖的商品时,网页上就会显示亚马逊上同款产品的其他卖家。这种游戏规则有利于新的卖家加入,但也导致被跟卖的产品很容易吸引到大量模仿者与竞争者,创新的收益可能很快被低价竞争销蚀。在低价竞争的循环下,出口企业只能寻求从成本上获取竞争优势,产品创新、质量升级所需要的资金不仅难以积累,而且也缺乏投入的价值。二是跨境电商平台逐渐变得越来越昂贵,出口企业的收益被平台企业攫取,制约其在产品创新与质量升级方面的投入。全球跨境电商平台的垄断特性越来越为突出,像亚马逊这种电商平台几乎是其他国家企业进入北美及欧洲市场仅有的选择,凭借其垄断地位,平台企业在利润分配方面具有高度的主导权。例如,通过不断提高搜索排名费、通过算法设置自我优待,平台攫取了高质量产品的经济租,在拥有绝对垄断力的平台面前,出口企业很难摆脱被压榨的地位,更是难以在这种情况下实现长期可持续的创新发展。跨境电商平台促进信息溢出的层次和范围也具有局限性。以终端消费品和低附加值五金配件等工业品为主的贸易结构,在促进关键技术、隐含知识、专业技能等核心信息要素溢出方面,所能够发挥的作用实际是比较有限的。而且,这种信息溢出也加剧了一个负面问题,即跨境电商平台上的知识产权侵权现象,2021年6月22日召开的国务院常务会议明确指出,要制定跨境电商知识产权保护指南,防范假冒伪劣商品。

第八章
跨境电商与出口贸易高质量发展：机遇、局限与突破路径

四、跨境电商发展质量提升的路径突破

充分发挥跨境电商在出口贸易高质量发展方面的促进作用，前提是要实现跨境电商发展质量的提升。针对跨境电商发展中所表现出的局限与不足，应重点从以下几个方面着力推动其发展质量的提升：

首先，加强跨境电商相关技术的研发与创新。无论是从业界还是从学术界的讨论来看，跨境电商被关注的焦点还是其商务属性，商业模式的创新被认为是跨境电商的核心特征。然而不容忽视的事实是，技术条件构成了跨境电商存在的前提和基础，也成为决定其发展方向的约束集。貌似已经成熟的跨境电商技术，实际上只是在特定领域内不断优化，边界突破型的技术创新则要远远滞后。具体而言，我们熟悉的跨境电商领域主要集中于终端消费以及低值易耗五金零部件，产品集合的局限从根本上看还是源于技术条件的限制。基于图片展示、动图播放及消费评论的电商技术，对于性能要求有限、功能参数不多、拥有使用经验的消费类产品具有很好的展示效果，特别是随着计算机硬件技术和显示技术的不断优化，电商平台对产品的展示能够做到越发逼近甚至超越真实产品。然而对于复杂的工业类产品，如基本材料半成品、特种零部件、整机装备等，目前的电商技术仍力有不及。例如，服装、制鞋等轻工业产品制造所需的面料皮革等半成品，目前主要的采购渠道依然是专业市场或厂商直接采购。尽管阿里巴巴也建有内贸批发平台，平台上也有厂商发布材料信息，但基本只是承担厂商宣传及网络黄页的功能。在目前的技术条件下，网站上材料所显示的色调与真实色调存在偏差，材料的手感和质感也无法把握，这些技术难题是目前的电商平台难以解决的。对于更为复杂的整机装备，如工业机床，跨境电商平台很难发挥实质性的贸易促进作用。面向出口贸易高质量发展目标要求的跨境电商，需要突破业务领域的局限，加快数字化赋能复杂、

先进、高端工业品的出口贸易，从更为广阔的范围和领域推动出口贸易的规模增长与效率提升。实现上述目标，应大力加强电子商务相关技术的研发与创新，实现跨境电商由 Web2.0 向 Web3.0 时代的跃迁，像基于 AR/MR 等的产业元宇宙技术就为复杂工业品的展示提供了新的可能，将其与数字化转型背景下形成的企业数字孪生产品相结合，就能够极大地拓展跨境电商的应用场景，提升复杂工业品的在线交易空间。目前这方面的技术尚处于起步探索阶段，但已经展现出巨大的应用前景，加快推进相关技术的研究与创新，不仅是发挥数字化赋能国际贸易的必然要求，更有可能对跨境电商的未来发展模式产生颠覆性影响。

其次，进一步引导发挥平台在跨境电商发展中的积极促进作用。跨境电商平台是中小微企业参与对外贸易的主要数字化通道，在促进跨境电商发展方面发挥着重要作用。面向出口贸易高质量发展的目标要求，引导发挥平台的促进作用主要是做好两个方面工作，即平台能力的提升和平台治理的强化。当前，全球跨境电商平台显现出非常明显的寡头垄断特征，亚马逊在全球跨境电商平台领域无疑居于主导地位，无论是在北美市场还是欧洲市场，亚马逊都是各国企业所依赖的主要电商平台。此外，像脸书、沃尔玛、shoppee 等跨境电商平台在北美市场也占据不低的市场份额。我国的阿里巴巴及其旗下的速卖通也是跨境电商平台领域中的重要企业，但与亚马逊这种平台巨头相比，竞争力明显不足，平台能力亟待提升。比较来看，亚马逊等头部平台具有多方面的能力优势，具体表现为市场渗透能力优势、金融支付能力优势、物流运输能力优势、合规能力优势等。市场渗透能力优势体现为这些平台对于北美及欧洲市场的高渗透度，是全球高购买力消费群体的主要采购渠道；金融与支付能力优势表现为平台与金融、支付服务提供方的紧密融合，能够为交易双方提供完善的资金通道支持；物流运输能力优势表现为拥有欧美本地化的存储及物流运输体系；合规能力优势表现为对海关、税务、民法等规则的准确把握，有效避免违规成

第八章
跨境电商与出口贸易高质量发展：机遇、局限与突破路径

本。不难发现，我国的跨境电商平台企业在这些方面难以与亚马逊这种头部平台相提并论。推动我国跨境电商平台能力的提升是跨境电商深入发展的重要支撑，当前可将两个方面的工作作为平台能力提升的抓手：一个是鼓励骨干跨境电商平台企业积极"出海"，逐步扩大在主要市场的占有率。这种"出海"绝不是简单地建立海外站点，而是要与企业资源与能力的提升相结合。具体通过支持平台企业与产供链上物流企业、海外仓储企业的能力协同互补，从聚焦特定产业领域开始，形成在特定方面的突出优势及竞争实力，最终逐步扩大平台在主要市场的渗透范围和程度。另一个是要重视新兴跨境电商市场的兴起，特别是要聚焦共建"一带一路"主要经济体，提升跨境电商平台针对特定市场的服务能力，打造专业竞争实力，形成平台独特比较优势。另外，推动跨境电商平台赋能出口贸易高质量发展还要强化平台治理。跨境电商平台的市场结构目前已趋于稳定，无论是在海外市场还是国内市场中，跨境电商平台多少都具有程度不一的垄断特性，在与入驻平台的中小微企业的博弈中具有话语主导权，这也不可避免地产生了各种形式的平台垄断现象，平台使用成本越发高昂。强化平台治理、加强平台反垄断，这是确保平台作用积极发挥的必然要求。客观来看，这方面的工作仍处于起步阶段，平台垄断在表现上具有隐蔽性，查处难度较大，相关法律体系也不完备，特别是对全球性平台的垄断治理仍属空白，这些都需要在理论及实际工作中加以重视并不断解决。

最后，加强促进跨境电商发展质量提升的制度保障。当前迫切需要从制度层面对跨境电商发展质量加以保障，尤其是要重视跨境电商领域知识产权保护问题。跨境电商平台所具有的信息溢出效应，在知识产权保护强度不够的情况下，很容易成为假冒及盗版产品衍生的催化剂。短期来看，跨境电商平台上可能出现商品繁荣的假象，但长期来看，假冒及盗版产品泛滥的结果必然是各方俱损。正品的原创方无法从创新投入中获得足够收益，后续创新的激励就会严重不足。假冒及盗版品生产方在国际市场中更

要面对很高的经营风险和惩罚成本，增长同样不可持续。近年来，亚马逊多次大规模封号、封账户，其中就有不少是因为产品存在知识产权问题。跨境电商领域知识产权问题突出的主要原因有两个：一是平台主体的被动管理以及执法主体的执法强度偏弱，二是企业主体缺乏必要的知识产权意识和相应的法律知识。两个因素的叠加共同导致国内跨境电商平台上的侵权现象泛滥、知识产权纠纷频发。如前文所述，我国跨境电商出口产品主要是终端类生活消费品，附加值低，缺乏竞争优势，很多中小微企业通过仿冒设计来提高销量，这就导致了侵权事件频发。加强知识产权保护，一方面要加强跨境电商领域的知识产权法规制度建设，加快探索与国际通行规则接轨的知识产权保护措施，在重点跨境电商综试区探索建立专门的数字贸易法庭或仲裁机构，提供多元化、便捷有效的知识产权纠纷解决渠道。另一方面要构建面向国际市场的知识产权公共服务平台，推动知识产权服务机构与跨境电商行业的深入合作，既发挥助力知识产权保护的作用，更要在知识产权国际合规、预警并规避国际市场知识产权风险方面发挥重要作用。除知识产权保护之外，对跨境电商发展质量提升具有重要意义的监管制度，也应及时结合跨境电商行业发展动态趋势而不断优化改进，重点是要针对跨境电商中小微企业主体及个体商户主体众多的突出特征，在结汇、退税、通关、查验等方面不断完善规则、优化流程、提高便利化水平。

本章小结

跨境电商是中国出口贸易中极具活力的构成部分，特别是在21世纪以来爆发的几次突发应急事件中，跨境电商为稳定出口增长发挥了难以替代的作用。在顶层制度设计的有力支持下，我国跨境电商发展迅速，就增速来看，近年来跨境电商出口贸易增速显著高于同期出口贸易总额增速，就

第八章
跨境电商与出口贸易高质量发展：机遇、局限与突破路径

规模来看，跨境电商出口贸易额已突破两万亿元大关，并在出口贸易格局中占据重要位置。跨境电商是数字技术特别是互联网技术与国际经贸相融合、对传统贸易模式进行深度改造的产物，它的蓬勃发展为新时代推动我国出口贸易高质量发展发挥了重要作用。跨境电商显著降低了国际贸易中的信息不对称性，借助互联网等数字技术，信息资源的传播成本甚至可以降至零成本，有效促进了供需双方的匹配以及交易的达成；在此过程中，交易的网络化、电子化也促进了监管环节的数字化，贸易便利化程度整体上大幅提升。跨境电商所形成的信息溢出与虚拟聚集效应，也是出口企业推动产品技术改进与质量升级的有力保障。跨境电商通过降低国际市场的进入门槛，充分发挥出了长尾效应，大量中小微企业甚至个人主体都能够因此从国际贸易中获益，对于实现共同富裕、协调发展功不可没。从开放、创新及共享等内涵要求来看，跨境电商都是推动实现出口贸易高质量发展的重要驱动力。受技术难点、竞争无序等因素的约束，跨境电商在推动出口贸易高质量发展方面，客观上也存在较明显的短板与不足，加快推动数字技术创新，强化治理体系构建是跨境电商深入发展的现实要求。

第九章　出口贸易高质量发展的动能拓展：数字贸易的结构性变革

数字贸易是通过互联网进行标的物传输和交付的国际贸易，是数字经济对国际贸易所带来的结构性变革。数字贸易在本质上是数据的跨境交易与交付，无论贸易标的物最终展现出来的形式有何不同，在贸易过程中都是将标的物分解为由0和1构成的数据比特，并借助互联网络实现传输与交付。数字贸易至少从两个方面对出口贸易高质量发展做出了重要贡献：一是数字贸易显著地拓展了国际贸易的对象，此前无论是对传统贸易的讨论，还是围绕跨境电商展开的分析，贸易对象主要是具有物理形态的传统产品，数字贸易则以数字化商品的全新形式极大地拓展了国际贸易的范畴。很多原本被认为是无法进行贸易的商品，在数字化赋能之后能够以数字化形式呈现，进而通过网络数据传输成为可贸易可数字交付的商品。二是数字贸易的发展有利于改变传统贸易中普遍存在的低附加值、低贸易利得问题。数字贸易完全基于数字技术和数据要素展开，属于具有高技术含量的高附加值产品，而且数字化产品的边际成本要远远低于传统的实物产品，这也有助于贸易过程中实现更大的规模经济和范围经济，从总体上实现更多的贸易利得。

一、概念解析与发展背景

从学理分析的角度，首先要解决的问题是：数字经济的对象既然是不需要物理载体的数据，那它到底应归属于产品贸易还是服务贸易？数字贸

第九章
出口贸易高质量发展的动能拓展：数字贸易的结构性变革

易的相关文献中经常会提到另一个概念"数字服务贸易"。该如何理解数字服务贸易与数字贸易之间的关系？传统的国际贸易统计核算中会区分出产品贸易和服务贸易，数字贸易是否也应区分为数字产品和数字服务贸易？商务部2023年发布的《中国数字贸易发展报告2021》将数字贸易细分为数字技术贸易、数字服务贸易、数字产品贸易、数据贸易四个部分。其中，数字服务贸易是指通过数字形式交付的跨境服务贸易，包括互联网平台服务、数字金融保险、远程教育、远程医疗、远程交付和管理咨询服务等。数字技术贸易被定义为通过信息网络交付的信息技术服务，这些实际上也在服务的范畴之内。数字产品贸易是指以数字形式通过网络交付的数字产品贸易，包括数字游戏、数字动漫、数字内容出版、数字广告、数字音乐、数字影视等。从文本表述上看，数字产品贸易的界定存在着循环定义的瑕疵，以数字产品贸易来定义数字产品贸易。这个定义中的关键问题在于如何理解数字产品。在传统条件下，像数字音乐、数字内容等往往以光盘或磁带等物理介质作为载体，这与通常的产品形象是相符的，但在数字条件下这些产品已经不再采用物理产品的形式进行销售，而主要采用在线流媒体的形式进行传播，本质上属于订阅服务，因而这里所指的数字产品贸易实际上也是数字化的服务贸易。至于数据贸易，则并不适于作为单独的数字贸易分类，毕竟数字技术贸易、数字服务贸易、数字产品贸易，本质上都是数据的流动与交易。综上所述，我们可以说数字贸易的实质即数字服务贸易。IMF等在 *Handbook on Measuring Digital Trade* 中定义数字贸易框架时也持有类似主张，即数字化订购贸易的对象包括产品和服务，而数字化交付贸易的对象只包括服务（见图9-1）。因此，我们认为数字服务贸易和数字贸易可以作为两个等同的概念来加以看待，数字贸易即指数字服务贸易，本章将不加区分地使用这两个概念。

数字经济与中国出口贸易高质量发展

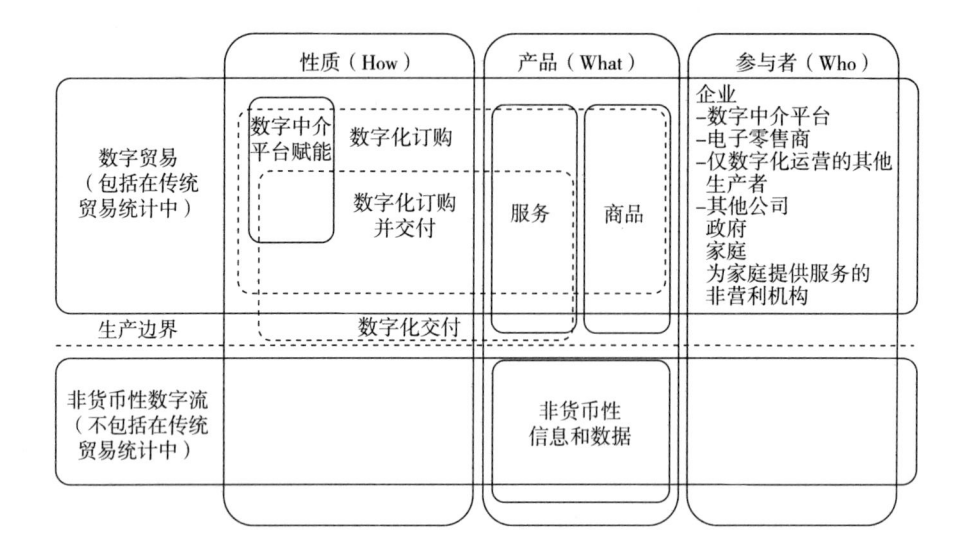

图 9-1　IMF 等组织提出的数字贸易概念框架

资料来源：IMF-OECD-UNCTAD-WTO 编制的 *Handbook on Measuring Digital Trade*。

数字贸易的勃兴主要源自两个方面的驱动力：一是数字技术对传统产品和服务的深度数字化改造，最终形成了基于数据比特的服务型商品；二是数字技术的广泛应用及数字经济发展催生了全新数字化服务型商品的出现。具体来看，数字技术对很多传统产品和服务的呈现形式产生了深刻的影响，进而也完全变革了这些产品和服务的贸易模式。例如，图书期刊、音乐制品、影视制品等产品传统上都是以有形物理介质作为载体的，数字技术的广泛应用完全改变了这些产品的呈现形式，以数据比特的形式进行存储、以互联网络为交付渠道、以流媒体的订阅服务取代物理载体的销售已经成为上述产品的主要国际贸易模式。以 CD 产品为例，根据 UN-Comtrade 的统计数据，2010 年后全球 CD 产品国际贸易规模急速下降，现已基本可以忽略不计。与此相对应，音乐产品的数字贸易发展迅速，iTunes、Spotify 等成为音乐文件销售及订阅服务的主要交易平台。不仅如此，数字技术的应用还使很多以前被认为是难以进行跨境贸易的服务，现

第九章
出口贸易高质量发展的动能拓展：数字贸易的结构性变革

在能够借助网络开展数字贸易。金融与财务服务是这方面转型较早、较为深入的领域，传统条件下的金融与财务服务只能通过商业存在的形式加以提供，而数字技术及金融科技的应用使这些服务突破了空间距离的阻碍，全球金融市场的关联度及一体化程度显著提升。再如，教育这种曾被认为是不可贸易的服务产品，也加入了数字贸易的行列，很多高校或教育机构通过远程在线授课方式提供教育服务。近年来，在线医疗服务也逐步成为全球数字贸易的重要构成，借助数字化的检查技术与高速互联网通道，远程的医疗诊断服务成为现实，甚至在5G及AR/VR等技术支持下远程手术也开始从梦想逐步变为现实。

驱动数字贸易发展的另一个因素是制造业的数字化和服务化转型。以数字化、网络化、智能化为特征的新一轮技术革命给制造业发展带来了深刻影响，推动了"工业4.0"和智能制造时代的到来。制造企业数字化转型的核心是要实现数字与物理系统的有机融合，构造贯穿全业务流程、全价值链环节的数据链，促进基于数据赋能的决策优化和效率优化。数字化转型需要在数字化软硬件基础设施方面进行大量投入，工业互联网就是这方面的典型代表与关键设备。对于单个制造企业而言，要独立完成这些投入几乎是不可能的。工业互联网体系中最重要的部分就是作为PaaS的工业互联网平台，它需要承担数据的智能计算、模型构建、功能封装等高复杂性工作，传统制造企业无论是能力、资源、效率等方面都难以支撑，也没有必要构建企业独立的工业互联网平台。因此，制造业数字化转型的同时，随着制造业服务化，数字化转型过程中所需要的专业化数字技术服务，逐渐发展成为更加独立的生产性服务业部门。例如，工业互联网平台随着制造业数字化转型，已经发展成为重要的生产性服务业领域，像西门子旗下的MindSphere、通用电气的Predix以及国内的航天云网、郎坤科技、树根互联等都是该领域内重要的平台服务提供商。数字化转型还衍生出了对工业大数据进行存储与分析的需求，这也进一步推动了云服务的出现，像亚马逊的 AWS、微软的 Azure 及国内的阿里云都是全球重要的云服务提供商。面向制造业数字化转型对专业数字技术服务的需求，很多传统 IT 企业将服务化转型作为发展方向，如微软不再将自己视为软件企业，而是定位为基于云的信息服务企业；IBM 提出了向认知解决方案和云平台企业转型的愿景；等等。制造业的数字化转型催生了对专业数字技术服务的需求，这种服务的具体类型众多，提供商分布于全球主要工业化经济体，由此也推动了数字贸易的发展。

二、我国数字贸易发展状况

作为全球数字经济大国，我国在数字贸易领域取得了显著成就，为对外贸易以及宏观经济的高质量发展做出了重要贡献。下面对我国数字出口贸易的发展状况进行简要说明。首先需要指出的是，要给出数字贸易规模的准确统计数据，目前仍然存在很多困难。数字贸易是基于数据比特的数据交易，虚拟网络空间中的数据交易并没有类似于海关这样的部门进行监管与统计，很多交易事实上也未必能够被识别出来。数字贸易的统计目前主要还是依据国际收支平衡表中相关数据变化进行的。本书使用的数字贸易规模数据，主要是来自联合国贸发会议数据库，该数据库中给出了全球各国可数字交付服务贸易的统计数据。如前文所述，数字贸易的本质就是基于数据流动的服务贸易，因而联合国贸发会议的可数字交付服务贸易数据，大体上可以看作数字贸易的统计数据。当然，由于服务贸易的无形性，无论是数字化的还是非数字化的服务贸易，相关统计数据都不可能达到商品贸易那样的准确程度，考虑到遗漏是服务贸易统计中较为普遍的问题，因而可数字交付服务贸易的实际规模很有可能是要大于统计数字的。具体来看，根据联合国贸发会议提供的数据，2005~2021 年全球可数字交付服务贸易的出口总额由 1.2 万亿美元上升至 3.8 万亿美元，年均增速为

第九章
出口贸易高质量发展的动能拓展：数字贸易的结构性变革

7.7%，占全球服务贸易出口总额的比重则由44.7%上升至62.8%。应该说，近年来全球数字贸易的快速发展已经成为一个不争的事实，其中我国数字贸易为全球数字贸易发展做出了重要贡献。

根据联合国贸发会议的统计数据，图9-2中给出了自开始有统计数据年份以来中国数字出口贸易的发展状况。具体地，2005~2021年中国数字出口贸易规模增长超过10倍，由173.5亿美元上升至1948.4亿美元。从发展趋势来看，这期间中国数字出口贸易基本保持了比较稳定的增长速度，总体年均增速达到了18.0%，而同期全球数字出口贸易额的年均增速为7.7%，发达经济体和发展中经济体的年均增速分别为7.0%和11.1%，中国数字出口贸易无疑担当了全球数字出口贸易增长的重要驱动力。从增长规模来看，2021年中国数字出口贸易额较2020年增长了404.7亿美元，是样本期间年增长规模最大的年份，这也从侧面反映出新冠疫情的特殊背景加速了数字技术的广泛应用，进而也促进了数字经济和数字贸易的发展。事实上，全球数字出口贸易也呈现出类似特征，2021年全球数字出口贸易额达到3.8万亿美元，较2020年增长超过4700亿美元，这也是自2005年有统计数据以来同比增长规模最大的年份。

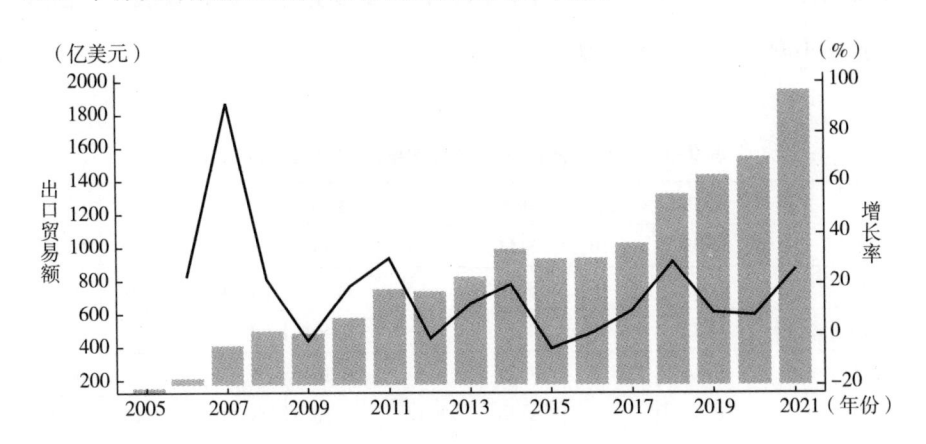

图9-2 中国数字出口贸易发展状况

资料来源：UNCTAD。

表9-1给出了全球主要经济体的数字出口贸易额占当年全球数字出口贸易额的比重。总体来看，美国、英国和德国所占比重要明显高出其他经济体，样本期内美国所占比重的均值达到了17.11%，是全球最重要的数字出口贸易大国。美国是全球信息技术创新中心，无论是硬件还是软件，美国在绝大部分信息产业领域都充当了创新者的角色，先进的信息技术推动了商业模式的创新，由此为美国数字经济与数字贸易的发展及其竞争力提升奠定了难以比拟的基础。英国和德国占全球数字出口贸易额的比重同样较高，样本期内均值分别达到了11.54%和6.59%，而同为西方发达经济体的法国和日本，在全球数字出口贸易格局中的地位则相对有限，样本期内的占比均值分别为5.11%和3.41%。比较来看，包括中国在内的金砖国家的数字出口贸易额占全球数字出口贸易额的比重相对较低，巴西和南非两国占比均值甚至不足1%。表9-1中数据还揭示出一个重要信息，即中国是其中唯一占比值呈持续上升趋势的经济体，反映出中国数字出口贸易在全球数字贸易格局中的地位逐步提升。从所占比值来看，2021年中国数字出口贸易额全球占比达到了5.11%，这个数字虽然与美国相比仍存在非常明显的差距，但已经超过了法国、日本等发达经济体，显现出中国数字贸易不断提高的竞争实力。

表9-1 部分经济体在全球数字出口贸易额中的占比

年份	中国	巴西	南非	印度	法国	德国	日本	英国	美国
2005	1.45	0.59	0.16	3.11	—	6.79	3.66	14.79	16.82
2006	1.53	0.65	0.15	3.66	—	6.76	3.71	14.94	16.75
2007	2.40	0.72	0.16	3.76	—	6.60	3.37	14.79	16.69
2008	2.63	0.84	0.14	4.20	5.47	6.84	3.52	12.86	16.47
2009	2.73	0.86	0.15	3.80	5.14	7.20	3.59	12.13	17.40
2010	3.07	0.88	0.19	4.42	5.16	6.46	3.46	11.55	17.98
2011	3.49	0.96	0.19	4.42	5.31	6.43	3.42	11.71	17.57
2012	3.32	1.00	0.19	4.69	5.19	6.47	2.88	11.41	17.99

第九章
出口贸易高质量发展的动能拓展：数字贸易的结构性变革

续表

年份	中国	巴西	南非	印度	法国	德国	日本	英国	美国
2013	3.46	0.91	0.18	4.60	5.54	6.51	2.82	11.31	17.41
2014	3.79	0.97	0.16	4.29	5.52	6.58	3.34	11.01	16.97
2015	3.69	0.85	0.17	4.48	5.26	6.49	3.41	10.81	17.64
2016	3.58	0.80	0.17	4.45	5.37	6.75	3.71	10.32	17.68
2017	3.62	0.76	0.17	4.32	4.96	6.79	3.59	9.89	17.87
2018	4.21	0.68	0.17	4.23	5.15	6.69	3.41	10.12	16.44
2019	4.37	0.65	0.15	4.50	4.77	6.35	3.63	9.48	16.55
2020	4.62	0.56	0.13	4.65	4.53	6.10	3.48	9.80	16.58
2021	5.11	0.57	0.14	4.86	4.29	6.36	3.21	9.27	16.08
均值	3.35	0.78	0.16	4.26	5.11	6.59	3.41	11.54	17.11

资料来源：UNCTAD。

图9-3中给出了包括中国在内的全球主要数字经济体的出口服务贸易中，数字出口贸易所占比重的变化趋势。从横向比较来看，数字出口贸易在中国出口服务贸易中所占的比重，较图中的发达经济体要明显偏低，表明中国出口服务贸易的数字化程度与发达国家相比仍存有较大差距。从数据来看，在2005~2021年的整个样本期内，数字出口贸易在中国出口服务贸易中的占比均值仅为39.2%，而美国的占比均值则达到了60.3%，英国的占比均值高达75.2%。然而，从纵向比较来看，中国数字出口贸易在出口服务贸易中占比的增长速度明显高于图中的各个发达经济体。具体地，中国数字出口贸易占出口服务贸易的比重在样本期内增长了81.0%，年均增速达到5.1%，而其他经济体中该指标值增长最多的是日本，增长幅度为52.7%，年均增速为3.3%。相较而言，尽管中国出口服务贸易的数字化程度与发达经济体相比仍有差距，但近年来数字化的速度则要明显加快。数字化推动了中国出口服务贸易的深度转型，数字出口贸易也正在成为中国出口服务贸易增长的重要驱动力。

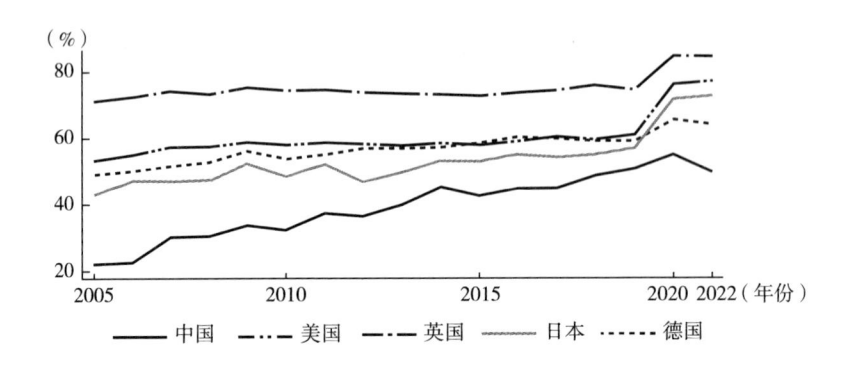

图 9-3　部分经济体数字出口贸易在出口服务贸易中的占比

资料来源：UNCTAD。

进一步观察数字出口贸易的结构性特征。联合国贸发会议数据库中并没有提供可数字交付的服务贸易的细分构成数据，中国信息通信研究院（2022）根据联合国贸发会议于2015年出版的报告《ICT 服务贸易和 ICT 赋能服务贸易》，指出数字服务贸易中应包含六类可数字交付的服务贸易类别，分别是 ICT 服务（电信、计算机和信息服务）、保险服务（保险和养老金服务）、金融服务、知识产权服务、个人文娱服务（个人、文化和娱乐服务）、其他商业服务等。基于上述分类，表9-2给出了部分年份我国各类别数字服务贸易的出口占比。可以发现，排除了内容构成较为宽泛的其他商业服务类别，ICT 服务占数字服务贸易出口的比重最高，2020年的占比值达到38.2%，显著高于其他类别。纵向比较来看，ICT 服务出口占比的增长幅度也是最大的，从2010年的18.2%上升至2020年的38.2%，增长了20个百分点，知识产权服务出口占比也实现了较大幅度的增长，保险服务、金融服务及个人文娱服务出口占比则基本稳定，其他商业服务出口占比则出现了大幅度下降。我国是全球数字经济大国，在 ICT 产业领域同时兼具技术和市场优势，ICT 服务出口占比的大幅度上升正是 ICT 产业优势的反映。表9-2还给出了各类别数字服务贸易出口在全球市场所占比重，不难看出，所有类别数字服务贸易出口在全球市场中的份额都有了提

第九章
出口贸易高质量发展的动能拓展：数字贸易的结构性变革

高，其中 ICT 服务出口所占市场份额的提升幅度最大，这也反映出我国 ICT 产业的国际竞争实力。

表 9-2　我国分类别数字出口贸易占比情况　　　　单位：%

贸易类别	占数字出口贸易比重 2010 年	占数字出口贸易比重 2020 年	占国际市场份额 2010 年	占国际市场份额 2020 年
ICT 服务	18.2	38.2	3.4	8.3
保险服务	3.0	3.5	1.8	3.8
金融服务	2.3	2.8	0.4	0.8
知识产权服务	1.4	5.8	0.3	2.3
个人文娱服务	0.2	0.8	0.2	1.7
其他商业服务	74.9	48.9	5.3	5.6

资料来源：联合国贸发会议、中国信息通信研究院。

综合而言，上述数据充分显示出数字出口贸易对我国服务贸易实现高质量发展起到了重要促进作用。我国数字出口贸易近年来不仅实现了规模上的快速增长，而且在服务贸易中所占比重也不断提升，长期来看，服务贸易的数字化转型已经是显然的趋势。数字化转型更是赋予了我国服务贸易在全球市场中更大的竞争优势，各类别数字出口贸易的全球市场份额都有了显著提升。数字出口贸易的发展不仅成为推动服务贸易稳定持续增长的驱动力，也以其较高的附加值特征不断提升我国出口贸易中的利得。随着新一轮科技革命的深入推进以及数字经济的蓬勃发展，进一步推进数字贸易发展将是我国出口贸易高质量发展的有力保障和重要抓手。

三、数字贸易发展面临的数据跨境流动规则挑战

数字贸易的本质是数据要素的跨境流动与交易，数字贸易发展面临的最大的挑战，就是数据要素跨境流动规则的不确定性。当前全球并未形成

统一的跨境数据流动治理体系，受不同因素的影响，各国制定了侧重点不同、层次不同的数据跨境流动规则，数据跨境流动政策差异显著，并存在法律冲突隐患。下面对主要经济体在数据跨境流动方面的规则主张与治理模式进行简要的说明。

美国在数字产业方面具有全球领先优势，以维护其竞争优势为目的，对数据跨境流动实行内外有别的政策。对外，美国积极主张数据跨境自由流动，通过开展数据跨境流动认证及签署协议等形式，搭建与重要贸易伙伴的跨境流动国际通道。例如，美国积极推动美欧之间构建畅通的数据流动渠道。美欧双方虽然在数据保护理念与制度设计方面有所差异，但彼此是重要贸易伙伴，数据交流频繁。2000年，美国商务部和欧洲联盟签订了《安全港协议》，用以对美国企业处理欧洲公民个人数据的情况进行管理，后因"棱镜门"事件及Schrems I案，该协议被欧盟法院宣布无效；2016年双方又签署了《欧美隐私盾协议》，增加了禁止美方监控欧盟公民个人信息等内容，但2020年因Schrems II案再次被欧盟法院宣布无效；2022年，美欧就跨大西洋数据隐私协议达成一致，推出《跨大西洋数据隐私框架》，促进数据能够在欧盟和美国之间自由安全流动。此外，美国还通过区域贸易协定推广其数据跨境流动规则。自2000年美国与约旦的自贸协定纳入跨境电商等内容以来，美国签署的自由贸易协定大多包含电子商务或者数据跨境流动的相关内容，最具代表性的是2020年通过的《美国—墨西哥—加拿大协定》，明确约定不得禁止或限制数据跨境传输。

然而在对内方面，美国却严格限制本国数据流出，国家安全成为限制数据流动的主要理由。例如，近年来美国严格限制重大科技以及基础领域的技术数据和敏感数据的跨境转移，《出口管制改革法案》明确要求受管制的数据跨境传输需要取得商务部产业与安全局（BIS）出口许可。美国还提出了受控非秘信息清单的概念（Controlled Unclassified Information，CUI），根据《信息安全纲要》规定，需要保护和控制传播的非密信息均属

第九章
出口贸易高质量发展的动能拓展：数字贸易的结构性变革

于 CUI，需采取严格的管理措施。美国制定的 CUI 清单中包括关键基础设施、国防、金融、移民、情报、国际协议、税收、核等 20 大类、124 子类，对 CUI 的管控力度近年来大幅提升。美国还积极通过"长臂管辖"原则加强对数据流动的管制。根据美国《澄清海外合法使用数据法案》（Clarfying Lawful Overseas Use of Data Act，CLOUD 法案），无论美国网络服务提供商的信息是否存储在美国境内，只要运营主体拥有相关记录，均需按法令要求保存、备份、披露；但国外政府要调取存储于美国的数据，既要满足"符合资格的外国政府"条件，又要满足诸多限制条件。

欧盟对数据跨境流动的规制，采用以充分性保护为前提的事前防御模式，只有与欧盟的保护水平一致时才允许数据跨境传输。充分性认定是欧盟数据跨境流动管理的关键要求。只有当第三方在立法情况、监管机构设立、是否参加包含个人数据保护内容的国际公约或作出相关承诺等方面满足欧盟标准，且与欧盟保护水平基本相同的情况下，才被认为提供了充分保护，欧盟才允许数据进行跨境传输。充分性认定为高标准数据保护提供了借鉴和参考，但这种要求其实非常严苛，也在一定程度上阻碍了欧盟数据向其他国家传输，仅有 10 余个国家或地区通过了充分性认证。为解决充分性认定机制的局限，满足数字经济发展的现实需要，欧盟针对不同情况设置了多种数据跨境传输管理方式。具体地，对于跨国公司内部的数据流动，采用企业约束规则，该规则需要通过欧盟数据保护监管机构审核；对于数据流向地未满足欧盟数据保护要求的情况，采用构建标准合同的方式进行管理；对于公共机构之间的数据跨境流动，采用构建经批准的认证机制、封印或标识的方式进行管理；对于未获得充分性认定，不适用 GDPR 但从欧盟接收数据的情况，采用构建符合欧盟批准的行为准则的方式进行管理。对于欧盟内部的数据流动，欧盟则积极推动实施数字化单一市场战略，促进境内数据自由流动。2018 年欧盟出台了《非个人数据在欧盟境内自由流动框架条例》，与 GDPR 形成数据治理的统一框架，用来平衡数据保护、数据安全和数字经济发展之间的关系。2020年欧盟又发布了《塑造欧洲数字未来》《欧洲数据战略》等文件，其中就涉及促进数据在欧盟境内充分自由流动。

其他经济体也提出了各自的数据要素跨境流动规则。例如，日本采取实用主义策略，倡导"可信数据自由流动"理念，探索构建与欧美乃至更广范围的数据跨境流动圈。日本积极跟进美国数据跨境自由流动主张，同时与欧盟就数据跨境流动"充分性保护"进行磋商，2019年欧盟通过了对日本的数据保护充分性认定，双方跨境数据流动与各自境内数据流动并无二致。日本借鉴欧盟做法，在《个人信息保护法》中也加入了类似的"白名单"规定，规定他国在日本个人信息保护委员会的"白名单"里，则允许数据自由流动。印度2022年发布的《数字个人数据保护法案》草案中没有明确规定禁止跨境数据传输，也没有规定向印度境外传输个人数据的具体合规要求，但草案中同时指出，印度中央政府有权指示数据托管人根据印度中央政府认为合适的条款和条件，向印度以外的国家或地区传输个人数据。俄罗斯的《联邦个人数据法》规定，根据接收国家的不同，跨境数据传输行为分为两种类型：向个人数据主体的权利提供充分保障的国家（"安全国家"）提供数据、向不安全国家传输数据。数据处理者可以根据内部数据传输的要求，将个人数据跨境传输至安全国家或地区，但向不安全国家的跨境传输数据需要获得数据主体的书面同意。

除了这些国别层面的规定，一些国际协议或倡议对数据跨境流动也提出了各自的主张，具体可见表9-3中的相关介绍。总体来看，不同协议或倡议的规则主张还是存在比较明显差异的。数据跨境流动规则主张的不同，根本上是源于对数据与主权之关系的不同解读，依托现代国际公法秩序的"数据主权论"与建立在互联网世界主义理想下的"数据自由论"在现实中交织竞争。"数据主权论"在延续传统主权概念的基础上，强调数据治理仍然从属于国家主权，各国有权独立自主地规制在其领土范围内收

第九章
出口贸易高质量发展的动能拓展：数字贸易的结构性变革

集和产生的数据，跨境数据的法律规制应以尊重主权差异为原则。数据主权的范畴不仅包含国家对其境内"数据控制者"的管辖，更强调国家对网络空间中所承载"数据"本身的治理。"数据自由论"则强调数据的虚拟性、自由性和非排他性等技术特征能够超越传统的主权范畴，主张数据可以不受国家主权管治的自由跨境流动。客观而言，在各国数字技术和数字经济实力悬殊的情况下，片面追求数据自由，实际后果就是排除数字弱国在领土之内的主权管辖，而去固化数字强国业已建立的"数据优势"，在网络虚拟空间形成数字霸权。只谈自由而忽视公平的规则，实质就是剥夺新兴国家在相关领域的发展权。

表9-3 部分关于数据跨境流动的国际协定或倡议的相关内容要点

名称	生效时间	主要内容
《全面与进步跨太平洋伙伴关系协定》（CPTTP）	2018年	（1）允许各缔约方数据跨境流动规则可以存在多样性和本地化特性 （2）为缔约方设立了允许数据跨境流动的义务，包括个人信息，如这一活动用于涵盖的人开展业务，为实现合法的公共政策目标除外 （3）不得将数据本地化作为市场准入条件的强制性要求，为实现合法的公共政策目标除外
《通用数据保护条例》（GDPR）	2018年	（1）基于充分性认定的传送：只有数据接收方所在国家具有与欧盟实质等同的个人数据保护水平，数据方可向其进行跨境传输 （2）有约束力的公司准则：跨国公司、集团公司可制定约束企业内部之间进行数据跨境传输的个人数据保护规则，如果欧盟认可BCR提供的数据保护水平，便可以在集团内部进行数据跨境传输，无须另行批准 （3）采用标准合同条款：是由欧盟委员会或监管机构通过的、企业与企业之间将欧盟公民个人数据跨境传输到欧盟境外所采用的合同模板
《数字经济伙伴关系协定》（DEPA）	2020年	（1）缔约方认识到每一缔约方对通过电子方式传输信息可设有各自的监管要求 （2）每一缔约方应允许通过电子方式跨境传输信息，包括个人信息，如这一活动用于涵盖的人开展业务，为实现合法的公共政策目标除外

续表

名称	生效时间	主要内容
《美国—墨西哥—加拿大协定》（USMCA）	2020年	（1）任何一方不得禁止或限制电子方式跨境转移信息（包括个人信息），如果该活动是为受保护人进行业务活动，为实现合法的公共政策目标除外 （2）任何一方不得要求受保人在其管辖区域内使用或定位计算机设备，以此作为在该管辖区域内开展业务的条件
《区域全面经济伙伴关系协定》（RCEP）	2022年	（1）缔约方认识到每一缔约方对于通过电子方式传输信息可能有各自的监管要求 （2）一缔约方不得阻止涵盖的人为进行商业行为而通过电子方式跨境传输信息，为实现合法的公共政策目标除外
《促进可信数据自由流动计划》（DFFT）	2022年	（1）加强可信的数据自由流动的佐证基础，其中包括更好地了解数据本地化、其影响和替代方案 （2）基于共同点，各国促进未来的互操作性，包括分析标准合同条款（SCC）和增强信任的技术等常见做法 （3）继续开展监管合作，包括围绕增强隐私技术、数据中介、网络跟踪、紧急风险、跨境沙盒以及促进数据保护框架互操作性的监管方法进行讨论 （4）在数字贸易背景下促进DFFT （5）分享有关国际数据空间前景的知识，并视为在组织和部门内部进行可信和自愿共享数据的新方法

资料来源：梁一新等（2023）、各协议文本。

我国高度重视数据安全及数据跨境流动的规制与管理，坚持数据安全保护与数字经济发展并重，近年来出台了一系列的法律法规，初步形成了较为完整的、综合确保数据安全、个人信息保护和跨境数据有序流动的法律体系。《中华人民共和国网络安全法》《中华人民共和国数据安全法》就跨境数据流动构建起了基本管理制度，《数据出境安全评估办法》就数据跨境流动提供了具体的法律解决方案。《中华人民共和国网络安全法》规定，关键信息基础设施的运营者在中国境内运营中收集和产生的个人信息和重要数据应当在境内存储；因业务需要，确需向境外提供的，应当按照相关办法进行安全评估。根据《关键信息基础设施安全保护条例》，关键信息基础设施是指："公共通信和信息服务、能源、交通、水利、金融、公共服务、电子政务、国防科技工业等重要行业和领域的，以及其他一旦

第九章
出口贸易高质量发展的动能拓展：数字贸易的结构性变革

遭到破坏、丧失功能或者数据泄露，可能严重危害国家安全、国计民生、公共利益的重要网络设施、信息系统等。"《数据出境安全评估办法》明确规定，数据处理者向境外提供数据，必须向国家网信部门申报数据出境安全评估，具体情形包括：向境外提供重要数据；关键信息基础设施运营者和处理100万人以上个人信息的数据处理者向境外提供个人信息；自上年1月1日起累计向境外提供10万人个人信息或者1万人敏感个人信息的数据处理者向境外提供个人信息；国家网信部门规定的其他需要申报数据出境安全评估的情形。《个人信息保护法》还规定个人信息数据的跨境流动，需要取得个人的单独同意。

总体来看，我国对数据跨境流动的管理较为严格。如何兼顾安全与效率，有序促进数据跨境流动，部分行业和地区也做了比较多的探索与实践。例如，在行业管理实践方面，《中国人民银行关于银行业金融机构做好个人金融信息保护工作的通知》明确规定，"在中国境内收集的个人金融信息的存储、处理和分析应当在中国境内进行。除法律法规及中国人民银行另有规定外，银行业金融机构不得向境外提供境内个人金融信息"。在网络约车行业方面，《网络预约出租汽车经营服务管理暂行办法》规定，"网约车平台公司应当遵守国家和信息安全有关规定，所采集的个人信息和生成的业务数据，应当在中国内地存储和使用，除法律法规另有规定外，上述信息和数据不得外流"。《人口健康信息管理办法（试行）》《保险公司开业验收指引》《征信业管理条例》等均规定相应行业机构在中国境内采集数据应当在中国境内进行存储。在地方层面，近年来，各地不断推进在数据跨境流动的实践探索，例如，北京自贸区明确要加强跨境数据保护规制合作，探索制定跨境数据流动等重点领域规则，提出数据产品跨境交易模式，并设立了北京国际大数据交易所；上海自贸区明确要建立数据保护能力认证、数据流通备份审查、跨境数据流动和交易风险评估等数据安全管理机制，并提出依托国际光缆登录口构建跨境数据中心、新型互联网交换中心，建设新型数据监管关口，设立新片区跨境数据公司等。

四、数字贸易发展面临的数字服务税挑战

数字服务税是数字贸易发展过程中所面对的一个潜在挑战。由于互联网企业的运营并不需要采取商业存在的形式，而是可以在虚拟空间实现，一些互联网企业通过将财务及运营中心落地于税率较低地区来达到全球避税的目的，这就导致国家间的利益分配出现不平衡，但以实体存在为前提的传统税制难以应对新问题。2015年，经济合作与发展组织发布的报告《应对数字经济的税收挑战》，阐述了数字经济给国际税收带来的挑战。学术界、企业界就应对上述问题提出过以下几种思路：一是调整企业所得税规则，重新定义互联网企业的实体存在性。对于达到一定标准并被认为是显著经济存在（Significance Economic Presence）的互联网企业，即使并未有实体商业存在，同样征收企业所得税。二是实施针对数字产品与服务销售的消费税或增值税，即要求国外的互联网企业在向国内销售产品或服务时，支付相应的增值税或消费税。三是实施针对数字服务的预提税（Withholding Tax），即针对国外互联网企业与国内客户的交易行为，从收费中提取固定比例作为课税。上述方案多是探索性质。数字服务税作为应对税收挑战的新工具，近年来受到了较多关注并在欧洲部分经济体落地。简单而言，数字服务税是指对部分互联网企业从一国用户参与中获得重大价值，但没有在该国缴纳相应税费的现象，有针对性地依据其营业性收入征缴的相应税额。数字服务税的理论基础是"用户创造价值"的概念。互联网企业虽然在业务区域内没有实体机构，但互联网用户在使用数字服务的过程中，仍然会通过产生的数据流，对互联网企业的利润创造形成重大价值，这就是"用户创造价值"的含义。

开征数字服务税的经济体包括法国、英国、意大利、奥地利、西班

第九章
出口贸易高质量发展的动能拓展：数字贸易的结构性变革

牙、土耳其，如表9-4所示。还有一些经济体表达了开征数字服务税的意向，或者正在推进数字服务税的立法程序。下面对已开始实施的数字服务税方案进行简要说明。

表9-4 部分数字服务税方案内容要点

经济体	税率（%）	税基	征收范围	起征点	执行情况
法国	3	营业收入	数字接入、在线广告、在线交易市场、数据传输	企业全球数字服务收入超过7.5亿欧元且在法国的收入超过2500万欧元	2020年开始执行
英国	2		社交媒体、搜索引擎、在线交易市场	企业全球数字服务收入超过5亿英镑且在英国的收入达到2500万英镑	2020年4月开始执行
奥地利	5		在线广告业务	企业全球数字服务收入超过7.5亿欧元且在奥地利的收入超过2500万欧元	2020年1月开始执行
意大利	3		在线广告、数据传输、在线交易市场	企业全球数字服务收入超过7.5亿欧元且在意大利的收入超过550万欧元	
西班牙	3		在线广告、数据传输、在线交易市场	企业全球数字服务收入超过7.5亿欧元且在西班牙的收入超过300万欧元	2021年1月开始执行
土耳其	7.5		在线广告、在线交易市场、视听内容在线销售	全球应税数字服务收入超过7.5亿欧元且在土耳其的收入超过300万欧元	2020年3月开始执行

资料来源：笔者根据各国政府网站、Taxfoundation.org、KPMG报告等整理；信息截至2020年底。

法国是数字服务税最早的倡议方和积极推动者，于2020年开始针对特定的数字产品或服务征收数字服务税。法国方案的纳税范围主要包括：①由数字接口（Interface）提供的数据中介服务，即用户通过数字接口（可以理解为数字平台）与其他用户联系、互动或发布信息的活动。具体涵盖了在线交易市场服务，如电子商务平台、在线租车平台、在线酒店预订平台、在线约会平台等，以及其他网络服务，如社交媒体、共享平台、在线游戏等。②针对特定目标的广告服务，具体是指依托数字平台所收集的用户数据，在平台上向特定用户发布的针对性广告，既包括直接的广告发布，也包括将数据信息销售至其他广告中介机构的行为。课税对象为同时达到两个门槛标准的互联网企业，即全球数字服务收入额超过7.5亿欧元，且在法国的相关收入超过2500万欧元，税率定为在法国相关营业收入的3%。

英国在2020年发布的财政法案中明确于当年开始征收数字服务税。英国方案的征税范围包括：①社交媒体服务，即通过网站或移动应用程序帮助用户联系、互动、发布或分享个人信息、媒体内容、创建社区等，并通过用户的参与来产生货币化收益。具体涵盖了社交网络、博客平台、内容分享平台、评论平台、网约平台等。②搜索引擎服务，即用户使用互联网搜索引擎时，搜索引擎企业利用用户搜索信息，针对性地发布广告或引导其浏览利益相关企业的网站。③在线交易市场服务，即帮助第三方展示、销售产品或服务的电子商务平台，但电商平台销售自己的产品属于例外。英国数字服务税的课税门槛包括全球数字服务收入额超过5亿英镑，且在英国的相关收入超过2500万英镑，税率定为在英国相关营业收入的2%。

意大利和西班牙是数字服务税的积极跟进方，两国数字服务税的征税范围基本相似，均包括：①在数字接口发布的、针对接口用户的广告服务；②帮助用户建立联系、互动以及促进用户间商品或服务交易的多边数字接口服务；③数字接口对于用户数据的采集及传播业务。两国课税的全球营收门槛标准，都为特定数字服务的全球收入额超过7.5亿欧元，本土数字服务收入标准分别为550万欧元和300万欧元，税率同样都是本土营业收入的3%。奥地利和土耳其的数字服务税方案则相对特别，前者将课税对象仅限于针对特定用户的在线广告（不包括数据传输业务）。后者方

第九章
出口贸易高质量发展的动能拓展：数字贸易的结构性变革

案的征税范围包括：①数字广告服务、与用户有关的数据管理与传输服务、发布广告的技术服务；②音频、视频或数字内容的在线销售；③促进用户间商品或服务交易的数字平台服务。土耳其方案的特点是将计算机软件、音乐、视频、游戏等数字内容的在线销售纳入了课税范围。

面对数字服务税这一新兴事物，全球主要经济体的立场表现出了明显差异。一方面，法国、英国、意大利、西班牙等国家是数字服务税的支持者；另一方面，数字经济大国美国则明确反对任何形式的数字服务税，并认为数字服务税不过是新形式的贸易壁垒。从既有数字服务税方案的门槛设定值不难看出，能达到课税门槛的只能是全球互联网头部企业，更确切地说，主要是美国的互联网企业。数字服务税的出现也正是美国互联网头部企业的"推动"所致：Google、Twitter等互联网巨头在欧洲大陆市场获得巨额利润，却将财务机构设立在低税率的爱尔兰以尽可能地规避纳税责任。较高的课税门槛值同时也将相关经济体的本土互联网企业自动排除在外。美国虽然无法反驳互联网企业所导致的税收错配事实，但坚持认为数字服务税违反了国民待遇原则，是对美国互联网企业的针对性"歧视"。在针对法国数字服务税的"301调查"报告中，美国贸易代表办公室从受影响企业范围、受影响业务范围、税收抵扣可能性等方面，认定法国数字服务税方案存在针对美国企业的歧视行为。美国对数字服务税的反对立场，从深层次上来说还是根源于美国对数字贸易规则所秉持的原则。作为数字经济最发达、互联网技术最先进的经济体，美国要竭力确保其数字产业在国际市场中的竞争优势，这是其当前对外贸易政策的核心诉求。核心目的是确保美国互联网企业通过网络效应、规模效应，形成"大而不倒"的绝对竞争优势，确保美国互联网产业的全球收益。

欧盟曾计划提出区域内的统一数字服务税方案，但由于成员国立场差异而最终搁置，欧盟内部大致形成了三种立场，即支持尽快推出数字服务税、等待多边框架下的数字服务税、明确反对数字服务税。对于法国、英国等坚决支持并已经明确推出数字服务税的经济体,其立场背后的动机是复杂的。既有应对营业收入与纳税错配、争夺税收管辖权、获取更多财政收入的考虑,甚至从国际政治的角度来看,部分经济体还表现出借此力图主导欧洲经济议题的动因,但更主要的目的则是为本土数字企业提供贸易保护、促进本土数字产业发展。欧洲在21世纪初曾有过短暂的互联网繁荣期,但目前已经远落后于美国,与新兴经济体中国相比也存在显著的差距。认识到数字经济的重要价值,欧洲主要经济体先后出台了相关产业政策,如英国的《英国数字战略》和《国家数据战略》、德国的《数字化战略2025》、西班牙的《西班牙数字2025》等,数字服务税也被用作遏制美国优势企业竞争的政策工具。部分经济体对数字服务税持反对立场,主要是由于在全球数字价值链上的地位不同,数字服务税的实施将对其经济利益产生负面影响。爱尔兰、荷兰得益于其相对较低的税率,以及与全球互联网巨头的默契合作,一直以来都是这类企业财务机构的所在地,数字服务税无疑会降低投资吸引力。在两种态度之间,处于观望状态的经济体,其立场的形成存在不同原因。对于德国而言,数字服务税也许能够帮助其应对美国互联网企业的税基腐蚀问题,但作为欧洲数字经济相对发达的经济体,已推出的单边数字服务税方案客观上也会损害德国数字企业的利益。其他一些经济体,则或者由于对数字服务税实际价值存疑,或者出于对国际政治经济因素、特别是美国制裁的担忧,而采取了观望态度。

数字服务税将对国际数字贸易规则的协调产生显著的负向影响。数字贸易作为国际贸易新业态,从集约及广义边际方面同时促进了国际贸易发展,各国对数字贸易的重视度也在不断增强。当前该领域的焦点议题,就是如何构建数字贸易治理规则。如前文所述,美国作为全球数字产业最为发达的经济体,跨境数据自由流动是其持有的核心原则,目的就是要保持其在全球数字经济中的领导地位。欧洲对跨境数据自由流动则以知识产权、隐私保护、文化例外等理由而持不同观点。数字服务税尽管与隐私保

第九章
出口贸易高质量发展的动能拓展：数字贸易的结构性变革

护的直接关联度并不高，但客观上显然会提高数据流动的成本，发挥限制数据流动的效果。尽管欧盟层面的数字服务税暂被搁置，但法国等欧洲经济体的单边推进，至少排除了欧盟完全摒弃数字服务税的可能。从美国的角度来看，数据自由流动实际上就是确保美国未来增长新动能的产业政策，是必须坚持的原则。可以预期，美国在所能够主导的贸易协定中必然将全力确保数据自由流动原则并阻止任何形式的数字服务税，数字贸易规则的区域化、分块化特征将会更加明显。数字服务税将成为数字贸易发展的潜在影响因素。

中国应对其他经济体推出的数字服务税，关键是要做好以下两个方面的工作：一是要加强对全球数字服务税演进动态的跟踪与研究。虽然中国短期内并不需要基于财政收入或数字产业发展等动机推出数字服务税，但长远来看，数字服务税作为各国加强数字经济治理的举措，中国应对此高度重视。既要从财政的角度来看这个问题，更要认识其背后所反映出的国际贸易治理规则调整的深层动因，做好数字服务税发展方向的研判。二是要大力推动数字经济的高质量发展，提升数字产业国际竞争力。法国、英国等经济体的数字服务税方案，由于征税的起始门槛相对较高，对中国数字产业的影响并不明显。根据美国贸易代表办公室针对法国数字服务税的"301调查"报告，在受该税种影响的全球主要互联网企业中，只有阿里巴巴一家企业的总部位于中国。这也从另一个角度反映出中国数字产业竞争力仍然较为有限的现状，真正具有国际竞争力、深度进军国际市场的企业较少。超大规模市场虽然能够助推中国数字产业实现规模经济，但却并不是实现原始创新的充分条件。应对数字服务税最直接、最有效的路径，就是提高企业的创新能力，显著降低自身产品的可替代性，从而在面对数字服务税时也能够保持稳定的竞争优势和市场规模。

本章小结

数字贸易是数字经济时代国际贸易领域最重大的结构性变革，是通过互联网完成交易交付流程、以数据交易及数据跨境流动为关键特征的全新贸易业态。数字贸易的发展既得益于数字技术对传统产品的数字化改造——以比特数据呈现的产品形态取代物理的产品形态，并借助无处不在的网络实现了数字化交易，更是由于数字经济驱动了新产业业态的出现以及相应新型数字化产品的交易。数字贸易是新时代推动出口贸易高质量发展的新动能，不仅拓展了出口贸易增长的新空间，更推动了贸易利得的提升。当前以数据为关键资源的全球数据价值链正在逐步形成，数字贸易构成了全球数据价值链的基础，而数据价值链通过充分发挥数据要素的价值创造能力，较传统价值链创造出更多的贸易利得。我国数字贸易发展取得了突出的成绩，尽管出口贸易规模较美欧等发达经济体仍有差距，但近年来的增速则要明显高出很多，特别是在信息通信服务贸易领域已形成了领先优势。当前，受各种复杂因素的制约，我国数字贸易发展面临着很多挑战。从内部因素来看，与建设现代化产业体系目标要求相匹配的数字化现代服务业发展仍然滞后，相关数字化新业态、新模式的发展仍处于起步阶段，数字贸易的发展基础仍需夯实。从外部因素来看，全球仍然缺乏数字贸易治理体系，相关规则的缺失为数字贸易发展带来了很大的不确定性，这在跨境数据流通管理方面表现得尤为突出，数字服务税更是成为潜在的冲突因素。对内夯实基础，对外积极参与治理体系构建，是我国数字贸易发展的路径选择。

第十章　数字经济赋能文化贸易发展：新机遇与新挑战

文化贸易是国际贸易中的一个特殊但却非常重要的存在，推动出口贸易高质量发展离不开文化贸易的深入发展。前述各章围绕传统产品或服务的出口贸易展开了系统分析，本章则聚焦数字经济发展对文化产品出口贸易的深刻影响。本书在前文章节中曾多次提到，中国作为全球贸易大国却难称贸易强国，我们从出口贸易中所获贸易利得仍相对有限。例如，矿产资源、原材料等初级产品的出口规模不可小觑，加工贸易在制造业出口中仍占有较大比重等结构性问题，极大地限制了出口贸易利得。大力发展文化产业，推动我国文化产品出口贸易发展，首先对于改善我国当前的出口贸易结构，提高贸易利得具有重要意义。文化产品的投入主要是思想、创意等无形要素，能耗低，对自然环境的负面影响小，但高附加值特征十分明显，好莱坞电影每年创造的巨额票房收入就是最好的例证。更重要的是，发展文化贸易也是促进中国文化"走出去"、提升国家软实力、实现大国崛起的必然选择。21 世纪以来，我国文化产业进入快速发展期，相关政策支持不断推出。《中华人民共和国国民经济和社会发展第十个五年计划纲要》首次将"文化产业"写入五年发展规划，提出了推动信息产业与有关文化产业结合，完善文化产业政策，推动有关文化产业发展。党的十七届六中全会通过的《中共中央关于深化文化体制改革　推动社会主义文化大发展大繁荣等若干重大问题的决定》首次提出，"推动文化产业成为国民经济支柱性产业"。《中华人民共和国国民经济和社会发展第十四个五年规划和 2035 年远景目标纲要》提出"要积极发展对外文化贸易，开拓海外文化市场"。2022年，商务部等27部门联合印发的《关于推进对外文化贸易高质量发展的意见》提出，"把握数字经济发展趋势和规律，激活创新发展新动能，推进对外文化贸易高质量发展，更好服务构建新发展格局和文化强国建设"。近年来，我国文化贸易发展取得了显著成绩，总体规模居于全球前列，但与美欧文化贸易强国相比仍明显缺乏竞争优势。当前，新一轮科技革命给文化产业及文化贸易发展带来了深刻影响，抓住数字机遇推动我国文化贸易深入发展，是新时代促进我国出口贸易高质量发展的应有之义。

一、数字经济时代下文化贸易发展的新机遇

当前，以数字化、网络化、智能化为突出特征的新一轮科技革命正处于深入推进期。数字技术的广泛应用成为文化产业发展转型的重要驱动力，技术与文化的融合进入全新时代，迎来了前所未有的繁荣景象（江小涓，2021）。与之相应，文化贸易的内涵与模式也在数字技术的影响下发生了显著变化，文化贸易迎来了新的发展机遇期。具体地，新的机遇突出表现在以下几个方面：

第一，数字技术的广泛应用显著拓展了文化贸易的内涵构成。数字技术提供了迄今为止最大的摄取、生成、存储和处理各种文化元素的能力，文化产业极大地提高了效率，文化产品具有了更加多元的形态和更为丰富的表现力（江小涓，2021），文化贸易的内涵构成得以显著拓展。例如，很多传统上被认为是不太可能开展国际贸易的文化服务，在数字技术的加持下转化为基于数据编码的数字内容，进而借助网络成为可贸易的数字文化服务，并在全球数字贸易中占有重要位置。以音乐为例，欣赏音乐传统上只能参加音乐会聆听音乐家的现场演奏，这种音乐服务长期以来都不可贸易。电子技术先是实现了音乐内容在磁盘、磁带等实物媒介上的存储，

第十章
数字经济赋能文化贸易发展：新机遇与新挑战

进而通过媒介物的销售实现了音乐服务的传播与贸易。数字技术的发展进一步将音乐内容数字化编码，通过互联网就能够随时随地提供极为丰富的数字音乐产品。不仅如此，随着网络基础设施的升级优化，音乐贸易也不再限于数字音乐文件，在流媒体技术的支持下音乐会实现了由线下到线上的转型，这种曾被认为是不可贸易的文化服务也加入了文化贸易的行列。特别是近年来随着元宇宙技术的发展，元宇宙社区成为在线音乐会的重要平台。2019年，电音音乐人"棉花糖"Marshmello在元宇宙游戏《堡垒之夜》里举办了一场演唱会，吸引了全球超过千万玩家参与；同年，知名乐队Korn和The Offspring分别在元宇宙游戏"Adventure Quest 3D"和"坦克世界"（World of Tanks）里举办了演唱会。2020年，特拉维斯·斯科特（Travis Scott）成为第一位在元宇宙游戏《堡垒之夜》里举办巡演的歌手，这场演唱会吸引了2100万"现场"观众。2020年11月，因为歌曲"Old Town Road"走红的年轻歌手Lil Nas X在Roblox的元宇宙游戏上办了一场演出，吸引了超过3300万游戏用户。再以博物馆为例，传统的博物馆服务主要定位于实地参观，为了扩大藏品的观展范围，最多也只是通过博物馆系统开展联展或者藏品借展。数字技术对博物馆的服务模式产生了深刻影响，大英博物馆、卢浮宫、古根海姆等知名博物馆，近年来逐步将馆藏作品数字化并借助网络实现了云展览，全球各地的观众足不出户就可以欣赏到博物馆中的珍贵藏品。经数字化复制的藏品还极大便利了博物馆的外展服务，也为文化服务"走出去"创造了条件。例如，敦煌研究院自20世纪80年代开始推进"数字敦煌"项目，截至2021年底已完成敦煌石窟268个洞窟的数字化采集，164个洞窟的图像处理。基于数字化复制的成果，敦煌研究院在北京、上海等地举办了《丝绸之路上的敦煌——数字敦煌展》《遇见敦煌·光影艺术展》等多个展览，让更多的观众欣赏到了灿烂的敦煌文化遗产。

除了由传统文化服务数字化转型所拓展的文化贸易内涵，数字技术的发展还极大地促进了文化产业的国际分工，进一步推动了文化中间品贸易的发展。受限于文化产品的非标准化特性以及高昂的交易成本，文化产业的国际分工一直以来都比较有限。数字化技术的发展与广泛应用，一是解决了产品生产的标准化问题，借助于数字技术，之前需要靠手工完成的工作可以转由计算机进行比较标准化的操作；二是解决了文化中间品传递渠道的问题，借助于互联网，以计算机文件为主要形式的文化中间品实现了在不同国家间的便利传播。例如，动漫产业国际分工程度较高，目前逐渐形成了全球化的动漫产业链条，日本、美国以及西欧发达国家主要集中于动画的 IP 开发，而原画创作等一些基础工序则外包到中国、朝鲜、东欧、东南亚等国家或地区。在工业设计等领域，全球外包模式目前也非常流行，互联网上涌现出了 Superside、Penji、Design Pickle 等众多工业设计服务外包中间交易平台，一份最终完成的工业设计成品可能包含了来自全球各地的中间设计元素。中间文化产品正在成为全球文化贸易非常重要的构成部分。《关于推进对外文化贸易高质量发展的意见》明确提出，要创新发展数字内容加工等业务，支持开展"两头在外"的数字内容加工业务，研究完善监管模式，鼓励企业为境外生产的影视、动漫、游戏等提供洗印、译制、配音、编辑、后期制作等服务。

第二，数字技术的广泛应用显著地提升了文化贸易的交易效率。这一点可以从需求侧和供给侧两个角度来分析。从需求侧角度来看，数字技术的广泛应用对于提高文化产品需求、推动文化贸易发展具有重要的促进作用。相较于普通产品，文化产品表现出"无人知晓"(Nobody Knows) 的独特性质。文化产品的创作、生产以创意作为主要投入要素，但创意是一种观察不到的隐性要素，消费者仅从产品的物质形态上很难发现创意产品，尤其是新产品的真实价值。例如，一部电影或文学作品融入了大量的创意元素，但仅从电影胶片或图书的外观形式上很难看出其文化价值，消费者只有在完整欣赏整个作品后才会获得充分信息，但一旦完整欣赏作品之

第十章
数字经济赋能文化贸易发展：新机遇与新挑战

后，消费者也就完成了消费过程而更不愿意再为购买产品支付费用。消费者不了解产品的文化价值，制作方也不能接受消费者先消费再付款，这种信息不对称就导致了文化产品的消费需求不足。推动文化产品消费及文化贸易发展，解决信息不对称问题非常关键。在传统条件下，专家意见在文化产品消费中起着重要的指导性作用，专家鉴定、文艺评论等在文化经济学中被称为把关人（Gate-Keeper）。在数字经济时代，数字技术的应用为降低文化产品的信息不对称提供了更便捷、更有效的途径。例如，社交网站、共享社区、搜索引擎等都是互联网上活跃的信息分享平台，文化产品的内容介绍和评论观点通过平台实现了更大范围的传播，有利于提升文化产品的消费需求。以音乐为例，音乐产品的推介传统上主要是通过电台播放以及报纸及专业杂志的评论，互联网的发展催生了专业化的评论网站，最为知名的例子就是 Metarritic。该网站创立于20世纪末，它的重要服务内容就是收集关于音乐专辑的各方评论，整合每个评论的分数后做出一个总体评分。除了音乐，Metarritic 网站所评论的产品还包括游戏、电影、电视剧等，豆瓣网站就是与 Metarritic 相似的国内网站。这些共享社区、社交网站、搜索引擎客观上丰富了把关人的构成，通过促进产品信息的分享，在一定程度上弱化了文化产品的信息不对称问题，有效提升了文化贸易的效率。

从供给侧角度来看，数字技术在文化产业中的广泛应用极大地提高了文化产品的供给能力与供给质量。文化产品供给方对消费者的需求偏好同样存在信息不对称，文化产品的独特性质也决定了供给方难以通过信息披露与不断试错的方法来提高供给的有效性。数字技术的应用对优化文化产品供给发挥了重要的赋能作用。大数据、人工智能与云计算等核心数字技术被文化企业广泛应用，基于智能设备收集的消费者行为大数据，利用人工智能算法和充足的算力资源对消费者偏好进行智能画像，相关结果进一步反馈到文化产品的设计与研发决策中，并最终促进了文化产品供给质量的提升。例如，美国奈飞公司（Netflix）（以下简称奈飞）是一家从事影视制作的年轻企业，相较于哥伦比亚、派拉蒙等老牌影视企业，奈飞的历史不过20余年，然而目前奈飞却已发展成为全球影视产业巨头。2020年，奈飞获得24项奥斯卡奖提名，超过了好莱坞的各大电影公司。奈飞成功的秘籍就是应用大数据与人工智能等数字技术，对影视制作形成颠覆性变革。奈飞在全球拥有3000多万用户，它们在每个播出季收看超过40亿小时的节目。面对这些用户每天生产的3000万次播放动作、400万次评级、300万次搜索构建起海量的数据库，奈飞的工程师们每天对海量的用户行为数据进行大数据分析及挖掘，从而做到对消费者偏好的准确把握（江小涓，2021）。这些消费偏好信息又被用于影视制作的相关决策中，如观众偏爱什么类型的影视剧、偏爱怎样的剧情、偏爱哪些演员等，奈飞在影视制作中就相应地去满足这些消费者偏好，使最终制作出的影视作品大受欢迎。奈飞的原创剧集《纸牌屋》《黄石》《毒枭》《洛基》等风靡全球，收视率极高。受奈飞的影响，亚马逊、迪士尼、苹果等企业也大量采用了数字技术赋能影视产品制作。再如，音乐平台Spotify允许艺术家接入其消费者特征数据库，从而帮助其创作出更符合消费者偏好、更具竞争力的文化产品，从而间接地提升了平台的有效产品供给。能否有效利用数字技术、能否充分发挥数据要素价值，这将是数字技术背景下文化产品实现高质量供给的关键。事实上，数字技术不仅对文化企业运营产生深刻影响，还极大地促进了创作主体的多元化，越来越多的个体借助数字技术将其极富创意的灵感转化为形态多样的文化产品，并通过平台加以发布。文化产品创作群体的扩大，带来了更多类型、更多形式的文化产品供给，对文化产业发展和文化贸易拓展发挥了积极作用。

第三，数字技术的应用极大地丰富了文化贸易模式。传统上文化产品的对外贸易一般都需要以特定的物理媒介作为载体，通过物理产品的出口来实现文化要素的贸易，如音像制品、游戏等文化产品的出口实际上是通

第十章
数字经济赋能文化贸易发展：新机遇与新挑战

过销售 CD 实现的。电影是文化贸易中的重要构成，一直以来电影贸易的载体都是胶片，一些关于电影贸易的统计资料实际上是以电影胶片的贸易额作为电影贸易额的。数字技术改变了文化产品的表现形式，这些传统上依附于物理载体的文化产品，在数字技术的帮助下实现了数字化的存储，物理载体已不再必需。更重要的是，文化贸易模式由此发生了改变，对于数字存储文件，通过互联网进行交易就变得更为便捷经济，因而很多文化产品的出口贸易转变成经由网络开展的数字贸易。如音乐、游戏这类文化产品的出口贸易，目前主要就是通过互联网渠道来完成的[①]，这给文化贸易模式带来了两个方面的新变化：一是平台在推动文化贸易发展中的作用越发突出，专业互联网平台大幅缩短了从生产到消费的供应链长度，提高了文化贸易的便利化程度，很多平台已经成为特定文化领域的主要国际贸易渠道，如 Steam 成为全球游戏产品的主要交易平台，iTunes、Spotify 是全球最重要的音乐产品销售平台。二是推动了由产品贸易逐渐向服务贸易的转型。传统上文化企业的对外贸易以产品销售为主要模式，随着数字基础设施的优化升级，很多企业改变了传统模式，转而以在线订阅的形式提供服务，如 Netflix、iTunes、Spotify、Amazon 等。这种在线订阅模式的优点在于能够提供更具时效性的文化产品，而且通过与消费者的链接互动，也有助于文化企业创作出更加符合消费者需求的文化产品。根据迪士尼的统计数据，2017 年迪士尼从去影院看电影的观众那里获得的收入，比直接面

---

① 图书也是重要的文化产品，电子书是对几千年来以纸张为载体的图书形式的重要变革，电子书问世之初，曾被认为将很快取代传统的纸质图书。在当前的国际文化贸易中，电子书确实是重要构成，特别是在工具书、教科书等领域，电子书的应用较为广泛。但有趣的是，当初认为电子书将取代纸质图书的预测却被现实所打破，时至今日，纸质书仍然在图书消费中占据绝对的主体，而且这也不能解释为消费习惯的黏性，因为购买纸质书的群体大部分是年轻人（米尔斯，2023）。为何电子书难以取代纸质书？从阅读感受来看，拿起一本纸质书，抚摸其精心设计的封面与书脊，感受纸张散发的墨香，随意翻阅想看的页码与段落，是阅读本身带来的愉悦，这样近乎某种仪式的体验是电子书难以取代的。从阅读效果来看，对于严肃书籍，纸质书的阅读效果要明显好于电子书，电子媒介更适于快速翻阅而非反复思索。此外，在大脑和双手被手机束缚的当下，纸质书能够将我们从屏幕中解放出来，缓解当代人的精神疲惫，获得短暂的安宁与平静，这也是电子书难以做到的。

向消费者的流媒体订阅服务所获得的收入高出4倍，但到了2019年，这两种类型的收入已基本相同（米尔斯，2023）。

二、数字经济对文化出口贸易影响的实证检验

1. 模型构建与数据说明

数字经济时代的到来为文化贸易发展提供了新的机遇，进一步从实证角度就数字经济对中国文化出口贸易的影响进行经验分析。具体构建以下形式的计量分析模型：

$$\text{CEXP}_{c,j,t} = \alpha + \beta_1 \text{NDE}_{c,t} + \beta_2 \text{NDE}_{j,t} + \Gamma X_{c,j,t} + \varepsilon_{c,j,t} \quad (10-1)$$

其中，被解释变量 $\text{CEXP}_{c,j,t}$ 为 t 时期 c 国对 j 国的文化出口贸易额的自然对数，这里的 c 是指中国，j 为中国文化贸易的出口目的国。文化贸易理论上应该包括有形的文化产品以及各种在线的或线下的文化服务贸易，但后者目前仍缺乏统计数据，线上贸易的统计尤为困难。因此，这里的实证检验只能围绕文化产品出口来展开。根据联合国教科文组织（UNESCO，2005）的界定，文化产品依其所含文化要素密度的差异，可分为核心文化产品和相关文化产品两类，前者包括图书、期刊、绘画、艺术品、影视节目等，后者包括空白光盘、磁带、电视机、播放器等。前者更能反映出特定地区的价值体系、生活方式、传统信仰等文化特质，对于文化传播的贡献更大，因此，实证研究一般是针对核心文化产品。根据 UNESCO 的统计分类，核心文化产品大致可以分成五类，分别是遗产类产品（Heritage Goods）、印刷媒介产品（Printed Media）、录音媒介类产品（Recorded Media）、视觉艺术类产品（Visual Arts）以及视听媒介类产品（Audiovisual Media）。其中，遗产类产品主要是指收藏品、古董等；印刷媒介类产品主要包括图书、报纸、期刊及其他印刷品等；录音媒介类产品主要包括唱片，用于音频复制的光盘、录音磁带（已录制）以及其他用于音频复制的

第十章
数字经济赋能文化贸易发展：新机遇与新挑战

媒介品；视觉艺术类产品包括绘画作品、雕刻品、印章、雕塑、雕像以及其他装饰物等；视听媒介类产品主要指已曝光冲洗的摄影胶片、已曝光冲洗的电影胶片、新媒体产品等。UNESCO 具体给出了各产品所对应的六位数 HS 编码，我们依据这些编码从 UNComtrade 数据库中提取出相应数据进行加总处理，最终得到整体以及分类的文化产品出口贸易额。

核心解释变量 $NDE_{c,t}$ 为中国 t 时期的数字经济发展水平，$NDE_{j,t}$ 为文化贸易出口目的国 j 的数字经济发展水平。测算国别层面的数字经济发展水平，前面各章的做法都不再适用，需要在考虑数据可得性与可比性的基础上采用新的方法进行构建。具体地，我们通过查找世界银行《世界发展指标》数据库发现了三个与数字经济发展密切相关的变量，分别是百人互联网用户数、百人宽带用户数、百人移动电话用户数。以这三个变量为基础，我们进一步采用主成分分析法进行降维处理，提取因子最终得到综合的数字经济发展指数。X 为控制变量向量，包括经济、制度、地理、文化等各类变量。具体地，经济变量包括中国与出口目的地人均 GDP 差值的绝对值 $GAP_{c,j,t}$、出口目的地人口规模 $POP_{j,t}$、汇率 $RER_{c,j,t}$。制度变量系根据世界银行全球治理指数构建的制度距离指数 $INST_{c,j,t}$。地理变量包括中国与出口目的地的地理距离 $DIS_{c,j,t}$、出口目的地是否为内陆国的虚拟变量 $LAND_{j,t}$、出口目的国是否与中国接壤的虚拟变量 $CONTIG_{c,j,t}$。文化变量包括基于霍夫斯泰德提出的国家文化维度指数构建的文化距离指数 $CD_{c,j,t}$，以及是否使用同一种语言的虚拟变量 $COMLANG_{c,j,t}$。上述变量的数据来源主要是 CEPII 数据库、Hofstede-insights 网站、OECD 数据库、WDI 数据库等。

2. 实证分析结果说明

表 10-1 第（1）列给出了计量分析结果，可以发现，中国数字经济发展指数变量的估计系数显著为正，表明中国数字经济发展促进了文化产品的出口。出口目的地的数字经济发展指数变量的估计系数也显著为正，表

明当地数字经济发展水平的提升，也有利于扩大从中国的文化产品进口。如前文所述，文化产品并非标准化工业产品，其中所包含的文化要素难以被精确感知，信息不对称是文化贸易发展的重要制约。在数字经济时代下，借助互联网等数字技术的加速作用，信息传播的速度、范围和效率都得到了极大的提升，有效降低了信息不对称程度，从而对文化贸易发展起到了显著的促进作用。此外，数字技术对贸易模式、贸易业态等方面产生的深刻影响，也对文化贸易发展发挥了积极作用。表10-1中的估计结果也是对前述论断的验证。

表 10-1 基于国别数字经济发展指数的检验结果

变量	（1）全部样本	（2）遗产类	（3）印刷媒介类	（4）录音媒介类	（5）视觉艺术类	（6）视听媒介类
中国数字经济发展指数	0.9953* (0.5314)	-3.3866*** (1.2439)	1.6295*** (0.5821)	0.2251 (1.3937)	0.6882 (0.6517)	-5.1838*** (1.3168)
目的国数字经济发展指数	1.7049*** (0.5698)	3.4982** (1.3976)	1.1814** (0.5518)	0.2231 (1.6947)	1.9914*** (0.5913)	1.7221 (1.3026)
GAP	0.0626 (0.0491)	0.2462 (0.1897)	0.0470 (0.0386)	0.4218** (0.1889)	0.0636 (0.0518)	-0.0298 (0.1703)
POP	2.9628*** (0.7234)	-0.1840 (1.2888)	2.9188*** (0.6850)	0.3766 (2.0284)	2.5069*** (0.6102)	8.5868*** (1.6826)
RER	0.0134 (0.0929)	0.1184 (0.2516)	0.0202 (0.0755)	-0.0166 (0.2234)	-0.0445 (0.0579)	-0.0832 (0.1306)
INST	22.5379 (28.1735)	-36.2704 (56.8718)	17.0275 (25.3878)	-28.1413 (59.8339)	-6.4504 (29.5012)	312.1616*** (82.1113)
地理距离	是	是	是	是	是	是
文化距离	是	是	是	是	是	是
国家效应	是	是	是	是	是	是
时间效应	是	是	是	是	是	是
N	1310	826	1310	646	1305	1188
R^2	0.6123	0.0859	0.6947	0.1057	0.6323	0.6720

注：***、**、*分别表示在1%、5%、10%的水平上显著；括号内为稳健标准误。

第十章
数字经济赋能文化贸易发展：新机遇与新挑战

进一步根据 UNESCO 的做法将核心文化产品分为五大类，表 10-1 第（2）列至第（6）列分别给出了基于遗产类、印刷媒介类、录音媒介类、视觉艺术类、视听媒介类五个分样本的估计结果，不难发现，数字经济的影响还是存在一定差异的。由表 10-1 可知，中国数字经济发展显著地促进了印刷媒介类产品的出口，该类产品主要包括图书、期刊等，这也是中国文化贸易出口中的主体。互联网等数字技术为解决这类产品的信息不对称问题提供了丰富渠道，加上这类产品的物理形态相对标准化且不涉及复杂参数，一旦信息不对称被弱化，就很容易产生需求偏好并促成贸易的开展。数字经济对视听媒介类产品出口的影响显著为负，这个结果从侧面验证了数字经济对文化贸易业态的深刻影响。视听媒介类包含以胶片、胶卷、卡带为载体的摄影、电影、游戏等产品，在新技术革命下，这些物理形态产品逐渐被线上产品所取代，数字经济发展导致该类产品贸易减少也正是在预期之内。数字经济对遗产类产品出口的影响显著为负，这可能是因为互联网等数字技术减少了信息不对称，而遗产类产品的价值在很大程度上源自信息不对称，反而降低了对该类产品的需求偏好。估计结果还显示，数字经济对录音媒介类和视觉艺术类的影响不显著。为了确保检验结果的稳健性，我们进一步单独使用百人互联网用户数替代基于主成分分析法得出的数字经济指数，重新检验的结果如表 10-2 所示。可以看出，核心结论并没有发生改变，互联网变量对我国文化产品出口贸易增长发挥了正向促进作用，且这种效应突出地体现在印刷媒介类产品中。略有不同的是，针对视觉艺术类产品的分析结果显示互联网变量的估计系数显著为正，显著性较表 10-1 有所提高。此外，针对录音媒介类产品的分析结果中，中国互联网变量的估计系数为负数，符号较表 10-1 改变，但依然统计不显著。综上所述，数字经济对文化产品出口贸易的促进作用是稳健的，且主要源自对印刷媒介类产品的正向影响。

表 10-2 基于互联网变量的实证检验结果

变量	（1）全部样本	（2）遗产类	（3）印刷媒介类	（4）录音媒介类	（5）视觉艺术类	（6）视听媒介类
中国百人互联网用户数	0.3193*** (0.1066)	-0.0731 (0.1970)	0.4142*** (0.0950)	-0.0094 (0.2829)	0.3485*** (0.1191)	-1.0579*** (0.2237)
目的国百人互联网用户数	0.3425*** (0.1133)	0.0629 (0.1993)	0.3155*** (0.0961)	0.5254 (0.2523)	0.3530*** (0.1285)	0.3041 (0.2217)
GAP	0.1041* (0.0599)	0.2756* (0.1556)	0.0735* (0.0388)	0.2525 (0.1862)	0.1105* (0.0662)	-0.0314 (0.1584)
POP	2.1600*** (0.6007)	0.2247 (1.1009)	2.6562*** (0.4869)	0.8503 (1.4824)	1.8131** (0.7021)	4.8453*** (1.0167)
RER	0.1082** (0.0516)	0.0368 (0.0904)	0.0564* (0.0323)	-0.0643 (0.0837)	0.1177** (0.0562)	-0.0096 (0.0879)
INST	23.8245 (32.3513)	-41.3593 (60.4252)	-0.3316 (28.7472)	-60.7014 (58.5761)	9.8963 (39.1192)	260.9372*** (63.4159)
地理距离	是	是	是	是	是	是
文化距离	是	是	是	是	是	是
国家效应	是	是	是	是	是	是
时间效应	是	是	是	是	是	是
N	1571	914	1559	786	1563	1390
R^2	0.7362	0.0671	0.7797	0.1990	0.7105	0.6331

注：***、**、*分别表示在1%、5%、10%的水平上显著；括号内为稳健标准误。

三、数字经济时代下文化贸易发展面临的新挑战

数字经济时代的到来为文化贸易发展带来了新的机遇，但同时也带来了诸多挑战。一是文化产品的数字依赖度不可逆地提高。数字经济给文化产业以及文化贸易发展带来的最大挑战，就是文化产品的制作越来越依赖数字技术与数字基础设施。当然，内容无疑是文化产品最核心、最具灵魂的要素，好的文化产品根本上还是源于其内容上的价值与吸引力。但这无

第十章
数字经济赋能文化贸易发展：新机遇与新挑战

法否定一个事实，即数字技术已经成为内容展现的基础性保障，尽管不乏数字技术应用相对有限但内容深刻的高品质文化产品，但越来越多的文化产品不断强化数字技术应用以实现更加多元化、更具震撼效应的内容表现形式，数字技术正在构成文化产品竞争力的关键支撑。以游戏产品为例，从20世纪90年代的光碟版单机游戏，到当前基于互联网络的大型联机游戏，从最初的平面2D游戏，到当前普遍带有渲染效果的3D游戏再到崭露头角的元宇宙游戏，数字技术以及数字基础设施对于游戏产业带来了深刻影响。近年来，显卡技术所取得的巨大成就，有力地支撑了更加复杂、更大规模、计算要求更高的游戏产品的开发，而这种开发需求反过来也成为显卡进一步升级的重要驱动力。再以影视产品制作为例，当前无论是大银幕上的电影，还是小荧屏上的电视剧，它们的制作过程都深度融入了数字技术，不仅在产品的创意阶段借助数字技术来获知消费者需求偏好，在制作过程中更是大量应用数字技术来制造特效，以往四处寻找外景地的做法已被产业化运作的摄影棚取代，大量场景是在计算机上应用数字技术模拟制作而成的。文化产品创作的数字化也带动了产品交易的数字化，进而对网络基础设施质量也提出了越来越高的要求，高速的固定及移动宽带成为文化产业发展的必要支撑。

就目前的发展状况来看，数字技术对文化产业及文化贸易越来越深入地渗透将是一个必然的趋势。这也意味着促进文化产业及文化贸易的发展，所要面对的一个突出挑战，就是强化数字技术及数字基础设施的支撑。特别是基于大规模计算的数字技术在文化产品制作过程中将发挥越来越重要的作用，这就使算力、算法、宽带等数字基础设施的不断完善至关重要。文化产业的数字化依赖度越来越高，意味着不同国家或地区的文化产品竞争力可能会被固化甚至形成越来越大的鸿沟。得益于先进数字技术，美欧等传统的文化贸易强国，在文化产业及文化贸易领域的竞争优势将进一步巩固。数字基础设施条件普遍薄弱的发展中经济体，其文化产业的竞争力逐渐退化，文化贸易不平衡发展问题也将更加突出。数字基础设施条件在很大程度上决定了各国文化产业的国际竞争力，加快文化产业的数字化转型与数字赋能，将是我国文化产业和文化贸易发展所面临的重大挑战。

二是数字技术的普及使文化产品的知识产权保护难题更为突出。越发呈数字化形式的文化产品，在推动文化产业发展、便利文化产品消费、促进文化贸易开展的同时，也使知识产权保护的难度进一步放大。客观而言，数字技术的应用也为盗版行为提供了极大的便利。在数字经济时代以前，文化产品同样面临着知识产权保护难题，但受技术手段的限制，盗版虽有较高收益但同时也需要支付较高的商业成本。例如，对书籍进行盗版需要购置印刷机和纸张，对电影进行盗版需要到影院去现场摄录和购置转录设备，这不仅需要一定的固定资产投入，而且盗版产品的质量往往也较差。数字技术的应用极大地降低了盗版成本，数字化处理后的文化产品以数据比特的形式存储，从而具有极低的复制、传播成本。无论图书、音乐或视频，都可以在个人计算机上复制，成本无限趋近于零，甚至盗版品的质量还会高于正版品（如去掉了数字水印）。无处不在的互联网更是极大地便利了盗版品的传播，共享平台、社交网络、云盘等基本都是盗版产品传播的重要渠道，甚至在淘宝平台上就有不少销售盗版文化产品的商家。

数字经济时代在加速创新的同时，也放大了知识产权保护的难度。导致数字经济时代盗版行为泛滥的原因较为复杂，既有商业利益的原因，也与法律规定滞后相关。例如，各国知识产权法大多规定了特定情况下允许未经同意使用知识产权保护内容，如用于报道、教学、研究以及某些个人用途等情况，但其中如何对个人用途及其边界进行划定则缺乏清晰说明，这就导致很多盗版行为是在无意中产生的。此外，对于互联网与生俱来的自由主义思维的坚持，也是很多人在网络上无视知识产权保护的原因。盗版短期内促进了某些文化产品的传播、扩大了其影响力，但长期来看必然会对文化产品的创作起到负向激励效应，也侵蚀了文化贸易的产业基础。

第十章
数字经济赋能文化贸易发展：新机遇与新挑战

业界就如何加强文化产品的知识产权保护也做了很多的探索，例如，利用数字版权管理技术对产品进行加密处理、通过需求侧法规对消费者使用盗版品进行规制、通过供给侧法规降低盗版品在互联网上可视度、对数字复制设备加征版权税等。这些举措各有优势，但从实践效果来看都存在明显不足。应对数字盗版行为，很多文化企业也不再仅是寻求制止侵权，而是积极探索通过商业模式的创新来弱化盗版的动机，例如 iTunes、Spotify 等平台革新了一次性销售的商业模式，替代以按期收费的订阅模式，并在此过程中提供持续的增值服务，这是盗版品所难以做到的。尽管业界在盗版应对方面不断推进技术与制度探索，但文化产品的知识产权保护无疑是数字时代下的重大挑战。

三是文化贸易发展可能面临更多的政策不确定性。在数字经济时代背景下，文化贸易发展将面临更多的政策不确定性，其中最突出的就是数据跨境传输难题。对于数据含量越来越高的文化产品，其国际贸易的开展将越来越多地以数据传输的形式进行，这就遇到了数据跨境流动的政策难题。并非所有的数据跨境流动都受到限制，像以代码为内核的游戏软件、录制的音视频数据等，这些并不涉及个人信息的数据比特，在符合基本的安全审查的前提下可以比较自由地进行跨境传输，而且各国对此也持有比较宽松和包容的态度。自 1998 年起，世界贸易组织就开始以《电子商务工作计划》部长决定等形式，明确对电子传输临时免征关税，虽然该规定需要历届部长级会议进行协商，但截至 2022 年第 12 届部长级会议，均同意延续电子传输临时免征关税的做法。然而随着商业模式越来越多样化，文化贸易消费端与生产端互相内嵌的程度也在深化，这就导致数字化的文化产品在跨境传输过程中也或多或少会涉及个人数据。如音乐产品由音频文件销售转变为在线订阅服务，这就必然涉及了消费者个人信息及消费行为数据。涉及个人数据的跨境流动问题，目前国际上仍然存在比较大的争议，有些国家主张数据跨境自由流动，但更多的经济体主张对数据跨境流动进行必要的规制,缺乏清晰且明确的数据跨境流动治理体系。随着数字技术与文化产业的融合度越来越高,以数据跨境流动为核心的文化贸易将在文化贸易整体格局中占有更为重要的位置,这也意味着文化贸易受数据跨境流动政策不确定性的影响将越发突出。

数字时代下文化贸易面临的政策不确定还来自传统的"文化例外"惯例的演进方向的不确定性。文化例外最早源自法国的文化保护政策。20世纪90年代的关贸总协定谈判中,法国坚决反对将文化产品和服务列入一般性服务贸易的谈判内容中,主张在国际贸易谈判中将对其进行例外处理,而不必遵循关贸总协定确定的基本原则。文化例外作为一种文化保护政策得到了大部分国家的响应,也成为国际贸易中一直遵循的原则,文化贸易壁垒并不受各类贸易协定的约束。数字技术拓展了文化产品的贸易模式,也使传统上的关税、配额、管制等管理手段的作用被弱化,像以流媒体服务为特征的音视频贸易基本就跳过了传统的关境管理,从而也加剧了一些国家对于文化入侵的担忧。作为文化例外的提出国,法国就在考虑制定新的《"文化例外"法》,其中就针对数字时代的文化贸易提出新的管理举措。可以预期,这些因素交织起来,将使文化贸易的发展面临更多的政策不确定性。

四、数字经济时代下文化贸易深入发展的推进策略

针对数字经济时代下的新挑战,就如何依托重大技术变革、抓住重大历史机遇,推动我国文化贸易深入发展,提出以下三个方面的推进策略:

一是着力推进数字赋能文化产业发展。文化贸易的发展归根结底取决于文化产业的发展,数字经济时代下产业数字化转型是必然的趋势,文化产业也不例外。着力推进数字赋能文化产业发展,加速实现文化产业数字化转型,这是推动文化贸易发展的客观要求。数字赋能文化产业发展,首先要加快促进数字技术与文化产业的融合发展,将智能技术、网络技术、

第十章
数字经济赋能文化贸易发展：新机遇与新挑战

通信技术应用于文化产业的深度改造，实现文化产品与服务的数字化、在线化、智能化。就目前情况来看，文化产业涉及领域较多，数字技术的渗透程度因不同细分产业而存在较大的差距，像游戏、出版、影视等产业领域数字技术嵌入深度显著提升，而在演艺、博物馆等服务领域，数字技术的应用处于起步阶段。推进文化产业的数字化转型并非易事，难度体现在多个方面，如数字技术的应用往往需要支付较高的初始固定投资成本、文化产品和服务标准化较低导致数字化转型方案难以大规模复制、兼具文化产业经验与数字技术能力的专业人才紧缺等，这些都决定了文化产业数字化转型较制造业数字化转型的规模经济性更低、成本更高、难度也更大。加快促进文化产业数字化转型，需要考虑到上述困难之处，对文化产业的数字化转型给予必要财税支持，甚至可以考虑借鉴国外做法，对跨国文化企业征收特别的服务税，将其用于补贴国内文化企业的数字化转型。其次要进一步完善我国的数字基础设施。可以预见，越来越多的文化产品和服务将最终实现数字化与在线化，而这也对数字基础设施提出了更高的要求，后者在一定程度上决定了文化产品和服务的竞争优势。完善数字基础设施重点在两个方面：一个是要推动以5G为支撑的高速移动互联网建设，为数字文化产品和服务的在线化创作、传输、消费提供硬件支撑；另一个是要加强算力中心建设，为大数据、人工智能等技术在文化产业领域的应用提供算力基础。数字基础设施的完善，不仅是顺应文化产业数字化发展的要求，同时也很有可能激发文化产业新增长动能、新商业模式及新竞争优势的形成。此外，推进数字赋能文化产业发展，还要大力推动文化贸易的专业互联网平台建设。平台在赋能文化产业发展中发挥着极为重要的作用。再好的文化产品，以中小微企业或创作者个人之力基本无法实现大规模传播，大型平台具有显著的规模经济和范围经济效应，鼓励各类创意创作者上平台，从而不受地域限制地向全世界消费者提供服务（江小涓，2021）。当前我国文化产业领域尚未涌现出像 Spotify、iTunes 这种大规模平台，这也影响了我国文化产品国际竞争优势的形成。当前，应积极支持鼓励主要电商平台围绕特定文化领域建立专业的文化贸易子平台，积极推动国内一些重要的视音频流服务平台、期刊图书平台"走出去"，充分发挥平台经济的数据集成及赋能作用。

二是强化数字经济时代下文化产品的知识产权保护。数字技术的广泛应用在赋能文化产业发展的同时，也为侵犯知识产权的盗版行为提供了便利，面对新技术环境带来的挑战，加强知识产权保护就显得尤为必要。不过也应看到，数字经济下知识产权保护问题变得更为复杂，如何构建有效的保护机制仍然是个难题。以数据加密及验证授权为主要方式的数字版权管理曾被认为是知识产权保护的有效手段，如 DVD 碟片中的内容加扰系统、苹果 iTunes 中使用的 Fairplay 系统等，近年来基于区块链的版权保护技术也得到了越来越多的关注。但也有研究指出，数字版权管理虽有一定的预防作用，但局限性也很明显，像全球四大唱片公司在采用数字版权管理一段时间后也放弃了这种做法（Johnson & Waldman，2005；Zhang，2018）。数字时代背景下侵犯知识产权的盗版行为，其背后动因复杂、参与主体多样，完全依靠技术手段或者简单聚焦执法强度可能很难达到期望效果。如何加强知识产权保护，恐怕还需要从系统论的思路来寻找解决方案。数字时代下知识产权侵权行为的泛滥，也反映出传统法律框架的调整要迟滞于数字技术发展现实，因此，当前首先要加强对新技术条件下知识产权相关议题的关注与研究，特别是对互联网上新出现的且存在较大争议的知识产权议题，要尽快从法律法规层面上加以规范。法律法规的调整，应努力在开放与保护之间寻找有效协调与平衡，过于严格或过于宽泛的保护都可能背离保护知识创新的初衷，应避免在专利保护中出现丛林效应，知识产权法律的柔性调整应是更为合理的策略选择。文化产品的知识产权保护还应与平台反垄断相结合。平台凭借垄断地位对销售渠道、销售种类、销售价格进行控制，如腾讯、酷狗等曾经执行的音乐作品独家版权、

第十章
数字经济赋能文化贸易发展：新机遇与新挑战

几大学术出版商的垄断等，平台垄断事实上起到了限制消费、助推盗版的作用。加强对平台的规制，严格禁止平台"独家"垄断，降低平台在双边市场中的话语权，这在一定程度上能够起到降低创意产品价格并弱化盗版动机的作用。数字经济时代背景下加强知识产权保护，还需要重视非正式制度的作用，例如，要重视社会规范软约束的作用，很多侵权盗版行为都是消费者群体在网络同群效应的影响下进行的，社会规范缺失是问题关键。相对于法律法规的硬性制度约束，社会规范软约束能够发挥更为持久、更为深入的影响效应，对青少年进行普法教育和道德教育在社会规范的形成过程中至关重要。此外，加强知识产权保护应重视行业协会等非正式组织的作用，从全球范围来看，发挥行业协会在打击盗版中的作用是一条有效的做法。

三是为文化贸易发展创造良好的外部环境。在数字经济时代下，文化产品的国际贸易越来越多地以数字贸易形式体现，同时涉及了文化贸易和数字贸易的相关治理规则。尽管近年来全球涌现出一大批高水平贸易协定，但基本未涉及文化贸易，且针对数字贸易的规则存在很大分歧，这也意味着数字技术背景下的文化贸易不仅难以获得贸易壁垒降低的好处，还要面临数字贸易规则模糊的制约。数字文化贸易的国际贸易治理规则相对滞后，这会成为文化贸易深入发展的潜在障碍。作为全球重要的数字经济及文化贸易主体，中国应主动考虑适时推进数字文化贸易规则的制定与提出。短期内在全球性贸易治理体系难以发生较大改变的情况下，主动在多边或双边自贸协定谈判过程中，灵活而务实地引入数字文化贸易规则谈判内容，提出中国主张，有效降低中国文化贸易发展所面临的政策不确定性。要积极关注发达国家在文化贸易领域的政策调整，特别是"文化例外"惯例的演进趋势，研判数字经济背景下文化贸易保护的新工具、新动向，有针对性地思考并构建应对举措。此外，创造良好的国际环境，尤其应抓住"一带一路"倡议深入推进的重大机遇，实现文化贸易在空间增长边际上的拓展。在包容发展与开放创新理念的推动下,"一带一路"已经成为跨地区合作共赢的国际平台,我国与沿线各经济体形成了稳健的正反馈效应。当前,一方面要加强与共建国家在数字基础设施领域的互联互通,以"数字丝路"建设为契机激活各方在文化贸易领域的合作潜能,畅通中国数字文化产品参与沿线国际贸易的基础路径。另一方面要在畅通网络基础设施的条件下,充分利用数字技术、发挥数据要素的最大价值,实现文化产品供给侧与共建国家文化消费需求侧的精准匹配,有效拓展与共建国家文化贸易的合作深度与广度。

本章小结

21世纪以来,加快推进文化产业和文化贸易发展,一直是我国文化领域的政策聚焦点。发展文化贸易既是改善贸易结构、获取更大贸易利得的客观要求,也是推动文化传播、强化国家软实力的重要保障。数字经济时代的到来,为文化贸易发展提供了重要机遇,文化贸易的内涵构成得以显著拓展、交易效率得以显著提升、文化贸易模式得以极大丰富,这些都成为驱动文化贸易深入发展的新动力。这部分基于中国对100余个国家的文化出口贸易数据,实证检验并证实了数字经济对文化贸易出口的显著促进作用。在肯定数字经济赋能作用的同时,也应看到数字经济时代下文化贸易发展所面临的新挑战,主要表现在对数字技术与数字基础设施的依赖度越来越高、知识产权保护的难度越来越大、政策不确定性越来越突出等方面。深入推进文化贸易发展,是新时代建设高水平开放型经济、实践高质量发展的必然要求。当前,要积极依托新一轮科技革命、抓住数字经济重大历史机遇,从强化数字赋能文化产业发展、推动知识产权保护的制度创新、积极参与构建文化贸易相关治理体系等关键举措入手,着力推动我国文化贸易高质量发展。

第十一章 面向出口贸易高质量发展的数字经济政策体系构建

数字经济是以数据资源为关键要素，以现代信息网络为主要载体，以信息通信技术融合应用、全要素数字化转型为重要推动力，促进公平与效率更加统一的新经济形态。数字经济对我国出口贸易发展的深刻影响，既体现在通过充分发挥数据要素的赋能作用，提升作为贸易基础的产业发展质量，也体现在驱动了贸易业态上的创新突破，催生了跨境电商、数字贸易等新贸易业态。出口贸易高质量发展是高质量发展概念在国际贸易领域的延伸，是新发展理念在贸易领域的具体实践，这些理念也构成了出口贸易高质量发展的关键内涵。本书选择从多个角度切入，就数字经济对出口贸易高质量发展的影响进行了系统而深入的分析，并得出了具有重要理论价值及政策含义的研究结论。本章将对本书得出的结论进行梳理和总结，并在此基础上提出面向出口贸易高质量发展的数字经济政策体系。

一、主要研究结论

聚焦数字经济时代的出口贸易高质量发展议题，本书主要研究结论如下：

1. 数字经济成为新时代中国经济增长的新动能

数字经济是以数据资源为关键要素的新型经济形态，数字经济时代的到来深刻改变了经济发展的动能、路径与模式，抢占数字经济发展制高点成为新一轮科技革命下全球竞争的焦点。以强大的制度优势为支撑，充分发挥超大规模市场带来的独特优势，21世纪以来中国在网络经济、数字经济发展方面取得了突出成就，数字经济规模长期处于全球第二位。不断做强做优做大数字经济成为加快转换增长动能，推动高质量发展，实现第二个百年奋斗目标的必然要求。当前我国数字经济发展具有突出优势，但也有较明显的短板。优势突出表现在党领导形成制度优势、超大规模市场优势、完整产业体系优势、技术进步优势等方面，短板则较为明显地表现在数字经济发展不平衡、数字技术与产业发展水平仍然与世界前沿有较大差距等方面。新时代应在准确把握数字经济内涵特征与发展规律、充分发挥放大突出优势、积极弥补短板的基础上，加快推进数字经济深入发展，不断做强做优做大数字经济，有效发挥数字经济新形态对高质量发展的赋能作用。

2. 新时代中国出口贸易增长面临新形势与新挑战

进入新时代后，百年未有之大变局下，在国际国内多重复杂因素的叠加影响下，中国出口贸易自加入WTO以来的持续高速增长趋势逐渐逼近拐点，出口贸易增长空间不断受到挤压，持续稳定增长所面临的挑战越发严峻。导致这一现象的复杂因素，既包括历史基数高、前期增速较快等客观原因，也包括逆全球化与全球贸易保护主义盛行、中美贸易摩擦、全球价值链重构等外部因素，更有要素禀赋条件改变、新旧增长动能仍处于转换期等内部因素。尽管如此，中国作为全球制造业大国，出口大国的地位仍然是难以撼动的。目前，中国是产业体系最完整的制造业第一大国，是全球唯一拥有全部工业门类的国家，完整的产业体系与强大的配套能力，加上超大规模市场的独特优势，都奠定了中国制造业发展的坚实基础。中国出口贸易在多重复杂因素的叠加影响下面临显著的增长压力，但也表现出明显的增长韧性。加快推进全方位开放，充分发挥数字经济在转换增长功能、推动高质量发展方面的作用，是新时代出口贸易实现持续稳定增长的有力保障。

第十一章
面向出口贸易高质量发展的数字经济政策体系构建

3. 数字经济发展是推动出口贸易稳定增长的新驱动

出口贸易规模的稳定增长是实现出口贸易高质量发展的前提保障。习近平总书记强调指出,"我国对外开放水平总体上还不够高。用好国际国内两个市场、两种资源的能力还不够强"。面对新时代以来出现的新形势与新矛盾,推动出口贸易规模的平稳与持续增长,已成为构建新发展格局、利用好外部市场、外部资源的重要目标要求。数字经济的蓬勃发展为实现这一目标提供了新的驱动力,一方面,数字技术的广泛应用为减少信息不对称、降低国际贸易成本发挥了重要作用;另一方面,数字经济赋能产业现代化发展,为出口贸易增长夯实了产业基础。本书基于省级层面数据就数字经济对出口贸易的影响进行了实证检验,结果显示,数字经济发展有力地促进了出口贸易规模的增长,进一步的机制分析表明,作为反映产业发展水平的全要素生产率充当了中间的机制变量,即数字经济发展推动了全要素生产率水平提升,进而促进了出口贸易增长。除了对总量指标进行研究,本书还从二元边际的角度分析了数字经济对出口贸易增长的影响,结果显示,数字经济更主要的是推动了出口广义边际的拓展,这有利于通过多元化来提升出口贸易应对风险冲击、确保出口稳定增长的能力。

4. 数字经济发展为提升出口贸易技术水平提供了有力支撑

数字经济时代的到来为实现出口产品技术含量的提升带来了重要机遇,这是因为数字技术的广泛应用深刻改变了创新活动的基础保障、推进路径及组织方式,由此加速了创新活动的开展及创新成果的产出。这些在产出基础层面产生的影响,最终会延伸反映到出口贸易中。以出口技术复杂度来衡量出口贸易的技术水平,本书基于中国海关数据库提供的 HS6 位数编码产品的出口数据,具体测算了地级以上城市 2003~2015 年的出口技术复杂度,并采用数字经济投入和产出两方面指标构建城市层面数字经济发展指数。进一步构建计量模型实证检验了数字经济对出口技术复杂度的影响,结果显示,数字经济在整体上有助于提高出口技术复杂度,且在不同地区、不同要素密集型行业样本中都有显著影响。机制分析结果显示，创新是数字经济影响出口技术复杂度的中间机制变量，而且在数字技术广泛渗透应用的背景下，创新表现出显著的外溢效应，周边地区的创新活动在促进本地出口技术复杂度提升方面也发挥了重要的作用。

5. 数字经济发展是出口产品质量提升的重要保障

产品质量水平的提升是出口贸易高质量发展的必然要求，也是实现由"贸易大国"向"贸易强国"转型的重要保障。改革开放以来，中国制造业的产品质量不断提高，在国际市场中形成了较高的竞争力，但"中国制造"与成为高质量产品的代名词仍存在很大的差距。在新一轮科技革命背景下，数字技术的广泛渗透应用为质量提升提供了全新的工具与手段，基于大数据与人工智能的质检系统极大地提升了产品的质量可靠性，而全数字化的智能制造系统也更加促进了需求端信息与生产流程的耦合，有力提升了消费者对产品的满意程度，这些都为提升产品质量提供了有力支撑。本书基于中国海关数据库提供的"企业—产品"层面的出口数据，采用事后反推法测算了企业的出口产品质量，并以企业所在城市的数字经济发展水平作为关键解释变量，实证检验了数字经济对出口产品质量的影响。结果显示，数字经济发展对推动出口产品质量提升具有显著的促进作用，但这种影响效应在不同样本间存在明显的异质性。具体地，在地区异质性方面，数字经济对东部地区企业出口产品质量的提升作用较为显著，而对中部、西部地区企业的影响缺乏显著性；在企业异质性方面，数字经济对非国有企业的出口产品质量具有显著的促进作用，但对国有企业的影响并不显著。进一步从生产成本和全要素生产率两个渠道切入，探讨了数字经济影响出口产品质量的机制渠道，结果发现，数字经济通过显著降低生产成本、提高全要素生产率促进了出口产品质量的提升。

6. 数字经济为出口贸易绿色低碳发展提供了有力支持

绿色低碳既是出口质量高质量发展的内涵要求，也体现了对"人类命

第十一章
面向出口贸易高质量发展的数字经济政策体系构建

运共同体"理念的践行。实现绿色低碳转型目前主要有能源转型与节能降耗两条路径，数字经济在促进新能源的有效供给、推动能源转型方面正发挥着越来越重要的作用，而在节能降耗方面，数字经济通过赋能能源效率提升，已经为节能降耗做出了突出贡献。产业基础层面的绿色低碳转型，也进一步为出口贸易绿色低碳提供了支撑。本书基于《中国地区投入产出表》测算出中国省域产业层面的出口贸易隐含碳数据，在此基础上，就数字经济对出口贸易隐含碳的影响进行了经验分析，结果显示，数字经济发展显著地降低了出口贸易中的隐含碳规模，有力地促进了出口贸易的低碳化绿色发展。进一步的检验结果显示出异质性，对于东部、中部地区而言，数字经济有利于促进出口贸易隐含碳的降低，而在西部地区，数字经济的影响并不显著；在产业异质性方面，数字经济对中低能耗行业出口贸易隐含碳的影响显著为负，对高能耗行业的影响系数为负但并不显著。围绕数字经济促进出口贸易隐含碳下降的机制，进一步分析了能源强度、创新水平、创新效率等变量的传导作用，结果发现，数字经济通过提高创新水平和创新效率来影响出口贸易隐含碳。

7. 跨境电商为出口贸易高质量发展提供了新的路径

跨境电商是中国出口贸易中极具活力的构成部分，特别是在21世纪以来爆发的几次突发应急事件中，跨境电商为稳定出口增长发挥了难以替代的作用。在顶层制度设计的有力支持下，我国跨境电商发展迅速，并在出口贸易格局中占据了重要位置。跨境电商是数字技术特别是互联网技术与国际经贸相融合、对传统贸易模式进行深度改造的产物，它的蓬勃发展为新时代推动我国出口贸易高质量发展发挥了重要作用。跨境电商显著降低了国际贸易中的信息不对称，借助互联网等数字技术，信息资源的传播成本甚至可以降至零，有效地促进了供需双方的匹配以及交易的达成；在此过程中，交易的网络化、电子化也促进了监管环节的数字化、贸易便利化程度的整体提升。跨境电商所形成的信息溢出与虚拟聚集效应，也是出企业推动产品技术改进与质量升级的有力保障。跨境电商通过大幅降低国际市场的进入门槛，充分发挥出了长尾效应，大量中小微企业甚至个人主体都能够因此从国际贸易中获益，对于实现共同富裕、协调发展功不可没。从开放、创新及共享等内涵要求来看，跨境电商都是推动实现出口贸易高质量发展的重要驱动力。受技术难点、竞争无序等因素约束，跨境电商在推动出口贸易高质量发展方面，客观上也存在明显的短板与不足，加快推动数字技术创新，强化治理体系构建是跨境电商深入发展的现实要求。

8. 数字贸易为出口贸易高质量发展提供了新动能

数字贸易是数字经济时代国际贸易领域最重大的结构性变革，是通过互联网完成交易交付流程、以数据交易及数据跨境流动为关键特征的全新贸易业态。数字贸易的发展既得益于数字技术对传统产品的数字化改造，更是由于数字经济驱动了新产业业态的出现以及相应新型数字化产品的交易。数字贸易是新时代推动出口贸易高质量发展的新动能，不仅拓展了出口贸易增长的新空间，更推动了贸易利得的增加。当前以数据为关键资源的全球数据价值链正在逐步形成，数字贸易构成了全球数据价值链的基础，而数据价值链通过充分发挥数据要素的价值创造能力，较传统价值链创造了更多的贸易利得。我国数字贸易的发展取得了突出成绩，尽管从出口贸易规模来看与美欧等发达经济体仍有差距，但近年来的增速则要明显高出很多，特别是在信息通信服务贸易领域已形成了领先优势。当前，受各种复杂因素的制约，我国数字贸易发展面临着很多挑战。从内部因素来看，数字化现代服务业发展仍然滞后，相关数字化新业态、新模式的发展仍处于起步阶段，数字贸易的发展基础仍需夯实。从外部因素来看，全球仍然缺乏数字贸易治理体系，相关规则的缺失给数字贸易发展带来了很大的不确定性，这在跨境数据流通管理方面表现得尤为突出，数字服务税更是成为潜在的冲突因素。对内夯实基础，对外积极参与构建治理体系，是

第十一章
面向出口贸易高质量发展的数字经济政策体系构建

我国数字贸易发展的路径选择。

9. 数字经济为文化贸易创造了新的发展机遇

文化贸易的发展是出口贸易高质量发展的必然要求，文化贸易的重要价值体现于两个方面：一是文化贸易具有更高的增加值特征，发展文化贸易能够实现更高的贸易利得；二是文化贸易是推动文化传播、强化国家软实力的重要载体，国家软实力的提升是实践高质量发展、实现大国崛起的重要保障。数字经济时代的到来，为文化贸易的发展提供了新的历史机遇，文化贸易的产品内涵得到显著拓展、文化贸易的交易效率得到显著提升、文化贸易模式得到极大丰富，这些都成为文化贸易发展的重要驱动。本书基于中国对100余个国家的文化贸易数据进行实证检验，结果验证了数字经济对文化出口贸易增长的显著促进作用。在肯定数字经济推动文化贸易发展的同时，更应看到带来的挑战。文化产业的发展越来越依赖于数字技术与数字基础设施的投入，对文化产品知识产权加以有效保护的难度越来越高，数字化的文化贸易面临的政策不确定性越来越突出，这些都构成了数字经济时代下文化贸易发展所要面临的新挑战。依托重大技术变革、抓住重大历史机遇，新时代推动我国文化贸易深入发展的关键举措就在于强化数字赋能文化产业发展、推动知识产权保护的制度创新以及积极参与构建文化贸易相关治理体系等。

二、政策体系构建

新时代推动出口贸易高质量发展，需要多措并举，既需要从深化推进对外开放、深入参与国际大循环、深度调整全球治理体系等方面构建政策，更需要从抓住数字经济时代机遇、充分发挥数字经济赋能作用入手，着力构建促进数字经济发展与赋能的相关政策。基于本书的研究主题，也考虑到研究的侧重点，我们将面向出口贸易高质量发展的目标要求，以数字经济发展为聚集点，提出以下相关政策建议，以体现出本书的实践价值：

1. 加快推进关键核心数字技术突破

充分发挥数字经济赋能作用，首先需要将数字经济的高质量发展作为有力支撑，而驱动数字经济发展的基础就是数字技术。实现数字经济长期稳健发展并构建国际竞争优势，掌握关键核心技术是最根本的保障。一直以来，美国无论是在数字经济发展规模，还是在创新驱动方面都走在全球前列，归根结底是与其在关键数字技术领域的创新引领所分不开的。包括晶体管、集成电路、商用计算机、操作系统、互联网、全球定位系统等在内的众多关键技术上，美国都率先实现了从零到一的突破性创新，这些也成为美国数字经济乃至整个经济体系形成强大竞争力的基础。近年来，中国数字经济发展取得了令人瞩目的成就，成为仅次于美国的全球第二大数字经济体。但也应清晰地认识到，我国数字经济发展所取得的成就，在很大程度上是得益于超大规模市场优势所驱动的商业模式创新。无论是像阿里巴巴、腾讯、百度这样的数字经济早期开拓者，还是像字节跳动、美团、拼多多这样的数字经济新生代，支撑它们能够快速发展的核心因素基本都是商业模式和超大规模市场。即便是商业模式上的创新，也更多是国外商业模式在中国情境下的二次创新。迄今为止，这些头部互联网平台企业中没有出现一家有能力且有意愿在关键技术创新上做出尝试的企业。一直以来，承担数字技术创新重任的主要还是信通企业、科研院所等机构。近年来，我国在数字技术领域一直紧跟世界前沿，部分技术领域也取得了瞩目成就，像5G核心技术就处于全球第一梯队。然而随着数字经济发展的深入，关键核心技术储备不足造成的制约越发凸显，特别是在大变局的复杂因素影响下，很多关键核心技术领域都面临着"卡脖子"难题。例如，在芯片制造领域，目前我国基本能够实现28nm制程的芯片制造，在更高端的14nm及以下制程芯片方面仍高度依赖进口，在美国对华高端芯

第十一章
面向出口贸易高质量发展的数字经济政策体系构建

片及相关技术设备出口管制不断严苛的情况下，数字经济发展面临着不小的挑战。在操作系统领域，美国的 Windows、Android、iOS、MacOS 基本占据了整个消费终端市场，在工业控制操作系统方面，同样也主要是 VxWorks、Linux、uCos/Nucleus/ThreadX 等国外方案占主导地位。

  数字技术是驱动数字经济发展的基础，而数字经济发展也在不断对数字技术创新提出更高要求。一直以来，中央对数字技术创新工作高度重视，针对我国在数字技术核心领域存在的短板问题不断加大布局力度、加强政策支持，增强关键技术创新能力作为战略目标在《"十四五"数字经济发展规划》中被明确提出。针对现状与不足，实现关键核心数字技术突破，关键要把握好两点：一是方向，二是路径。方向是指关键核心数字技术突破在哪些领域发力，路径是指实现突破该怎样做。具体地，关键核心数字技术突破要瞄准三个大方向，分别是尚未突破的技术、具有领先优势的技术以及未来前瞻技术。尚未突破的关键核心技术包括像高端芯片、智能算法、系统软件等对数字经济深入发展至为关键，目前仍严重依赖国外供给且研发难度大的技术。这些是实现突破的难点领域，表面上看是一项技术的突破，实际上要实现的往往是产业链供应链上的全面创新，例如，要想实现高端芯片的突破，就需要在 EUV 光刻机、高精度掩膜版、光刻胶、电子特气等领域同时实现全面跟进，难度可想而知。具有领先优势的技术是指已经处于全球科技前沿甚至形成一定领先优势的技术，最突出的例子就是我国在 5G 通信技术领域取得的创新成果。这些是实现关键核心技术突破的重点领域，不过这里的突破是指技术的升级以及技术优势的进一步巩固。以 5G 通信技术为例，我国在该领域拥有较为明显的领先优势且在国际标准制定中发挥了重要影响，但目前的情况是，5G 商用刚刚起步，技术不足已逐步显现。高能耗、低覆盖、延迟时间与工业级应用的要求仍相去甚远等，这些决定了 5G 很有可能像 1G 和 3G 一样是过渡性技术。You 等（2021）提出了 6G 技术的发展愿景，包括全球覆盖、更高的频谱/

能量/成本效率、更高的智能化水平与安全性等，加快 6G 技术研发已经提上日程，这对于技术优势的巩固至为重要。未来前瞻技术是关键核心技术突破的亮点，这些技术将有可能对数字经济发展产生颠覆性影响，甚至可能改变既有的技术路线。《"十四五"数字经济发展规划》将量子信息、神经芯片、类脑智能、DNA 存储作为数字技术创新的重大工程，这些都是未来可能会产生颠覆性影响的前瞻数字技术。

当前我国数字经济发展正在出现新的形势，之前依靠用户规模快速实现流量增长的发展模式正在趋近拐点，确保数字经济能够持续、稳健与快速发展，将更加依赖于关键核心技术的创新支撑。推动关键核心技术突破的路径主要有两个：一是高度重视基础理论研究，二是充分发挥新型举国体制的优势。客观而言，所有关键核心技术的难点最终都会归结到基础理论层面的储备不足，像集成电路需要材料学理论的支撑、移动通信技术需要基础数学理论的支撑。中国科学领域的问题，就在于基础理论研究偏弱，当遇到深层次技术难题时，基础理论储备不足的问题就迅速凸显出来。习近平总书记在《加强基础研究　实现高水平科技自立自强》一文中指出，加强基础研究，是实现高水平科技自立自强的迫切要求，是建设世界科技强国的必由之路；加强基础研究，应深化基础研究体制机制改革、建设基础研究高水平支撑平台、加强基础研究人才队伍建设、广泛开展基础研究国际合作、塑造有利于基础研究的创新生态。高校是人才培养主力军，当前尤其要重视将基础理论知识贯穿培养过程，显著增强工程科技人才的基础理论知识素养，实施对基础学科的长期资助计划，合理扩大基础学科领域的人才培养和储备规模。加强基础理论研究解决的是创新基础问题，而要在较短的时间内实现对关键核心技术的突破，更需要发挥新型举国体制的优势作用。目前来看，举国体制仍然是快速实现重大突破的最有效方式。当前要总结我国在科技创新领域的有效经验，创新科技与工程管理决策体制，集中资源、集中设备、集中力量协同攻关，推动对若干重点

第十一章
面向出口贸易高质量发展的数字经济政策体系构建

技术领域特别是"卡脖子"技术的突破，显著缩小与世界前沿水平的差距，甚至在个别领域达到世界前沿水平。

2. 强化数字经济基础设施建设

数字基础设施是数字经济发展的基石，是数字经济赋能作用发挥的保障。2014年，在中央网络安全和信息化领导小组第一次会议上，习近平总书记强调指出："要有良好的信息基础设施，形成实力雄厚的信息经济。"2021年，中共中央政治局就推动我国数字经济健康发展进行第三十四次集体学习，习近平总书记在主持学习时强调，"要加快新型基础设施建设，加强战略布局，加快建设高速泛在、天地一体、云网融合、智能敏捷、绿色低碳、安全可控的智能化综合性数字信息基础设施，打通经济社会发展的信息'大动脉'"。以"大动脉"作喻，习近平总书记深刻阐明了数字基础设施对于数字经济及整个国民经济发展的关键意义。在中央的部署下，近年来我国不断加强数字基础设施布局，统筹推进网络基础设施、算力基础设施、应用基础设施等建设，数字基础设施完善取得了显著成效。目前，传统固定宽带已经实现由铜缆接入到光纤入户的全面替换，所有地级市都已建成光纤全覆盖的"光网城市"，光纤到户端口和接入用户的占比均超过90%，网络基础设施在全球范围内处于领先地位。2020年，我国提出了支持新型基础设施建设的重大战略，数字经济领域主要涉及5G网络、大数据中心、人工智能、工业互联网等基础设施。目前我国的5G网络规模位居全球第一且持续扩大。2022年1月，工业和信息化部发布的《2021年通信业统计年报》显示，截至2021年底，我国累计建成并开通5G基站142.5万座，基站数占全球60%以上，终端连接数超过3.5亿个，实现了所有地级市的全覆盖。算力是数字经济的核心生产力，截至2021年底，我国的数据中心规模已达到520万标准机架，算力达到202EFlops（每秒浮点运算次），打个比方，1EFlops相当于200万台主流笔记本电脑的算力输出。根据中国信息通信研究院发布的《中国算力发展指数白皮书》，我国算力规模占全球算力规模的 31%，仅次于美国的 36%，且中美差距在不断缩小。

　　尽管我国在数字基础设施建设方面取得了显著成就，但新时代面向经济高质量发展的目标要求，数字基础设施仍存在进一步完善与优化的空间。当前，我国数字经济发展已进入了新阶段，以消费互联网为重心的发展阶段，正在向产业互联网为重心的发展阶段转型，进一步强化数字经济基础设施建设至关重要，网络和计算基础设施是关键所在。相较于消费互联网情境，以物联网、工业互联网为核心的产业互联网对网络带宽和响应速度提出了更高甚至是苛刻的技术要求。目前，像 5G 等网络基础设施已经初步达到了产业级别的技术要求，但是问题的关键在于峰值上的使用规模。可以预期，在大规模产业应用的情况下，网络基础设施的接入规模、使用频率都将指数化增长，较小规模实验中达到的技术水平能否在大规模商用中得到顺利实现仍需加以关注。这就如同高速公路基础设施建设时所遇到的情况一样，规划之初往往会低估实际使用规模，一旦建成投产后，使用规模很快超过规划预期，导致的结果就是不断出现的堵点和不断加剧的拥堵。在产业互联的发展阶段，海量数据流的产生将是常态，工业设备、车联网、航空设备上的监测数据，无论是频度、规模还是精准性、稳定性的要求上都要远高于手机、电脑等智能设备。这就要求网络基础设施能够支撑起产业互联网的大规模应用。当前尤其要加快推进以 5G 为核心的网络基础设施建设，确保基础设施容量的增长领先于应用峰值。与网络基础设施密切相关的是算力基础设施，随着数据量的爆发式增长，算法日益复杂，对数据进行储存、分析的需求呈指数级增长，这也就导致了对算力的旺盛需求。加强算力基础设施建设，当前要重点做好以下三个方面的工作：一是加快推进算网协同、云网融合，通过发挥算力的集群优势来突破单点算力的局限，在同等算力设备下促进算力效能提升；二是要加快推动实施"东数西算"工程，优化数据中心布局，充分发挥地区比较优势，

第十一章
面向出口贸易高质量发展的数字经济政策体系构建

扩大算力设施规模，提升国家整体算力规模和使用效率；三是要重视数据中心绿色低碳化发展，推进数据中心低碳技术研发与应用，强化能效指标考核，为数据中心可持续发展提供保障。

面向出口贸易高质量发展的目标要求，要积极推进"数字丝绸之路"建设，不断优化改善"一带一路"沿线国家和地区的数字基础设施。2017年，习近平总书记在"一带一路"国际合作高峰论坛开幕式上指出，要坚持创新驱动发展，加强在数字经济、人工智能、纳米技术、量子计算机等前沿领域合作，推动大数据、云计算、智慧城市建设，连接成21世纪的数字丝绸之路。"数字丝绸之路"建设是通过与共建国家在数字基础设施方面的合作，加强沟通、深化合作、推动共赢合作。全球数字经济发展迅速，但在此过程中"数字鸿沟"问题也越发突出，很多不发达经济体仍然缺少最基本的互联网、电信等数字基础设施，成为全球数字化大潮中的"数字孤岛"。在数字经济的大背景下，客观上也限制了我国与这些国家在贸易领域的深入合作。截至2021年底，我国已经与17个国家签署了"数字丝绸之路"建设合作谅解备忘录，与多个"一带一路"沿线国家建设了跨境陆缆海缆，系统容量超过100Tbps。数字基础设施的优化改善激活了我国在"一带一路"方向上的对外贸易新潜能，同时也提升了我国在国际数字经济发展格局中的地位和影响力。《"十四五"数字经济发展规划》将推动"数字丝绸之路"深入发展作为重点任务之一，提出统筹开展境外数字基础设施合作，结合当地需求和条件，与共建"一带一路"沿线国家开展跨境光缆建设合作，保障网络基础设施互联互通。

3. 积极推动数字经济与产业经济深度融合

数字经济与产业经济融合程度有待提升。我国数字经济发展的亮点比较直观地体现在消费互联网领域，如电子商务、数字金融、跨境电商和数字生活服务等都是突出的例子。当前全球数字经济竞争正在逐渐从消费互联网领域转向产业互联网领域，加快数字经济与产业经济的融合，深入推动产业数字化转型,既是数字经济自身实现更高水平发展的要求,也是数字经济赋能出口贸易高质量发展的必然要求。前文从不同视角对数字经济赋能出口贸易高质量发展进行的讨论,其背后的核心机制都在于数字经济对于产业基础的深刻影响,这种赋能作用得以充分发挥的前提就是数字经济与产业经济的融合,在于产业数字化转型。加快推进数字化转型是产业顺应技术革命趋势的必然选择,也是打造发展新优势、实现发展质量提升的关键。近年来,我国大力推进产业数字化转型,特别是以工业互联网为抓手,陆续出台了一系列促进政策。2017年,国务院发布的《关于深化"互联网+先进制造业"发展工业互联网的指导意见》指出,要持续提升工业互联网发展水平,深入推进"互联网+",形成实体经济与网络相互促进、同步提升的良好格局,有力推动现代化经济体系建设。2019年,工业和信息化部出台的《"5G+工业互联网"512工程推进方案》提出,打造5个产业公共服务平台,加快内网建设改造覆盖10个重点行业,提炼形成至少20个典型应用场景。2021年,工业和信息化部工业互联网专项工作组印发了《工业互联网创新发展行动计划(2021—2023年)》,结合当前产业发展实际和技术产业演进趋势,确立了未来三年我国工业互联网发展目标,提出了五方面、11项重点行动和10大重点工程,着力解决工业互联网发展中的深层次难点、痛点问题,推动产业数字化,带动数字产业化。2022年发布的《"十四五"数字经济发展规划》专门设立了第五部分"大力推进产业数字化转型",从加快企业数字化转型升级、全面深化重点产业数字化转型、推动产业园区和产业集群数字化转型、培育转型支撑服务生态四个方面提出了相应的工作目标。在政策的支持下,我国数字经济与产业经济融合度不断提升,产业数字化转型取得了积极成效。中国信息通信研究院印发的《2022中国"5G+工业互联网"发展成效评估报告》显示,截至2022年,全国"5G+工业互联网"在建项目超过4000个,在电子设备制造、钢铁、电力等重点行业形成了一大批典型应用实践,培育了

第十一章
面向出口贸易高质量发展的数字经济政策体系构建

一批高水平标杆工厂。

受各种客观因素的制约，我国产业数字化转型也面临着很多难点，目前仍然存在很大的提升空间，最突出的难点在于企业自身的转型动力存在不足。数字化转型是以数字化技术应用为载体，推动企业在生产方式、组织形态、商业模式等方面的全面变革，目的是实现企业经营决策能力和资源配置能力的升级优化。数字化转型不只是一个技术层面的工作任务，也是企业战略管理层面的思维转型，推动数字化转型需要从企业战略的高度构建系统性方案。这也意味着如果企业要推进数字化转型，就要大规模地进行资源再配置，由此带来的成本与风险可能会很高，公司管理层之间能够达成共识并下定决心进行数字化转型实际上是很难的。即使只考虑技术层面的因素，数字化转型需要在数字化装备方面的投入也很高，除了固定设备的支出，基于云的网络运营费用也是长期的持续性支出。这些现实的困难，导致企业在数字化转型的推进方面很谨慎，除了重点大型企业进行比较深入的数字化转型，大量中小企业的数字化转型工作比较滞后，不愿转、不敢转、不能转的现象较多，尤其是在当下经济大环境不确定性问题较为突出的情况下，企业的行为更加谨慎，进一步限制了制造业数字化转型的步伐。数字化转型的难点还在于没有统一的模式，不同行业的数字化转型路径可能存在很大差别，不同企业的转型路径也是各有不同，对企业能力的要求较高。市面上并没有像 Windows、MacOS 这种面向大众消费者的标准化系统，已有的解决方案大多是面向特定行业、特定领域的有限通用型方案，在特定的企业应用时，仍然需要根据具体情况进行个性化、针对化的调整。对于数字化转型基础薄弱的中小微企业而言，如果没有专业的基础支撑服务，提供包括从战略咨询、数据能力分析、方案设计到运维保障等全面支持，是很难有能力推进数字化转型的。完善的数字化转型共性基础支撑服务体系是非常必要的，但目前这方面仍非常欠缺。此外，数字化设备的接口标准不统一，工业现场总线类型多，这些都是数字化转型技术方面存在的不足,这也增加了数字化转型的难度与潜在成本。

面向实现高质量发展的目标要求,针对数字化转型过程中面临的难点,应采取多重举措、积极推动产数融合。一是要加快工业互联网的技术优化升级,以推进工业互联网应用为抓手,推动产业数字化转型。要加强工业互联网基础技术创新,加快推进工业互联网关键标准建设,提高工业互联网在数据、接口、总线等方面的标准化程度,实现工业互联网网络的互联互通。注重引导工业互联网产业联盟等中间组织在标准制定、数据流通与保护等方面发挥积极作用,协同处理发展中的共性问题。二是要集中力量推进产业链上关键企业的数字化转型,以关键企业数字化转型牵引带动上下游关联企业的数字化转型。数字化转型很难做到全面推进,关键企业由于对整个产业链的运行具有重要影响,集中力量推动关键企业的数字化转型,形成关键企业在运营上的示范效应、在合作上的倒逼效应,这是推动产业链上下游企业数字化转型的有效经验。三是要加强对中小企业数字化转型的支持。中小企业数量众多,是我国制造业的主体,也是出口贸易的主要参与者。针对中小企业资源有限、数字化转型基础薄弱的情况,应从降成本、增服务入手,积极提升中小企业数字化转型的动力与能力。《"十四五"数字经济发展规划》提出加快推行普惠性"上云用数赋智"服务,推动企业上云、上平台,降低技术和资金壁垒,加快企业数字化转型。加快落实规划设定任务,发挥政府财政牵引作用,综合运用税收、补贴在内的多种政策手段,引导激励平台企业、数据服务商面向中小企业降低"上云用数赋智"的设施使用成本。针对中小企业数字化转型的需求特点,鼓励平台企业、数据服务商提供轻量化、功能聚焦的解决方案,循序渐进地推动数字化转型。增强对中小企业数字化转型的服务支持,培育发展数字化转型共性基础服务提供商,为用户企业开展数字化转型提供评估诊断、方案设计、战略咨询等服务。

4. 不断优化数字经济发展的制度保障

做好充分发挥数据要素价值的制度保障。数据是数字经济的核心生产

第十一章
面向出口贸易高质量发展的数字经济政策体系构建

要素,数据要素是国家发展的战略基础性资源。数字经济赋能高质量发展,归根结底就是要发挥数据要素的价值,实现对传统要素的替代、优化、升级,最终实现生产效率、创新效能、经营绩效的显著提高。数据要素既可以说是数字经济时代的"石油",但它又与会枯竭的传统资源不同,随着数字经济的发展,数据要素的供给规模会越来越大,大数据不仅不会枯竭,而且随着数据量的增大,其中蕴含的信息就更加丰富、对事物规律的揭示就更为清晰,数据要素的赋能作用也就会越发强大。《"十四五"数字经济发展规划》提出,数据要素是数字经济深化发展的核心引擎,切实用好数据要素,将为经济社会数字化发展带来强劲动力;《"十四五"数字经济发展规划》将充分发挥数据要素作用设立为重要的工作任务。充分发挥数据要素价值,需要从推动数据流通与防范数据风险两个方面做好制度保障。

促进数据要素的价值实现需要以数据要素顺畅流通为前提,缺乏流动性的孤岛式数据无法发挥信息分享、效率提升、价值创造等方面的作用。客观而言,当前数据要素流通方面仍然存在一些障碍。其中,数据缺乏统一标准就是重要的一点。产业领域的数据类型繁多,不仅包括人与人连接形成的数据,更主要的是人与物、物与物连接所形成的数据,尤其是物联网成为数据生成的主要来源。与传统互联网相比,物联网和产业互联网领域并不存在统一的接口标准,各地区、各产业、各领域的数据采集标准不一,导致采集的数据存在格式不统一、噪声偏差大、难以共享等共性问题。这也就导致很多数据只能在较小的范围内使用、共享与流通,极大地影响了数据要素价值的实现。此外,数据的权属确定同样困难重重,这也制约了数据的流通和使用。如何明确数据要素的来源者、收集者、使用者之间的权利界限,进而明确各自的权责,是一件极为困难的事情,现有制度设计也多是原则性规定,难以据此对数据资源形成有效保护。产业层面的数据涉及企业在生产运营方面的核心信息,在缺乏制度性保护的前提下，企业更是不愿意将数据与上下游客户分享，这也导致很多产业互联网平台难以走出企业的围墙，更多是发挥了企业信息化的作用，难以形成真正的产业生态系统。发挥数字经济在产业链中的积极作用、促进数据要素价值的实现，应采取多重举措破除阻碍数据要素顺畅流通和有效使用的这些堵点和制约。由于产业层面存在较大的行业异质性，数据标准化的难度和复杂度可想而知，可选择部分行业，在政府与市场共同作用下引导发挥行业协会、工业互联网产业联盟等中间组织的作用，逐步推进产业数据采集、清洗、存储的标准化工作，在总结有效经验的基础上进一步推广。数据确权方面应积极探索建立数据分类分层的所有权制度，考虑根据数据中包含信息容量与类型明确权责所属，加强相关方面的制度法规研究，尽快构建清晰且具有可操作性的规范体系。

  数据要素价值的充分发挥，还要高度重视数据要素的安全保障问题。数据安全是数字经济发展的压舱石，只有筑牢数据安全基石，才能保障数据正常流通及其赋能价值的发挥。当前，数据安全风险日益上升。随着产业数字化转型的深入，越来越多的工业设备运行需要依赖网络基础设施，数据的收集、储存、计算以及最终运营指令的发送，各个环节都要通过网络，这也无形中加大了产业所面临的数据安全风险。国家计算机应急技术处理协调中心对能源、轨道交通等关键信息基础设施的在线安全巡检中发现，20%的生产管理系统存在高危安全漏洞，境外黑客组织曾在2020年2月针对存在某特定漏洞的工业控制设备持续攻击半个月之久，攻击次数达6700万次。习近平总书记指出，没有网络安全就没有国家安全，就没有经济社会稳定运行。从宏观层面来看，数据安全问题甚至将会衍生出影响整个经济社会稳定运行的系统性风险。因此，推动数字经济赋能效应的充分发挥，应高度重视数据的安全保障。目前，我国的数据安全保障面临一些突出问题，包括对数字风险的重视及认知程度较低、缺乏规范的安全技术与安全管理标准、网络安全产业发展水平仍有待进一步提高等。很多企业

第十一章
面向出口贸易高质量发展的数字经济政策体系构建

在数字化转型过程中购置大量数字设备,但对这些设备的漏洞与后门基本难以弄清楚,也缺少相应的第三方服务,安全管理方法缺乏可供借鉴的标准化程序;不仅如此,由于在数字安全方面投入的价值体现于预防损害而并不显示为会计利润,安全投入不足成为常态。产业数字化、智能化程度越高,数据安全的问题就会越发突出。当前要特别做好以下几个方面的工作:高度重视数据安全,针对重点产业、重点企业开展工业系统的网络安全排查,做好安全节点堵漏;编制规范化的安全管理准则,推进重点企业、行业组织制定强制性的安全保障的技术与管理标准;推动数据安全产业发展,培育具有先进技术水平和全球竞争力的网络安全骨干企业,带动形成创新发展的产业生态体系。

5. 深度参与数字经济时代下的全球贸易规则构建

数字经济时代的到来使国际贸易的模式与业态都发生了显著变革,最突出的就是跨境电子商务和数字贸易的出现。在传统条件下,全球贸易体系要受到关贸总协定以及 WTO 规则的管理,各国在此框架下对国际贸易所涉及的一系列复杂问题基本具有一定的共识,如关税壁垒、非关税壁垒、贸易争端处理方式等,这些是全球贸易稳定发展的制度基础。数字经济时代,跨境电子商务和数字贸易的出现都是全新的事物,传统条件下的国际贸易规则并不适用于这些新事物,如何构建跨境电子商务和数字贸易的相关规则,是国际贸易规则构建中的新问题,同时也是个存有极大争议的问题。作为治理体系基础的规则,涉及的议题是大量的且琐碎的,相关方在谈判时往往会在很多细节上来回拉锯。不过,从更宏观的角度来看,规则构建中的焦点往往都集中在几个特定的方面,数字经济背景下的贸易规则构建也不例外。具体而言,规则构建过程中各方争论的焦点主要是在几个问题上,即贸易便利化、数字产品的非歧视待遇、数据跨境流动、数据存储本地化、隐私保护等。WTO 自 1998 年通过《电子商务工作计划》后正式启动了电子商务议题,2017 年召开的部长级会议发布了《电子商务联合声明》，号召为开展与贸易有关的电子商务谈判开展探索性工作，在2019年召开的电子商务非正式部长级会议上，包括中国在内的76个WTO成员方共同签署了新版《联合声明》，确认有意开展与贸易有关的电子商务谈判，并于当年正式启动。这里的电子商务并非仅指跨境电商，实际是将电子商务和数字贸易的概念不加区分地整合在一起。对于贸易便利化议题的谈判在各方间比较容易地达成了共识，在电子传输免税议题上也达成了暂时性共识，大多数谈判方也有意使这一做法永久化，在其他议题上，WTO电子商务谈判目前仍未见有达成共识的趋势。

数字产品的非歧视待遇、数据跨境流动、数据存储本地化、隐私保护这些焦点议题方面，目前的国际规则基本属于碎片化状态，某些国家可能在特定议题上达成一定的共识，从而形成区域性的规则体系。例如，在数据跨境流动、数据存储本地化等方面，美国与墨西哥、加拿大达成了共识，并在《美国—墨西哥—加拿大协定》中加以明确规定；美国与欧盟、日本在这些议题上存有争议，但在加入必要的调整措施后，也能够在一定程度上达成共识；但在此之外，基本很难再与其他国家达成共识。目前，中国正在积极推进实施自由贸易区提升战略，加快构建面向全球的高标准自由贸易区网络，所谓高标准自贸区，必然要涉及数字时代下的贸易规则构建问题。在已经签署的自由贸易协定中，我国已经逐步将电子商务纳入框架之内，如《中国—新西兰自贸协定升级议定书》、《区域全面经济伙伴关系协定》（RCEP）加入了电子商务章节。这些章节是数字时代下中国对国际贸易规则主张的体现，是中国参与国际贸易规则构建的重要努力与进展，但也应看到，这里的电子商务主要还是围绕跨境电商中的贸易便利化问题，对于数据跨境流动等议题并没有涉及。在可以预期的将来，随着数字技术的不断发展和产业结构的转型，以数据流为载体的数字贸易必然将是各国竞争的制高点。

在中国已经签署以及正在谈判过程中的各类自贸协定中，在电子商务

第十一章
面向出口贸易高质量发展的数字经济政策体系构建

和数字贸易相关的大部分议题上，想要达成共识并不难，而且这种共识对数字时代中国出口贸易发展无疑也是有利的。但最具争议的问题还是在数据跨境流动规则上，因为这不只是个经济问题，更涉及网络空间主权问题。近年来，我国先后制定了《网络安全法》《数据安全法》《个人信息保护法》，对数据跨境流动做出了基本的规定，2022年出台的《数据出境安全评估办法》对数据出境具体评估办法做了规定。现实的问题是，这些规定基本都是原则性，数据分级分类管理难以具体落到应用场景，以监管思维为主，发展思维欠缺。这些规定真正用于实践指导仍有很多工作需要做，更不用提在国际贸易谈判中提出明确的、能够为多方所接受的规则主张。而且，基于"属地原则"的"数据本地化"政策，虽然最大限度地保障了国家安全、公共安全和个人隐私安全，但同时也对我国通过协议打通与美欧日的数据传输通道形成了障碍，存在被发达国家"数字同盟圈"边缘化的风险。可以预见，美欧等网络技术成熟的发达国家凭借技术优势垄断网络规则制定权，推行体现本国价值理念的数据治理主张，对我国的竞争态势和打压力度将持续增强。当前要深入参与数字时代下的国际贸易规则谈判，核心是要关注数据要素跨境流动问题，应在做好充分调查研究的基础上形成基本原则，在坚持原则基础上灵活构建务实方案，避免将来在这方面落入规则孤岛的困局。

这里有必要对《数字经济伙伴关系协定》（DEPA）做简要述评。DEPA是由新西兰发起，新西兰、新加坡、智利三国于2020年签署的数字贸易协定，是全球第一个关于数字贸易的单独规则。国内学术界对DEPA的评价颇高，认为这是不同于美国模式、欧盟模式的新的数字贸易规则体系，并认为加入DEPA将对全球数字贸易规则体系构建产生重大的影响。笔者与东南大学法学院、江苏省商务厅自贸办共同组成了工作组，对DEPA内容进行了详细的对照式解读。遗憾的是，最终得出的结论是，DEPA作为第一个关于数字贸易的单独规则具有创新性，但总体质量并不高。与其说中国需要加入 DEPA，不如说 DEPA 更期待中国的加入。DEPA 最大的特点被认为是其模块化结构，各国可以根据自己的情况选择性地参与谈判，加入部分模块。客观而言，模块化既可以称为优点，但反过来也隐含着这样的结果，即好解决的总是能解决，不好解决的最终还是解决不了。因此，在急需解决的关键问题上，DEPA 可能最终毫无作为。具体地，此协定由 16 个主题模块构成，涉及商业和贸易便利化、处理数字产品及相关问题、数据问题、更广阔的信任环境等方面，在与国内既有法律法规和实践做法进行对照比较后，基本可以梳理为四类条款，分别是倡议性的、需要谈判但能够协调推进的、我国国内法律法规已经有规定的或已有实践做法的、需要谈判但不太可能达成共识的。本书在附录中给出了部分条款与国内法律法规的对比情况，对应于很多条款，我国已经有先行规定或实践做法，处于领先状态，而对于数据要素等相关条款，DEPA 实际上就没有期望能够达成共识。因此，本书认为 DEPA 可以成为中国参与国际贸易规则的一个切入点，但不应对其价值给予过高评价。客观地说，希望跳过核心问题而试图另辟蹊径的做法，可能最后的结果还是要回到核心问题上，因而当前寻求在国际贸易规则方面的突破时，必须聚焦核心问题，除此别无捷径。

附 录

附表1 数字经济发展指数

年份 省份	2006	2007	2008	2009	2010	2011	2012	2013
北京	5.956	6.232	6.331	6.667	7.027	7.347	7.745	8.124
天津	4.170	4.191	4.383	4.427	4.503	4.624	4.824	4.965
河北	3.399	3.478	3.675	3.697	3.793	3.896	4.061	4.180
山西	3.392	3.463	3.598	3.661	3.679	3.725	3.825	4.008
内蒙古	2.998	3.087	3.153	3.242	3.340	3.415	3.520	3.629
辽宁	3.869	3.955	4.137	4.216	4.327	4.417	4.560	4.671
吉林	3.280	3.373	3.399	3.476	3.556	3.609	3.711	3.817
黑龙江	3.473	3.558	3.633	3.610	3.590	3.655	3.740	3.829
上海	6.520	6.827	7.429	7.835	8.064	7.989	8.508	8.511
江苏	4.423	4.604	4.782	4.958	5.213	5.354	5.614	6.042
浙江	4.662	4.846	4.930	5.024	5.169	5.237	5.385	5.490
安徽	3.336	3.445	3.488	3.608	3.821	3.894	4.006	4.097
福建	3.784	3.928	4.099	4.114	4.162	4.218	4.358	4.437
江西	3.200	3.297	3.308	3.366	3.429	3.479	3.569	3.626
山东	3.801	3.949	4.134	4.243	4.356	4.474	4.610	4.889
河南	3.589	3.667	3.817	3.913	4.038	4.039	4.170	4.341
湖北	3.528	3.639	3.705	3.820	3.891	3.996	4.127	4.302
湖南	3.371	3.497	3.596	3.676	3.759	3.737	3.875	4.023
广东	4.915	5.215	5.397	5.557	5.691	5.728	6.014	6.461
广西	3.159	3.248	3.299	3.392	3.458	3.492	3.590	3.691
海南	3.088	3.160	3.205	3.153	3.313	3.362	3.426	3.482
重庆	3.244	3.358	3.421	3.494	3.586	3.522	3.656	3.782

续表

年份 省份	2006	2007	2008	2009	2010	2011	2012	2013
四川	3.360	3.518	3.613	3.794	3.768	3.826	3.959	4.249
贵州	2.912	3.036	3.120	3.178	3.253	3.313	3.394	3.505
云南	2.991	3.079	3.157	3.221	3.264	3.348	3.446	3.581
陕西	3.492	3.572	3.654	3.782	3.878	3.978	4.115	4.278
甘肃	3.062	3.128	3.124	3.180	3.210	3.248	3.321	3.432
青海	2.820	2.871	2.942	2.962	3.025	3.090	3.173	3.194
宁夏	3.000	3.083	3.136	3.185	3.236	3.300	3.342	3.370
新疆	3.270	3.332	3.353	3.322	3.380	3.438	3.525	3.602

年份 省份	2014	2015	2016	2017	2018	2019	2020	2021
北京	8.282	8.519	8.626	9.095	9.532	9.936	10.023	10.399
天津	5.104	5.174	5.312	5.544	5.746	5.938	6.101	6.143
河北	4.230	4.301	4.481	4.615	4.838	5.133	5.314	5.266
山西	3.957	3.957	3.893	3.952	4.053	4.189	4.295	4.343
内蒙古	3.741	3.630	3.653	3.759	3.852	3.997	4.055	4.082
辽宁	4.742	4.701	4.459	4.464	4.506	4.644	4.744	4.738
吉林	3.900	3.990	4.050	4.255	4.430	4.492	4.535	4.468
黑龙江	3.888	3.891	3.945	4.006	4.029	4.152	4.177	4.186
上海	9.002	9.106	9.091	9.457	9.842	10.315	10.800	11.243
江苏	6.311	6.599	6.613	6.857	7.323	7.896	8.194	8.265
浙江	5.587	5.779	5.849	6.147	6.482	6.998	7.226	7.254
安徽	4.198	4.357	4.534	4.683	4.910	5.245	5.441	5.659
福建	4.468	4.645	4.675	4.824	5.014	5.233	5.365	5.384
江西	3.713	3.854	3.936	4.110	4.316	4.566	4.753	4.788
山东	5.047	5.176	5.285	5.491	5.747	6.162	6.500	6.541
河南	4.457	4.541	4.661	4.917	5.169	5.590	5.886	5.898
湖北	4.444	4.635	4.713	4.845	5.055	5.375	5.474	5.592
湖南	4.110	4.249	4.325	4.590	4.771	5.150	5.473	5.574
广东	6.527	7.084	7.370	7.745	8.575	9.493	9.795	9.709
广西	3.752	3.771	3.825	3.968	4.160	4.354	4.547	4.632

续表

年份省份	2014	2015	2016	2017	2018	2019	2020	2021
海南	3.501	3.586	3.616	3.641	3.659	3.865	3.943	4.004
重庆	3.850	3.910	3.985	4.108	4.262	4.414	4.564	4.600
四川	4.335	4.601	4.704	4.908	5.280	5.665	5.999	6.005
贵州	3.597	3.673	3.728	3.929	4.105	4.283	4.465	4.345
云南	3.623	3.685	3.853	3.899	4.051	4.248	4.448	4.328
陕西	4.407	4.475	4.546	4.635	4.814	4.972	5.166	5.281
甘肃	3.442	3.458	3.491	3.543	3.644	3.763	3.861	3.853
青海	3.241	3.321	3.340	3.425	3.548	3.611	3.700	3.759
宁夏	3.413	3.424	3.460	3.520	3.610	3.624	3.732	3.798
新疆	3.639	3.638	3.630	3.687	3.806	3.932	4.059	4.060

资料来源：笔者计算得到。

附表2 21世纪以来数字经济相关政策文件及内容要点

发布时间	文件名称	内容要点
2001年	《中华人民共和国国民经济和社会发展第十个五年计划纲要》	加快国民经济和社会信息化、发展高新技术产业，以信息化带动工业化、把工业化和信息化更好地结合起来
2006年	《中华人民共和国国民经济和社会发展第十一个五年规划纲要》	第十五章《积极推进信息化》，就坚持以信息化带动工业化、以工业化促进信息化做出部署
2006年	《2006—2020年国家信息化发展战略》	提出至2020年我国信息化发展的战略目标和具体目标，以及信息化发展的战略重点方向
2006年	《国家中长期科学和技术发展规划纲要》	加强信息技术的研究和应用，推进信息化和工业化深度融合，培育壮大数字经济产业等。还明确提出要建设高性能计算机、超级计算机等重大科技基础设施
2011年	《中华人民共和国国民经济和社会发展第十二个五年规划纲要》	第十三章《全面提高信息化水平》，部署加快建设下一代国家信息基础设施，推动信息化和工业化深度融合，推进经济社会各领域信息化
2013年	《"宽带中国"战略实施方案》	加强战略引导和系统部署，推动我国宽带基础设施快速健康发展
2015年	《关于积极推进"互联网+"行动的指导意见》	推进互联网创新成果与经济社会各领域深度融合，具体提出了十一项重点行动任务
2015年	《促进大数据发展行动纲要》	提出全面推进我国大数据发展和应用、加快建设数据强国的目标任务
2016年	《"十三五"国家信息化规划》	提出"智能化引领升级、数字化支撑社会治理"等战略目标，提出加快5G网络建设、推进大数据应用、促进云计算发展等具体举措
2016年	《中华人民共和国国民经济和社会发展第十三个五年规划纲要》	第六篇《拓展网络经济空间》，就实施网络强国战略、加快建设数字中国、推动信息技术与经济社会发展深度融合、加快推动信息经济发展壮大做出部署
2016年	《国家信息化发展战略纲要》	提出网络强国"三步走"的战略目标
2017年	《新一代人工智能发展规划》	抢抓人工智能发展的重大战略机遇，构筑我国人工智能发展的先发优势
2017年	《关于深化"互联网+先进制造业"发展工业互联网的指导意见》	以全面支撑制造强国和网络强国建设为目标，围绕推动互联网和实体经济深度融合，持续提升我国工业互联网发展水平，有力推动现代化经济体系建设

附 录

续表

发布时间	文件名称	内容要点
2017 年	《关于推动数字文化产业创新发展的指导意见》	从总体要求、发展方向、重点领域、建设数字文化产业创新生态体系、加大政策保障力度等角度，对推动我国数字文化产业创新发展提出了相应的政策举措，向全社会发出了鼓励数字文化产业发展的明确信号
2018 年	《关于推动创新创业高质量发展打造"双创"升级版的意见》	提出加强数字经济领域创新创业支持，促进数字经济与实体经济深度融合
2018 年	《关于推动资本市场服务网络强国建设的指导意见》	提出充分发挥资本市场在资源配置中的重要作用，规范和促进网信企业创新发展，推进网络强国和数字中国建设
2018 年	《关于发展数字经济稳定并扩大就业的指导意见》	加快数字基础设施建设，着力发展壮大互联网、物联网、大数据、云计算、人工智能等信息技术产业，做大做强平台企业，在带动经济转型提质过程中创造更多更高质量的新兴就业创业增长点
2019 年	《关于促进文化和科技深度融合的指导意见》	提出充分利用数字技术推动文化产业转型升级，全面提升文化科技创新能力，转变文化发展方式，推动文化事业和文化产业更好更快发展
2019 年	《数字乡村发展战略纲要》	指出通过夯实数字农业基础、推进农业数字化转型、创新农村流通服务体系、积极发展乡村新业态等，大力发展农村数字经济
2019 年	《数字农业农村发展规划（2019—2025 年）》	到 2025 年，数字农业农村建设取得重要进展，有力支撑数字乡村战略实施。数字技术与农业产业体系、生产体系、经营体系加快融合，农业数字经济比重大幅提升，乡村数字治理体系日趋完善
2019 年	《国家数字经济创新发展试验区实施方案》	浙江省、河北省（雄安新区）、福建省、广东省、重庆市、四川省 6 个"国家数字经济创新发展试验区"要坚持新发展理念，在数字经济要素流通机制等方面开展大胆探索，充分释放新动能
2020 年	《中小企业数字化赋能专项行动方案》	坚持统筹推进新冠疫情防控和经济社会发展，以新一代信息技术与应用为支撑，提升中小企业应对危机能力，培育推广符合中小企业需求的数字化平台，助推中小企业通过数字化网络化智能化赋能实现复工复产

续表

发布时间	文件名称	内容要点
2020 年	《关于推动工业互联网加快发展的通知》	提出加快新型基础设施建设、加快拓展融合创新应用、加快健全安全保障体系、加快壮大创新发展动能等举措，推动工业互联网在更广范围、更深程度、更高水平上融合创新，培植壮大经济发展新动能
2020 年	《关于构建更加完善的要素市场化配置体制机制的意见》	指出需加快数据要素市场培育，充分发挥数据要素对其他要素效率的倍增作用，使大数据成为推动经济高质量发展的新动能
2020 年	《关于推进"上云用数赋智"行动培育新经济发展实施方案》	指出充分发挥技术创新和赋能作用抗击疫情影响、做好"六稳"工作，进一步加快产业数字化转型，培育新经济发展，助力构建现代化产业体系，实现经济高质量发展
2021 年	《中华人民共和国国民经济和社会发展第十四个五年规划和2035年远景目标纲要》	以整篇四章内容，分别从打造数字经济新优势、加快数字社会建设步伐、提高数字政府建设水平和营造良好数字生态等方面，就加快数字化发展、建设数字中国做出部署
2021 年	《"十四五"大数据产业发展规划》	夯实产业发展基础，构建稳定高效产业链，统筹发展和安全，打造数字经济发展新优势，为建设制造强国、网络强国、数字中国提供有力支撑
2021 年	《"十四五"机器人产业发展规划》	到 2025 年我国成为全球机器人技术创新策源地、高端制造集聚地和集成应用新高地
2021 年	《"十四五"智能制造规划》	设定"两步走"的发展策略，2025 年规模以上制造业企业大部分实现数字化网络化，重点行业骨干企业初步应用智能化。2035 年规模以上制造业企业全面普及数字化网络化，重点行业骨干企业基本实现现代化
2021 年	《新型数据中心发展三年行动计划（2021—2023 年）》	提出了建设布局优化行动、网络质量升级行动、算力提升赋能行动、产业链稳固增强行动、绿色低碳发展行动、安全可靠保障行动六个专项行动，着力推动新型数据中心发展
2021 年	《数字经济对外投资合作工作指引》	深入实施数字经济战略，坚持企业主体、政府引导、市场运作的原则，坚持创新驱动发展，统筹发展与安全，积极参与全球数字经济合作与竞争，更好服务构建新发展格局

附　录

续表

发布时间	文件名称	内容要点
2022 年	《"十四五"数字经济发展规划》	坚持"创新引领、融合发展、应用牵引、数据赋能、公平竞争、安全有序、系统推进、协同高效"的原则，进一步持续推进数字产业化和产业数字化
2022 年	《关于支持建设新一代人工智能示范应用场景的通知》	强调要充分发挥人工智能赋能经济社会发展的作用，打造形成一批可复制、可推广的标杆型示范应用场景
2022 年	《关于加快场景创新以人工智能高水平应用促进经济高质量发展的指导意见》	以促进人工智能与实体经济深度融合为主线，以推动场景资源开放、提升场景创新能力为方向，加速人工智能技术攻关，以人工智能高水平应用促进经济高质量发展
2022 年	《关于加强数字政府建设的指导意见》	通过持续增强数字政府效能，更好地激发数字经济活力，优化数字社会环境，营造良好数字生态
2022 年	《中小企业数字化转型指南》	面向中小企业、数字化转型服务供给方和地方各级主管部门，增强企业转型能力、提升转型供给水平、加大转型政策支持，助力中小企业数字化转型，提升为中小企业提供数字化产品和服务的能力
2022 年	《关于在有条件的自由贸易试验区和自由贸易港试点对接国际高标准推进制度型开放的若干措施》	加快构建数据基础制度，充分发挥我国海量数据规模和丰富应用场景优势，激活数据要素潜能，做强做优做大数字经济，增强经济发展新动能，构筑国家竞争新优势
2023 年	《关于恢复和扩大消费的措施》	提出壮大数字消费，推进数字消费基础设施建设，加快传统消费数字化转型，促进电子商务、直播经济、在线文娱等数字消费规范发展，推进数字生活智能化

资料来源：笔者整理得到。

附表 3　美国对华争端主要事件

时间	事件
2017 年 8 月 14 日	特朗普签署行政备忘录，授权美国贸易代表对中国展开贸易调查
2017 年 8 月 18 日	美国贸易代表莱特希泽宣布，美国正式对中国发起"301 调查"
2018 年 3 月 1 日	特朗普宣布，美国计划对进口钢铁和铝材全面课征 25%和 10%的关税
2018 年 3 月 22 日	特朗普正式签署总统备忘录，基于"301 调查"，指令对中国进口的约 600 亿美元商品大规模征收 25%的关税
2018 年 4 月 4 日	美国政府发布了加征关税的商品清单，将对中输美价值 500 亿美元的商品加征 25%的关税。清单覆盖航空航天、信息通信技术、机械等十多个部门
2018 年 4 月 5 日	特朗普要求美国贸易代表办公室依据"301 调查"，额外对 1000 亿美元中国进口商品加征关税
2018 年 4 月 16 日	美国商务部宣布制裁中兴通讯，7 年内禁止中兴通讯向美国企业购买零部件、商品、软件和技术等
2018 年 4 月 18 日	美国监管者采取措施，禁止移动运营商使用联邦补贴购买中国企业生产的任何电信设备
2018 年 5 月 29 日	美国白宫发表声明，美方将加强对获取美国工业重大技术的相关中国个人和实体实施出口管制，并采取具体投资限制。同时美方宣布仍将对 500 亿美元中国商品征收 25%的关税，具体商品清单和关税将在此后不久公布施行
2018 年 6 月 15 日	美国白宫对中美贸易发表声明，拟对 1102 种产品（包括航空航天、通信技术、机器人、新材料等）合计 500 亿美元商品征收 25%的关税
2018 年 7 月 6 日	美国政府宣布，自美东夏令时间当日 0 时 01 分（北京时间 6 日 12 时 01 分）起，美国对华征税清单第一部分正式生效
2018 年 7 月 10 日	美国政府公布进一步对华加征关税清单，拟对约 2000 亿美元中国产品加征 10%的关税，其中包括海产品、农产品、水果、日用品等项目。中美贸易摩擦升级
2018 年 7 月 12 日	中兴通讯与美国商务部签署第三方托管协议。根据该协议，中兴在支付由第三方托管的 4 亿美元保证金后，美方将解除对其贸易禁令
2018 年 8 月 1 日	特朗普指示美国贸易代表考虑将针对 2000 亿美元中国产品关税上调至 25%
2018 年 8 月 8 日	美国政府发布第二部分对华征税清单为 160 亿美元商品，将于 8 月 23 日生效。被加征 25%关税的对象包括中国的电子产品、塑料制品、化学品和铁路设备等范围很广的商品

附 录

续表

时间	事件
2018年8月13日	美国国会颁布 ECRA 法案,加强对新兴和基础性技术出口的管制,清单涵盖了从生物技术、人工智能、量子计算到先进材料
2018年9月18日	美国总统特朗普发布声明,他指示美国贸易代表办公室继续对自中国进口的大约2000亿美元商品征收额外关税。额外关税将于2018年9月24日生效,并在年底前设定为10%的水平。2019年1月1日起,关税将上升至25%
2018年10月17日	美国白宫宣布启动退出万国邮政联盟的程序,原因是认为万国邮政联盟体系下的邮政资费对美国不公平,有利于中国商品在美国倾销
2018年10月29日	美国商务部宣布制裁福建晋华集成电路有限公司,限制美国企业对其出口
2018年11月	特朗普政府启动了"中国行动计划",旨在调查外国机构和个人对美国经济、技术、商业秘密的窃取,针对"受中国政府支持的科研人员"展开调查,审查其在学术活动中是否给美国带来安全与技术威胁
2018年12月1日	中美元首于阿根廷会晤,双方协定税率提升至25%计划暂缓90天。在双方会谈中,特朗普同意把原定于2019年1月1日对2000亿美元中国商品关税上调至25%的决定推迟到3月1日实施
2019年1~3月	"90天休战"期间,中美双方就经贸问题进行多次磋商。期间,特朗普再度推迟上调中国进口商品关税的日期
2019年5月8日	特朗普宣布10日将对2000亿美元中国商品关税提高至25%
2019年5月10日	美国对2000亿美元中国商品关税提高至25%的计划正式实施
2019年5月13日	美国贸易代表办公室公布对华约3000亿美元商品拟加征25%关税清单
2019年5月15日	中国电信通信巨头华为被美国商务部列为实体管控名单
2019年8月1日	美国总统特朗普通过社交媒体表示,美国将从今年9月1日起,对从中国进口的3000亿美元商品加征10%的关税
2019年9月	美国新增对来自中国的1250亿美元商品征收新关税(服装、鞋类、相机等)
2019年10月	美国商务部把28家中国机构和企业列入"实体清单",禁止美国企业向这些机构出售产品,理由是它们侵犯了中国西部的所谓"人权"
2019年11月	美国商务部宣布了针对华为的90天许可延期,允许美国企业继续与华为进行业务往来。美国联邦通信委员会投票决定,禁止美国电信运营商使用政府项目资金购买中国华为和中兴通讯的设备
2020年1月15日	中美签署第一阶段经贸协议,中美贸易战暂时缓和
2020年6月5日	美国商务部进一步将所谓"支持中国军用采购""侵犯新疆人权"的部分机构和个人列入出口管制实体清单

数字经济与中国出口贸易高质量发展

续表

时间	事件
2020年7月21日	美国商务部工业和安全局在实体清单中再次添加11家中国科技公司进行制裁
2020年9月9日	美国政府撤销超千名中国公民签证，以暂停被视为"有安全风险"的学生和研究人员从中国入境
2020年11月	美国国会提出"小院高墙"和"选择性脱钩"的策略主张，即美国需要厘清与国家安全直接相关的特定技术领域（"小院"），并划定适当的战略边界（"高墙"），并针对"小院"内技术从出口管制、限制中国投资、严格审查限制中国研究人员进入三方面提出具体管制措施
2020年12月18日	美国商务部将中芯国际列入实体清单，并进一步制裁中国77个实体
2021年1月5日	特朗普禁止与中国8项应用交易，对华为、字节跳动、腾讯等采取不同程度的限制措施
2021年1月25日	美国国务院发言人表示，拜登政府致力于确保中国公司不能"滥用"和"盗用"美国数据，并确保美国技术不被用来支持中国的"恶意活动"
2021年6月8日	美国参议院通过《2021年创新和竞争法案》，法案主要包括促进美国高科技发展和遏制中国两方面的内容
2021年7月9日	美国商务部进一步把23家中国实体列入"实体清单"，并利用"实体清单"限制美国产品和技术流向中国企业
2022年8月	美国总统拜登签署《芯片与科学法案》，该法案企图改变半导体产业布局，将中国的位置固定在低端制造和服务上，试图通过分散国际企业在中国市场的投资、限制高端人才、高端技术流入中国等途径来影响中国研发的能力
2022年10月	美国对半导体和芯片制造施加出口限制，规定美国芯片制造商出口用于先进人工智能计算和超级计算的芯片须获得美国商务部的许可，美国商务部还列出了一个实体清单，禁止美国企业向名单上的中国企业出口产品
2023年6月	荷兰政府宣布与日本、美国达成协议，规定荷兰半导体公司在向国外出售芯片制造设备前需要获得政府批准

资料来源：笔者根据网络资料整理得到。

附 录

附表 4　重要跨境电商和数字贸易政策文件及内容要点

发布时间	政策文件	内容要点
2013 年 8 月	《关于实施支持跨境电子商务零售出口有关政策的意见》	确定电子商务出口经营主体、建立电子商务出口新型海关监管模式并进行专项统计、建立电子商务出口检验监管模式、支持电子商务出口企业正常收结汇、鼓励银行机构和支付机构为跨境电子商务提供支付服务、实施适应电子商务出口的税收政策、建立电子商务出口信用体系
2013 年 12 月	《财政部、国家税务总局关于跨境电子商务零售出口税收政策的通知》	不同电子商务出口企业出口货物所适用的增值税、消费税退（免）税政策
2015 年 3 月	《国务院关于同意设立中国（杭州）跨境电子商务综合试验区的批复》	同意设立中国（杭州）跨境电子商务综合试验区，在跨境电子商务各环节的技术标准、业务流程、监管模式和信息化建设等方面先行先试，打造跨境电子商务完整的产业链和生态链，逐步形成一套完整的管理制度和规则
2015 年 5 月	《国务院关于大力发展电子商务加快培育经济新动力的意见》	指出完善电子商务企业和商品的合格评定机制、提升跨境电子商务通关效率等举措，力争跨境电子商务发展的话语权
2015 年 6 月	《国务院办公厅关于促进跨境电子商务健康快速发展的指导意见》	支持国内企业发展跨境电商；完善相关监管政策与税收政策；加强多双边国际合作
2015 年 7 月	《质检总局关于进一步发挥检验检疫职能作用促进跨境电子商务发展的意见》	构建检验检疫工作体制机制，建立跨境电子商务清单管理制度，构建跨境电子商务风险监控和质量追溯体系，促进跨境电商健康快速发展
2016 年 1 月	《国务院关于同意在天津等 12 个城市设立跨境电子商务综合试验区的批复》	在天津等 12 个城市设立综合试验区
2016 年 3 月	《财政部、海关总署、国家税务总局关于跨境电子商务零售进口税收政策的通知》	跨境电子商务零售进口商品按照货物征收关税和进口环节增值税、消费税，跨境电子商务零售进口商品的单次交易限值为 2000 元，个人年度交易限值为 20000 元
2018 年 7 月	《关于同意在北京等 22 个城市设立跨境电子商务综合试验区的批复》	明确了新设一批试验区，逐步完善促进其发展的监管制度、服务体系和政策框架，推动跨境电商在更大范围发展
2018 年 9 月	《关于跨境电子商务综合试验区零售出口货物税收政策的通知》	对综合试验区电子商务出口企业出口未取得有效凭证的货物，同时符合条件的，试行增值税、消费税免税政策

续表

发布时间	政策文件	内容要点
2018年11月	《关于完善跨境电子商务零售进口税收政策的通知》	对税收政策进行调整：一是调整年度交易限值；二是明确完税价格超过单次交易限值但低于年度交易限值且订单下仅一件商品时，可以通过跨境电商零售渠道进口，交易额计入年度交易总额；三是明确已经购买的电商进口商品不得进入国内市场再次销售
2018年11月	《关于实时获取跨境电子商务平台企业支付相关事宜的公告》	该公告要求参与跨境电子商务零售进口业务的跨境电商平台企业应当向海关开放支付相关原始数据，供海关验核
2018年12月	《关于跨境电子商务零售进出口商品有关监管事宜的公告》	进一步全面规定了跨境电子商务企业管理、零售进出口商品通关管理等事项。为跨境电子商务零售进出口监管工作提供了详细的法律依据，促进跨境电子商务的健康有序发展
2019年12月	《国务院关于同意在石家庄等24个城市设立跨境电子商务综合试验区的批复》	明确了新设一批试验区，对跨境电子商务零售出口试行增值税、消费税免税等相关政策，加强对试验区的协调指导和政策支持
2020年1月	《关于扩大跨境电商零售进口试点的通知》	跨境电商零售进口试点范围从37个城市扩大至海南全岛和其他86个城市（地区），覆盖31个省、自治区、直辖市
2020年3月	《海关总署关于跨境电子商务零售进口商品退货有关监管事宜公告》	跨境电子商务出口企业、特殊区域内跨境电子商务相关企业或其委托的报关企业可向海关申请开展跨境电子商务零售出口、跨境电子商务特殊区域出口、跨境电子商务出口海外仓商品的退货业务
2020年5月	《关于同意在雄安新区等46个城市和地区设立跨境电子商务综合试验区的批复》	同意在雄安新区、大同市、满洲里市、营口市、盘锦市、吉林市、黑河市、常州市、连云港市等46个城市地区设立跨境电子商务综合试验区
2020年5月	《关于支持贸易新业态发展的通知》	从事跨境电子商务的企业可将出口货物在境外发生的仓储、物流、税收等费用与出口货款轧差结算
2020年6月	《关于开展跨境电子商务企业对企业出口监管试点的公告》	自2020年7月1日起，跨境电商B2B出口货物适用全国通关一体化。首先在北京、天津、南京等10个地方海关开展跨境电商企业出口对企业监管试点，根据试点情况及时在全国海关复制推广
2020年7月	《关于做好自由贸易试验区第六批改革试点经验复制推广工作的通知》	提出对跨境电商零售进口退货中心仓模式进行改革试点经验推广工作

附　录

续表

发布时间	政策文件	内容要点
2021年6月	《关于在全国海关复制推广跨境电子商务企业对企业出口监管试点的公告》	在现有试点海关基础上，在全国海关复制推广跨境电商B2B出口监管试点
2021年7月	《国务院关于同意在河南省开展跨境电子商务零售进口药品试点的批复》	同意在河南省开展跨境电子商务零售进口药品试点，试点品种为已取得我国境内上市许可的13个非处方药
2021年9月	《关于全面推广跨境电子商务零售进口退货中心仓模式的公告》	为便捷跨境电子商务零售进口商品退货，海关总署决定全面推广"跨境电子商务零售进口退货中心仓模式"
2021年10月	《"十四五"服务贸易发展规划》	顺应经济社会数字化发展新趋势，抢抓数字经济和数字贸易发展机遇，发挥新型服务外包新引领作用，加快推进服务贸易数字化进程
2021年10月	《"十四五"电子商务发展规划》	支持跨境电商高水平发展方面，鼓励电商平台企业全球化经营，完善仓储、物流、支付、数据等全球电子商务基础设施布局，支持跨境电子商务等贸易新业态使用人民币结算
2022年1月	《关于高质量实施区域全面经济伙伴关系协定（RCEP）的指导意见》	推动跨境电子商务高质量发展，推进数字证书、电子签名的国际互认，鼓励电子商务平台企业全球化经营等，积极发展"丝路电商"，与更多RCEP成员国开展电子商务务实合作
2022年2月	《关于加大出口信用保险支持做好跨周期调节进一步稳外贸的工作通知》	鼓励加大对跨境电商、海外仓、外贸综合服务企业等外贸新业态支持力度，采取针对性措施促进服务贸易发展
2022年3月	《关于用好服务贸易创新发展引导基金　支持贸易新业态新模式发展的通知》	聚焦新业态新模式培育发展新动能，鼓励地方相关基金及社会资本与服贸基金协同配合，加大对新业态新模式的投资力度，支持海外仓、跨境物流等跨境服务体系建设，培育数字贸易企业，推动老字号优质服务"走出去"
2022年5月	《关于开展内外贸一体化试点的通知》	进一步提高贸易便利化水平，支持企业利用跨境电商、市场采购贸易等新业态新模式开拓国际市场
2022年7月	《关于推进对外文化贸易高质量发展的意见》	鼓励企业运用跨境电商等新模式新渠道拓宽海外市场，发挥海外中国文化中心、商协会作用，拓宽对外文化贸易渠道
2022年8月	《关于同意在鄂尔多斯等27个城市和地区设立跨境电子商务综合试验区的批复》	同意在鄂尔多斯、扬州市、镇江市等27个城市和地区设立跨境电子商务综合试验区

续表

发布时间	政策文件	内容要点
2022年9月	《支持外贸稳定发展若干政策措施》	进一步发挥跨境电商稳外贸的作用。出台进一步支持跨境电商海外仓发展的政策措施。研究进一步带动社会资本，并统筹利用外经贸发展专项资金等现有资金渠道，共同支持跨境电商、海外仓等外贸新业态发展
2022年11月	《国务院关于同意在廊坊等33个城市和地区设立跨境电子商务综合试验区的批复》	同意在廊坊市、沧州市、运城市等33个城市和地区设立跨境电子商务综合试验区
2023年2月	《关于跨境电子商务出口退运商品税收政策的公告》	出口退运政策有效减少跨境电商出海企业的海外经营成本，解决企业实际困难，加快发展外贸新业态，推动贸易高质量发展

资料来源：笔者整理得到。

附 录

附表5 DEPA部分条款对比解析

条款	主要内容	已有举措
一、第2章	商业和贸易便利化（14条）	
2.2.3	缔约方应将贸易管理文件的电子版本按照与纸质单证具有同等法律效力予以接受，但国内或国际法律有其他要求或会降低贸易管理有效性的除外	海关AEO允许电子报关单证代替纸质版，但是要确保有相关安全备份系统，保证电子单证安全性
2.2.4—2.2.5	每一缔约方应努力建立或设立单一窗口，使个人能够通过一单一接入点向参与的主管机关或机构提交货物进口、出口或过境的单证或数据要求。缔约方应努力各自建立或设立无缝、可信、高可用性和安全互连的单一窗口，以促进与贸易管理文件有关的数据交换，这些数据可包括：ⓐ卫生与植物卫生证书；ⓑ进口和出口数据；ⓒ缔约方共同确定的任何其他单证，在此过程中，缔约方应向公众提供此类单证的清单，并使该清单可在线获得	2016年《关于国际贸易"单一窗口"建设的框架意见》出台。目前，中国国际贸易"单一窗口"已建成，涵盖标准应用18个，覆盖自贸试验区；此外，各省有个性化系统，地方"单一窗口"有一定的功能拓展，如广州"互联网+会展e通"应用、上海跨境人民币贸易融资应用。目前进出口可实现无纸化报关
2.2.7	缔约方应努力开发系统以支持下列数据交换：每一缔约方主管机关之间与贸易管理文件相关的数据交换；在其各自管辖范围内相关的情况下，缔约方企业之间商业贸易活动中使用的电子记录交换	2018年中新签署《关于国际贸易"单一窗口"合作的框架协议》，双方"单一窗口"合作正持续深化中。我国已与新加坡开展合作，海关总署2019年第155号公告，与新加坡、新西兰、智利等缔约国原产地电子信息实现了联网，优化简化了进出口申报程序
2.2.8	缔约方认识到第7款中所指的数据交换系统应彼此兼容并可交互操作。为此，缔约方认识到国际公认标准及可获得的开放标准在数据交换系统的开发和治理方面的作用	中国作为创始缔约方制定了《亚洲及太平洋跨境无纸贸易便利化框架协定》，并已经陆续将UN/CEFACT中的部分标准转化为国家标准，如《国际贸易程序便利化和数据简化方法》《国际贸易业务数据规范》《国际贸易单一窗口基础数据元目录》等

249

续表

条款	主要内容	已有举措
2.4	缔约方认识到高效跨境物流的重要性，有助于降低成本和提高供应链的速度和可靠性。缔约方应努力分享关于物流部门的最佳实践和一般信息，包括但不限于下列内容：ⓐ最后一公里配送，包括按需和动态路径解决方案；ⓑ使用电动、遥控和自动驾驶车辆；ⓒ便利跨境货物交付方式的提供，例如共用包裹储存系统；ⓓ新的物流配送和商业模式	2004年起全国各保税区开始陆续建设保税物流中心，包含了运输、仓储、信息服务、配送等传统物流业务，以及海关口岸保税、报关、退税等监管业务。2021年商务部《商贸物流高质量发展专项行动计划（2021—2025年）》提出的重点任务包括保障国际物流畅通、推进跨境通关便利化
2.5.4	缔约方同意就促进、鼓励、支持或便利企业采用电子发票的倡议开展合作，为此，缔约方应努力：ⓐ促进支持电子发票的基础设施的建设；ⓑ培养使用电子发票的意识和增强能力建设	我国《电子商务法》规定电子发票与纸质发票具有同等法律效力。《中国—东盟全面经济合作框架协议》指出企业可以通过电子方式向海关提交商业发票等单证
2.6.2	每一缔约方应对快运货物采用或设立快速海关程序，同时保持适当海关监管和选择。这些程序为：ⓐ规定在快运货物抵达前提交和处理放行货物所需的信息；ⓑ允许一次性提交涵盖一票快运货物中所有货物的信息，如货单，如可能，应允许通过电子方式提交；ⓒ在可能的限度内，规定放行某些货物的最少单证数；ⓓ在正常情况下，只要货物已抵达，规定在提交必要海关单证后6小时内放行快运货物；ⓔ对任何重量或价值的装运货物适用，认识到一缔约方可能根据货物重量或价值要求办理正式入境手续（包括申报和证明文件、支付关税）作为放行条件	RCEP要求缔约方采取预裁定、抵达前处理、信息技术运用等高效管理手段，在货物抵达后48小时内放行，对快运货物、易腐货物等6小时内放行。对于快运货物，RCEP明确要求缔约方在快运货物抵达前处理与快运货物相关的信息，允许通过电子方式一次性提交涵盖一批快运货物中所有货物的信息，将放行快运货物所需的单证减少到最低限度。新加坡AEO企业1个多小时就可以通关
2.6.4	除受限或管制货物（如受进口许可或类似要求管辖的货物）外，每一缔约方应规定免征关税的微量装运价值或应税金额	海关总署已规定关税税额在50元以下的免征，跨境电商进口单次2000元以内，个人年度2万元以内免征关税

附　录

续表

条款	主要内容	已有举措
二、第 3 章　数字产品待遇和相关问题		
3.2	任何缔约方不得对一缔约方的人与另一缔约方的人之间的电子传输及以电子方式传输的内容征收关税，但以符合本协定的方式征收的除外	WTO 目前所持原则
3.3	缔约方确认其对数字产品的非歧视性待遇的承诺水平，具体包括：任何一方不得对在另一方境内以商业条款创建、生产、出版、签约、委托或首次提供的数字产品，或对作者、表演者、制作者、开发者或所有者为另一方人员的数字产品，与其他类似数字产品相比给予较低的优惠待遇（类似数字产品是指一个非缔约方的数字产品）。非歧视待遇的规定某种程度上不应适用于任何与一方在另一个国际协议中有关知识产权的权利义务不一致的情况；不应适用于一方提供的补贴或赠予，包括政府支持贷款、担保和保证；不应适用于广播	WTO 框架下，部分成员国主张对数字产品适用 GATT，部分成员国主张对数字产品适用 GATS，前者适用非歧视性待遇，后者则不适用非歧视性待遇，目前这是 WTO 相关谈判的争议议题。DEPA 协定回避了数字产品关于货物服务的分类之争，确认企业将不会面临数字产品的歧视问题，并承诺保障数字产品的国民待遇和最惠国待遇
3.4.3	对于使用密码术并设计用于商业应用的一产品，任何缔约方不得强制实施或设立一技术法规或合格评定程序，作为制造、出售、分销、进口或使用该产品的条件而要求该产品的制造商或供应商转让密码技术、合伙等	《密码法》要求坚持非歧视原则，依法平等对待包括外商投资企业在内的商用密码从业单位，明确商用密码技术合作的前提是基于自愿原则和商业规则，行政机关不得要求强制转让商用密码技术；统筹考虑商用密码管理的市场导向与国家安全保障需要，实行商用密码检测认证自愿与强制相结合的双轨机制
三、第 4 章　数据问题		
4.2.5	每一缔约方应公布关于其为电子商务用户提供的个人信息保护的信息，包括：ⓐ个人如何寻求救济；ⓑ企业如何遵守任何法律规定	我国《个人信息保护法》与《数据安全法》《网络安全法》《刑法》中相关条款共同形成公法视角下的个人信息保护法律体系

续表

条款	主要内容	已有举措
4.3	缔约方确认它们在通过电子方式跨境传输信息方面的承诺水平,包括但不限于:①缔约方认识到每一缔约方对通过电子方式传输信息可设有各自的监管要求。②每一缔约方应允许通过电子方式跨境传输信息,包括个人信息,如这一活动用于涵盖的人开展业务。③本条中任何内容不得阻止一缔约方为实现合法公共政策目标而采取或维持与第2款不一致的措施:ⓐ不以构成任意或不合理歧视或对外贸易构成变相限制的方式实施;ⓑ不对信息传输施加超出实现目标所需限度的限制	依据我国法律,关键信息基础设施境内运营数据出境、处理个人信息达到一定数量出境即可引发数据出境安全审查义务。在上述两种情形之外,"按照国家网信部门的规定经专业机构进行个人信息保护认证"、采纳"国家网信部门制定的标准合同与境外接收方订立合同"均可成为出境的合法性来源,不过,后两种情形需要履行向个人告知的义务并取得其单独同意
4.4	①缔约方认识到每一缔约方对于计算设施的使用可设有各自的监管要求,包括寻求保证通信安全性和机密性的要求。②任何缔约方不得要求任一涵盖的人将使用或设置计算设施作为该缔约方在其领土内开展业务的条件。③本条中任何内容不得阻止缔约方为实现合法公共政策目标而采取或维持与第2款不一致的措施,只要该措施:ⓐ不以构成任意或不合理歧视或对外贸易构成变相限制的方式适用;ⓑ不对计算设施的使用或位置施加超出实现目标所需限度的限制	我国《网络安全法》规定,"关键信息基础设施的运营者在中华人民共和国境内运营中收集和产生的个人信息和重要数据应当在境内存储"
四、第5章 更广泛的信任环境		
5.1.2	缔约方认识到下列各项的重要性:ⓐ增强负责计算机安全事件应对的国家实体的能力;ⓑ网络安全领域的劳动力发展,包括可能采取的与资格认证互认、多样性和平等相关的举措	在信息安全人员的资质认证方面,我国设立有国家注册信息安全专业人员(CISP),国际上有国际认证信息安全权威专家(CISSP)、国际注册信息系统审计师(CISA)、国际注册信息安全经理(CISM)、信息安全技术专家(Security)等

附 录

续表

条款	主要内容	已有举措
五、第6章 商业和消费者信任		
6.3.4	每一缔约方应制定或维持下列法律或法规：ⓐ要求在交货时，所提供的货物和服务具有可接受和令人满意的质量，与供应商声称的货物和服务质量一致；ⓑ在不一致的情况下，为消费者提供适当的补救。缔约方努力探索机制的益处，包括替代性争端解决方案，以便利解决与电子商务交易相关的索赔要求	2020年海关总署相继公布了《关于跨境电子商务零售进口商品退货有关监管事宜的公告》和《关于全面推广跨境电子商务出口商品退货监管措施有关事宜的公告》
6.4	在遵守适用的政策、法律和法规的前提下，缔约方认识到其消费者具有开展下列活动能力的益处：ⓐ在遵守合理网络管理的前提下，按消费者选择接入和使用互联网上可获得的服务和应用；ⓑ将消费者选择的终端用户设备接入互联网，只要该设备不损害网络；ⓒ获得消费者互联网接入服务提供者的网络管理做法信息	上海自贸区放宽国际联网服务提供限制，采用内网、外网和网上服务平台"三网合一"的系统
六、第7章 数字身份		
7.1.1	认识到缔约方在个人或企业数字身份方面的合作将增强区域和全球互联互通，并认识到每一缔约方对数字身份可能有不同的实现工具和法律方式，每一缔约方应努力促进其各自数字身份制度之间的可交互可操作性。这可能包括：ⓐ建立或维持适当框架，以促进每一缔约方数字身份制度之间实现技术可交互操作性或建立共同标准；ⓑ每一缔约方各自法律框架为数字身份提供同等保护，或通过自动授予或共同协议方式相互认可其法律和监管效果；ⓒ建立或维持更广泛的国际框架；ⓓ就与数字身份相关的政策和法规、技术实现工具和保障标准以及用户采用的最佳实践交流知识和专业技术	我国《网络安全法》第24条指出，"国家实施网络可信身份战略，支持研究开发安全、方便的电子身份认证技术，推动不同电子身份认证之间的互认"，《"十四五"数字经济发展规划》明确"加快数字身份统一认证和电子证照、电子签章、电子公文等互信互认"，在政策层面也推动区块链技术应用于数字身份、数据存证、城市治理等公共服务领域

续表

条款	主要内容	已有举措
七、第8章 新兴趋势和技术		
8.2	(1) 缔约方认识到，在数字经济中人工智能（AI）技术的使用和采用日益广泛。 (2) 缔约方认识到为可信、安全和负责任使用人工智能技术而制定道德和治理框架具有经济和社会重要性。 (3) 为此，缔约方应努力促进采用支持可信、安全和负责任使用人工智能技术的道德和治理框架（人工智能治理框架）。 (4) 在采用人工智能治理框架时，缔约方应努力考虑国际原则或指导方针，包括可解释性、透明度、公平性和以人为本的价值观	我国发布了《新一代人工智能伦理规范》，并编制了《网络安全标准实践指南——人工智能伦理安全风险防范指引》
8.3	(1) 缔约方认识到数字经济将对政府采购产生影响，确认开放、公平和透明的政府采购市场的重要性。 (2) 为此，缔约方应开展合作行动，以了解货物和服务采购程序的数字化程度提高如何对现有和未来国际政府采购承诺产生影响	《政府采购法》要求全面建设中央政府采购网和电子采购平台，加快推进采购平台数字化并向国际采购准则靠拢。RCEP是我国签署的首个具有政府采购承诺责任义务的区域性贸易协定
八、第9章 创新和数字经济		
9.5	(1) 缔约方认识到，便利公众获得和使用政府信息可促进经济和社会发展、竞争力和创新。 (2) 在一缔约方向公众提供政府信息（包括数据）时，应努力保证以开放数据方式提供此类信息。 (3) 缔约方应努力合作确定缔约方可扩大获取和使用公开数据的方式，以期增加和创造商业机会	我国《数据安全法》提出，"国家制定政务数据开放目录，构建统一规范、互联互通、安全可控的政务数据开放平台，推动政务数据开放利用"
九、第10章 中小企业合作		
10.2	增强中小企业在数字经济中的贸易和投资机会的合作。缔约方应：ⓐ继续与其他缔约方合作，就利用数字工具和技术帮助中小企业获得资金和信贷、中小企业参与政府采购机会以及有助于中小企业适应数字经济的其他领域交流信息和最佳实践；ⓑ鼓励缔约方中小企业参与有助于中小企业与国际供应商、买家和其他潜在商业伙伴联系的平台	我国《"十四五"数字经济发展规划》提出，"实施中小企业数字化赋能专项行动，支持中小企业从数字化转型需求迫切的环节入手，加快推进线上营销、远程协作、数字化办公、智能生产线等应用，由点及面向全业务全流程数字化转型延伸拓展"

资料来源：笔者整理得到。

参考文献

[1] 习近平.习近平谈治国理政（第三卷）[M].北京：外文出版社，2020.

[2] 习近平.习近平谈治国理政（第四卷）[M].北京：外文出版社，2022.

[3] 习近平.论把握新发展阶段、贯彻新发展理念、构建新发展格局[M].北京：中央文献出版社，2021.

[4] 习近平.不断做强做优做大我国数字经济[J].求是，2022（2）：4-8.

[5] 习近平.加强基础研究　实现高水平科技自立自强[J].求是，2023（15）：4-9.

[6] 安树伟，李瑞鹏.高质量发展背景下东北振兴的战略选择[J].改革，2018（7）：64-74.

[7] 安筱鹏.重构：数字化转型的逻辑[M].北京：电子工业出版社，2019.

[8] 白东北，张营营，王珏.产业集聚与中国企业出口：基于创新要素流动视角[J].国际贸易问题，2021（2）：63-79.

[9] 白雪洁，李琳，宋培.数字化改造能否推动中国行业技术升级？[J].上海经济研究，2021（10）：62-76.

[10] 蔡跃洲，牛新星.中国数字经济增加值规模测算及结构分析[J].中国社会科学，2021（11）：4-30.

[11] 昌敦虎，缪琪，原佳倩，等."一带一路"沿线国家碳排放：外商

直接投资与发展要素的共同影响分析［J］.环境科学研究，2022，35（7）：1556-1563.

［12］陈昌兵.新时代我国经济高质量发展动力转换研究［J］.上海经济研究，2018（5）：16-24，41.

［13］陈凤兰，武力超，戴翔.制造业数字化转型与出口贸易优化［J］.国际贸易问题，2022（12）：70-89.

［14］陈凤英，孙立鹏.WTO改革：美国的角色［J］.国际问题研究，2019（2）：61-81.

［15］陈怡，孙文远.贸易开放、出口商品结构与收入不平等：基于南北贸易模型的经验分析［J］.国际贸易问题，2015（10）：152-164.

［16］戴翔.中国出口技术复杂度变迁的研究综述［J］.云南财经大学学报，2011（4）：27-32.

［17］戴翔，宋婕.我国外贸转向高质量发展的内涵、路径及方略［J］.宏观质量研究，2018，6（3）：22-31.

［18］戴翔，张二震.产品内分工、危机冲击与全球贸易［J］.江海学刊，2011（1）：72-78.

［19］杜传忠，管海锋.数字经济与我国制造业出口技术复杂度：基于中介效应与门槛效应的检验［J］.南方经济，2021（12）：1-20.

［20］杜明威，耿景珠，刘文革.企业数字化转型与中国出口产品质量升级：来自上市公司的微观证据［J］.国际贸易问题，2022（6）：55-72.

［21］杜修立，王维国.中国出口贸易的技术结构及其变迁：1980—2003［J］.经济研究，2007（7）：137-151.

［22］段文奇，刘晨阳.贸易便利化、企业异质性与多产品企业出口［J］.国际贸易问题，2020（5）：72-88.

［23］范鑫.数字经济发展、国际贸易效率与贸易不确定性［J］.财贸经济，2020，41（8）：145-160.

[24] 方杰炜, 施炳展. 知识产权保护"双轨制"与企业出口技术复杂度 [J]. 经济理论与经济管理, 2022, 42 (12): 77-93.

[25] 冯德连. 推进外贸发展由数量型向质量型转变的思考 [J]. 经济体制改革, 1995 (5): 28-31, 127-128.

[26] 冯俏彬. 我国经济高质量发展的五大特征与五大途径 [J]. 中国党政干部论坛, 2018 (1): 59-61.

[27] 葛和平, 吴福象. 数字经济赋能经济高质量发展: 理论机制与经验证据 [J]. 南京社会科学, 2021 (1): 24-33.

[28] 何立峰. 深入贯彻新发展理念 推动中国经济迈向高质量发展 [J]. 现代国企研究, 2018 (7): 6-9.

[29] 何莉. 中国对外贸易质量评价体系研究 [J]. 财经科学, 2010 (2): 58-65.

[30] 洪俊杰, 蒋慕超, 张宸妍. 数字化转型、创新与企业出口质量提升 [J]. 国际贸易问题, 2022 (3): 1-15.

[31] 黄漫宇, 王孝行. 数字经济、资源错配与企业全要素生产率 [J]. 宏观经济研究, 2022 (12): 43-53.

[32] 黄群慧. 理解中国制造 [M]. 北京: 中国社会科学出版社, 2019.

[33] 黄群慧, 余泳泽, 张松林. 互联网发展与制造业生产率提升: 内在机制与中国经验 [J]. 中国工业经济, 2019 (8): 5-23.

[34] 贾怀勤, 吴珍倩. 我国贸易质量综合评价初探 [J]. 国际贸易, 2017 (4): 40-44.

[35] 江小涓. 数字时代的技术与文化 [J]. 中国社会科学, 2021 (8): 4-34.

[36] 金碚. 关于"高质量发展"的经济学研究 [J]. 中国工业经济, 2018 (4): 5-18.

［37］金祥义，施炳展.互联网搜索、信息成本与出口产品质量［J］.中国工业经济，2022（8）：99-117.

［38］荆文君，孙宝文.数字经济促进经济高质量发展：一个理论分析框架［J］.经济学家，2019（2）：66-73.

［39］李兵，李柔.互联网与企业出口：来自中国工业企业的微观经验证据［J］.世界经济，2017（7）：102-125.

［40］李冬，杨万平.面向经济高质量发展的中国全要素生产率演变：要素投入集约还是产出结构优化［J］.数量经济技术经济研究，2023，40（8）：46-68.

［41］李钢.中国迈向贸易强国的战略路径［J］.国际贸易问题，2018（2）：11-15.

［42］李宏，乔越.数字化转型提高了制造业出口技术复杂度吗?：基于国家信息化发展战略的拟自然实验［J］.山西大学学报（哲学社会科学版），2021，44（5）：108-118.

［43］李金昌，史龙梅，徐蔼婷.高质量发展评价指标体系探讨［J］.统计研究，2019，36（1）：4-14.

［44］李坤望，蒋为，宋立刚.中国出口产品品质变动之谜：基于市场进入的微观解释［J］.中国社会科学，2014（3）：80-103.

［45］李坤望，邵文波，王永进.信息化密度、信息基础设施与企业出口绩效：基于企业异质性的理论与实证分析［J］.管理世界，2015（4）：52-65.

［46］李坤望，王有鑫.FDI促进了中国出口产品质量升级吗?：基于动态面板系统GMM方法的研究［J］.世界经济研究，2013（5）：60-66.

［47］李兰冰，路少朋.高速公路与企业出口产品质量升级［J］.国际贸易问题，2021（9）：33-50.

［48］李琳，赵桁."两业"融合与碳排放效率关系研究［J］.经济经

纬，2021，38（5）：71-79.

［49］李小平，彭书舟，肖唯楚.中间品进口种类扩张对企业出口复杂度的影响［J］.统计研究，2021，38（4）：45-57.

［50］李新安，李慧.外资引入、技术进步偏向影响了制造业的碳排放吗？：来自我国27个制造行业面板数据模型的实证检验［J］.中国软科学，2022（1）：159-170.

［51］李艳梅，付加锋.中国出口贸易中隐含碳排放增长的结构分解分析［J］.中国人口·资源与环境，2010，20（8）：53-57.

［52］梁俊伟，魏浩.非关税措施与中国出口边际［J］.数量经济技术经济研究，2016，33（3）：3-22，77.

［53］梁一新，关兵，韩力.国际经贸规则：变局与重塑［M］.北京：电子工业出版社，2023.

［54］林峰，秦佳慧.数字经济、技术创新与中国企业高质量出口［J］.学术研究，2022（10）：110-116.

［55］林红.中国服务贸易竞争力研究［M］.北京：中国经济出版社，2009.

［56］林兆木.我国经济高质量发展的内涵和要义［J］.西部大开发，2018（1）：110-113.

［57］刘宏，刘玉伟，张佳.对外直接投资、创新与出口产品质量升级：基于中国微观企业的实证研究［J］.国际商务（对外经济贸易大学学报），2020（3）：100-114.

［58］刘军，杨渊鋆，张三峰.中国数字经济测度与驱动因素研究［J］.上海经济研究，2020（6）：81-96.

［59］刘啟仁，铁瑛.企业雇佣结构、中间投入与出口产品质量变动之谜［J］.管理世界，2020，36（3）：1-23.

［60］刘惟蓝.建立开发区高质量发展的指标体系［J］.群众，

2018（10）：41-42.

［61］刘艳霞.数字经济赋能企业高质量发展：基于企业全要素生产率的经验证据［J］.改革，2022（9）：35-53.

［62］龙飞扬，殷凤.制造业投入服务化与出口产品质量升级：来自中国制造企业的微观证据［J］.国际经贸探索，2019，35（11）：19-35.

［63］卢昂荻，花泽苏.高铁开通、市场可达性与出口产品质量空间分布［J］.学术研究，2023（2）：87-96.

［64］罗良清，平卫英，张雨露.基于融合视角的中国数字经济卫星账户编制研究［J］.统计研究，2021，38（1）：27-37.

［65］罗勇，王世静，曹丽莉.贸易便利化对我国制造业出口产品质量影响研究［J］.软科学，2021，35（1）：6-11.

［66］米尔斯.云端革命：新技术融合引爆未来经济繁荣［M］.丁林棚，等译.北京：中译出版社，2023.

［67］马林静，梁明，夏融冰.推动新时代中国贸易高质量发展的思考［J］.国际贸易，2020（7）：41-46，71.

［68］马述忠，濮方清，潘钢健.数字贸易学［M］.北京：高等教育出版社，2022.

［69］毛其淋.人力资本推动中国加工贸易升级了吗？［J］.经济研究，2019，54（1）：52-67.

［70］毛群英.衡量贸易竞争力的指标体系及评价方法探析［J］.经济管理，2008，30（19）：11-15.

［71］尼葛洛庞帝.数字化生存［M］.胡泳、范海燕，译.海口：海南出版社，1997.

［72］倪红福.中国出口技术含量动态变迁及国际比较［J］.经济研究，2017，52（1）：44-57.

［73］潘家栋，肖文.互联网发展对我国出口贸易的影响研究［J］.国

际贸易问题，2018（12）：16-26.

[74] 裴长洪，刘洪愧.中国外贸高质量发展：基于习近平百年大变局重要论断的思考[J].经济研究，2020，55（5）：4-20.

[75] 裴长洪，刘洪愧.中国怎样迈向贸易强国：一个新的分析思路[J].经济研究，2017，52（5）：26-43.

[76] 齐晔，李惠民，徐明.中国进出口贸易中的隐含碳估算[J].中国人口·资源与环境，2008，18（3）：8-13.

[77] 钱学锋，熊平.中国出口增长的二元边际及其因素决定[J].经济研究，2010，45（1）：65-79.

[78] 曲维玺，崔艳新，马林静，等.我国外贸高质量发展的评价与对策[J].国际贸易，2019（12）：4-11.

[79] 屈超，张美慧.国际ICT卫星账户的构建及对中国的启示[J].统计研究，2015，32（7）：74-80.

[80] 渠慎宁，杨丹辉.制造业本地化、技术反噬与经济"逆全球化"[J].中国工业经济，2022（6）：42-60.

[81] 渠慎宁，史丹，杨丹辉.中国数字经济碳排放：总量测算与趋势展望[J].中国人口·资源与环境，2022，32（9）：11-21.

[82] 任保平.经济增长质量：理论阐释、基本命题与伦理原则[J].学术月刊，2012，44（2）：63-70.

[83] 任保平，李培伟.数字经济背景下中国经济高质量发展的六大路径[J].经济纵横，2023（7）：55-67.

[84] 任保平，李禹墨.新时代我国高质量发展评判体系的构建及其转型路径[J].陕西师范大学学报（哲学社会科学版），2018，47（3）：104-113.

[85] 邵军.中国出口贸易联系持续期及影响因素分析：出口贸易稳定发展的新视角[J].管理世界，2011（6）：24-33.

[86] 盛斌.建设国际经贸强国的经验与方略 [J].国际贸易，2015（10）：4-14.

[87] 盛斌，刘宇英.中国数字经济发展指数的测度与空间分异特征研究 [J].南京社会科学，2022（1）：43-54.

[88] 盛斌，毛其淋.进口贸易自由化是否影响了中国制造业出口技术复杂度 [J].世界经济，2017，40（12）：52-75.

[89] 施炳展.互联网与国际贸易：基于双边双向网址链接数据的经验分析 [J].经济研究，2016，51（5）：172-187.

[90] 施炳展.中国企业出口产品质量异质性：测度与事实 [J].经济学（季刊），2014，13（1）：263-284.

[91] 施炳展，王有鑫，李坤望.中国出口产品品质测度及其决定因素 [J].世界经济，2013，36（9）：69-93.

[92] 施炳展，游安南.数字化政府与国际贸易 [J].财贸经济，2021，42（7）：145-160.

[93] 宋洋.数字经济、技术创新与经济高质量发展：基于省级面板数据 [J].贵州社会科学，2020（12）：105-112.

[94] 唐要家，王钰，唐春晖.数字经济、市场结构与创新绩效 [J].中国工业经济，2022（10）：62-80.

[95] 铁瑛，张明志，陈榕景.工资扭曲对中国企业出口产品质量的影响研究 [J].中南财经政法大学学报，2017（6）：131-141.

[96] 施震凯，张能静.数字基础设施对出口三元边际的影响：来自微观层面的影响 [J].国际商务研究，2022（5）：86-97.

[97] 万晓榆，罗焱卿.数字经济发展水平测度及其对全要素生产率的影响效应 [J].改革，2022（1）：101-118.

[98] 王瀚迪，袁逸铭.数字经济、目的国搜寻成本和企业出口产品质量 [J].国际经贸探索，2022，38（1）：4-20.

[99] 王明益，刘晓宇，李冉.自贸试验区促进了企业高质量出口吗[J].国际商务（对外经济贸易大学学报），2022（6）：38-55.

[100] 王明益，戚建梅.我国出口产品质量升级：基于劳动力价格扭曲的视角[J].经济学动态，2017（1）：77-91.

[101] 王韶华，于维洋，张伟.技术进步、环保投资和出口结构对中国产业结构低碳化的影响分析[J].资源科学，2014，36（12）：2500-2507.

[102] 王文涛.加快建设贸易强国[N].人民日报，2022-12-20.

[103] 王孝松，施炳展，谢申祥，等.贸易壁垒如何影响了中国的出口边际？：以反倾销为例的经验研究[J].经济研究，2014，49（11）：58-71.

[104] 韦庄禹.数字经济发展对制造业企业资源配置效率的影响研究[J].数量经济技术经济研究，2022，39（3）：66-85.

[105] 魏浩，连慧君.进口竞争与中国企业出口产品质量[J].经济学动态，2020（10）：44-60.

[106] 魏浩，王超男.外国知识产权保护、产品组合调整与中国出口高质量发展[J].中国工业经济，2023（6）：81-98.

[107] 温军，邓沛东，张倩肖.数字经济创新如何重塑高质量发展路径[J].人文杂志，2020（11）：93-103.

[108] 夏杰长，徐紫嫣，姚战琪.数字经济对中国出口技术复杂度的影响研究[J].社会科学战线，2022，320（2）：65-75.

[109] 夏锦文，吴先满，吕永刚，等.江苏经济高质量发展"拐点"：内涵、态势及对策[J].现代经济探讨，2018（5）：1-5.

[110] 向书坚，吴文君.中国数字经济卫星账户框架设计研究[J].统计研究，2019，36（10）：3-16.

[111] 谢靖，王少红.数字经济与制造业企业出口产品质量升级[J].

武汉大学学报（哲学社会科学版），2022，75（1）：101-113.

［112］夏杰长，李銮淏.数字化赋能国际贸易高质量发展：作用机理、现实挑战和实施路径［J］.国际贸易，2023（1）：56-65.

［113］谢申祥，冯玉静.21世纪中国制造业出口产品的规模、结构及质量［J］.数量经济技术经济研究，2019，36（11）：22-39.

［114］徐曼，王亚军.数字化改革赋能经济社会高质量发展：基本成效、践行理念与实践经验：以浙江省为例［J］.新经济，2023（7）：126-133.

［115］徐瑞慧.高质量发展指标及其影响因素［J］.金融发展研究，2018（10）：36-45.

［116］徐维祥，周建平，刘程军.数字经济发展对城市碳排放影响的空间效应［J］.地理研究，2022，41（1）：111-129.

［117］许家云，张俊美.知识产权战略与中国制造业企业出口产品质量：一项准自然实验［J］.国际贸易问题，2020（11）：1-14.

［118］许梦博.充分发挥数字经济助推经济增长的重要作用［J］.人民论坛·学术前沿，2021（6）：66-71，103.

［119］杨明海，张红霞，孙亚男.七大城市群创新能力的区域差距及其分布动态演进［J］.数量经济技术经济研究，2017，34（3）：21-39.

［120］杨汝岱，朱诗娥.中国对外贸易结构与竞争力研究：1978—2006［J］.财贸经济，2008（2）：112-119.

［121］杨伟民.贯彻中央经济工作会议精神推动高质量发展［J］.宏观经济管理，2018（2）：13-17.

［122］杨晓霞，陈晓东.数字经济能够促进产业链创新吗？：基于OECD投入产出表的经验证据［J］.改革，2022（11）：54-69.

［123］杨仲山，张美慧.数字经济卫星账户：国际经验及中国编制方案的设计［J］.统计研究，2019，36（5）：16-30.

[124] 姚树洁, 汪锋. 扩大开放与经济高质量发展 [J]. 人民论坛, 2018 (23): 84-85.

[125] 姚洋, 张晔. 中国出口品国内技术含量升级的动态研究: 来自全国及江苏省、广东省的证据 [J]. 中国社会科学, 2008 (2): 67-82.

[126] 姚战琪. 数字经济对我国制造业出口竞争力的影响及其门槛效应 [J]. 改革, 2022 (2): 61-75.

[127] 姚枝仲. 中国出口绩效指数: 近年来出口运行状况及展望 [R]. 中国社会科学院国际金融研究中心, 2006.

[128] 姚枝仲. 贸易强国的测度: 理论与方法 [J]. 世界经济, 2019, 42 (10): 3-22.

[129] 尹国君, 刘建江. 中美服务贸易国际竞争力比较研究 [J]. 国际贸易问题, 2012 (7): 58-66.

[130] 余静文, 彭红枫, 李濛西. 对外直接投资与出口产品质量升级: 来自中国的经验证据 [J]. 世界经济, 2021, 44 (1): 54-80.

[131] 喻志军. 中国外贸竞争力评价: 理论与方法探源: 基于"产业内贸易指数"与"显示性比较优势指数"的比较分析 [J]. 统计研究, 2009, 26 (5): 94-99.

[132] 喻志军, 姜万军. 中国对外贸易质量剖析 [J]. 统计研究, 2013, 30 (7): 25-32.

[133] 袁淳, 肖土盛, 耿春晓, 等. 数字化转型与企业分工: 专业化还是纵向一体化 [J]. 中国工业经济, 2021 (9): 137-155.

[134] 张杰, 吴润生, 杨连星. 中国出口增长的二元边际分解与区域差异 [J]. 数量经济技术经济研究, 2013, 30 (10): 3-18.

[135] 张杰, 郑文平. 政府补贴如何影响中国企业出口的二元边际 [J]. 世界经济, 2015, 38 (6): 22-48.

[136] 张军, 施少华. 中国经济全要素生产率变动: 1952—1998 [J].

世界经济文汇，2003（2）：17-24.

[137] 张军扩，侯永志，刘培林，等.高质量发展的目标要求和战略路径[J].管理世界，2019，35（7）：1-7.

[138] 张梅霞.论技术对提升中国贸易质量的作用[J].当代经济，2006（7）：128-129.

[139] 张鹏杨，李众宜，毛海涛.产业政策如何影响企业出口二元边际[J].国际贸易问题，2019（7）：47-62.

[140] 张为付，杜运苏.中国对外贸易中隐含碳排放失衡度研究[J].中国工业经济，2011（4）：138-147.

[141] 张亚斌，李峰，曾铮.贸易强国的评判体系构建及其指标化：基于GPNS的实证分析[J].世界经济研究，2007（10）：3-8.

[142] 赵静梅，李钰琪，钟浩.数字经济、省际贸易成本与全国统一大市场[J].经济学家，2023（5）：89-99.

[143] 赵涛，张智，梁上坤.数字经济、创业活跃度与高质量发展：来自中国城市的经验证据[J].管理世界，2020，36（10）：65-76.

[144] 余淼杰，张睿.中国制造业出口质量的准确衡量：挑战与解决方法[J].经济学（季刊），2017（1）：463-484.

[145] 赵玉焕，李洁超.基于技术异质性的中美贸易隐含碳问题研究[J].中国人口·资源与环境，2013，23（12）：28-34.

[146] 郑展鹏，岳帅.制度质量、人口结构与出口技术复杂度[J].北京理工大学学报（社会科学版），2020，22（2）：70-78.

[147] 中国信息通信研究院.中国数字经济发展白皮书[R].2017.

[148] 中国信息通信研究院.中国数字经济发展研究报告[R].2023.

[149] 钟腾龙，祝树金，段凡.中国出口二元边际的多维测算：2000—2013[J].经济学动态，2018（5）：86-101.

[150] 周升起，吴欢欢，潘昌蔚.数字经济促进了企业出口产品质量

提升吗？［J］. 重庆理工大学学报，2022，37（7）：57-73.

［151］朱启荣，言英杰. 中国外贸增长质量的评价指标构建与实证研究［J］. 财贸经济，2012（12）：87-93.

［152］庄惠明，黄建忠，陈洁. 基于"钻石模型"的中国服务贸易竞争力实证分析［J］. 财贸经济，2009（3）：83-89.

［153］Abeliansky A L, Hilbert M. Digital Technology and International Trade: Is It the Quantity of Subscriptions or the Quality of Data Speed that Matters?［J］. Telecommunications Policy, 2017（41）：35-48.

［154］Ackerman F, Ishikawa M, SUGA M. The Carbon Content of Japan-US Trade［J］. Energy Policy, 2007（35）：4455-4462.

［155］Ahmad N, Wyckoff A Carbon Dioxide Emissions Embodied in International Trade of Goods［R］. OECD Science, Technology and Industry Working Papers, 2003/15.

［156］Amiti, M, Freund C. The Anatomy of China's Export Growth (Policy Research Working Paper 4628)［R］. Washington, DC: World Bank, 2008.

［157］Assche A V, Gangnes B. Electronics Production Upgrading: Is China Exceptional?［J］. Applied Economics Letters, 2010（17）：477-482.

［158］Broda, C, Weinstein D E. Globalization and the Gains from Variety［J］. Quarterly Journal of Economics, 2006（121）：541-585.

［159］Chiappini R, Gaglio C. Digital Intensity, Trade Costs and Exports' Quality Upgrading［R］. The World Economy, Early view, 2023.

［160］Dietzenbacher E, Pei J, Yang, C. Trade, Production Fragmentation, and China's Carbon Dioxide Emissions［J］. Journal of Environmental Economics and Management, 2012（64）：88-101.

［161］Feenstra R C, Romalis J. International Prices and Endogenous

Quality [J]. The Quarterly Journal of Economics, 2014 (129): 477-527.

[162] Freund C, Weinhold D. The Internet and International Trade in Services [J]. American Economic Review, 2002 (92): 236-240.

[163] Freund C L, Weinhold D. The Effect of the Internet on International Trade [J]. Journal of International Economics, 2004 (62): 171-189.

[164] Hallak J C. Product Quality and the Direction of Trade [J]. Journal of International Economics, 2006 (68): 238-265.

[165] Hallak J C, Schott P K. Estimating Cross-country Differences in Product Quality [J]. The Quarterly Journal of Economics, 2011 (126): 417-474.

[166] Hausmann R, Hwang J, Rodrik D. What You Export Matters [J]. Journal of Economic Growth, 2007 (12): 1-25.

[167] Hausmann R, Klinger B. Structural Transformation and Patterns of Comparative Advantage in the Product Space [R]. Center for International Development Working Paper, 2006.

[168] Hausmann R, Pritchett L, Rodrik D. Growth Accelerations [J]. Journal of Economic Growth, 2005 (10): 303-329.

[169] IMF. Measuring the Digital Economy [R]. Policy Papers, 2018.

[170] Hummels D, Klenow P J. The Variety and Quality of a Nation's Exports [J]. American economic review, 2005 (95): 704-723.

[171] Jiang X T, Wang Q, Li R. Investigating Factors Affecting Carbon Emission in China and the USA: A Perspective of Stratified Heterogeneity [J]. Journal of Cleaner Production, 2018 (199): 85-92.

[172] Johnson J, Waldman M. The Limits of Indirect Appropriability in Markets for Copiable Goods [J]. Review of Economic Research on Copyright Issues, 2005 (2): 19-37.

参考文献

[173] Kanemoto K, Moran D, Lenzen M, Geschke A. International Trade Undermines National Emission Reduction Targets: New Evidence from Air Pollution [J]. Global Environmental Change, 2014 (24): 52-59.

[174] Kaplinsky R, Readman J. Globalization and Upgrading: What Can (and cannot) be Learnt from International Trade Statistics in the Wood Furniture Sector? [J]. Industrial and Corporate Change, 2005 (14): 679-703.

[175] Khandelwal A K, Schott P K, Wei S-J. Trade Liberalization and Embedded Institutional Reform: Evidence from Chinese Exporters [J]. American Economic Review, 2013 (103): 2169-2195.

[176] Lall S, Weiss J, Zhang J. The "Sophistication" of Exports: A New Trade Measure [J]. World Development, 2006 (34): 222-237.

[177] Lin F. Estimating the Effect of the Internet on International Trade [J]. The Journal of International Trade & Economic Development, 2015 (24): 409-428.

[178] Liu Z, Davis S J, Feng K, et al. 2016. Targeted Opportunities to Address the Climate-trade Dilemma in China [J]. Nature Climate Change, 2016 (6): 201-206.

[179] Ma Q, Tariq M, Mahmood H, et al. The Nexus between Digital Economy and Carbon Dioxide Emissions in China: The Moderating Role of Investments in Research and Development [J]. Technology in Society, 2022 (68): 101-109.

[180] Machado G, Schaeffer R. Worrell E. Energy and Carbon Embodied in the International Trade of Brazil: An Input-output Approach [J]. Ecological Economics, 2001 (39): 409-424.

[181] Melitz M J. The Impact of Trade on Intra-Industry Reallocations and Aggregate Industry Productivity [J]. Econometrica, 2003 (71): 1695-1725.

[182] Michaely M. Trade, Income Levels, and Dependence [M]. North Holland Amsterdam, 1984.

[183] Nath H K, Liu L. Information and Communications Technology (ICT) and Services Trade [J]. Information Economics and Policy, 2017 (41): 81-87.

[184] Nye D E. Technology Matters: Questions to Live with [M]. New York: MIT Press, 2007.

[185] Piveteau P, Smagghue G. Estimating firm Product Quality Using Trade Data [J]. Journal of International Economics, 2019 (118): 217-232.

[186] Rodríguez-Crespo E., Martínez-Zarzoso I. The Effect of ICT on Trade: Does Product Complexity Matter? [J]. Telematics and Informatics, 2019 (41): 182-196.

[187] Rodrik D. What's so Special about China's Exports? [J]. China & World Economy, 2006 (14): 1-19.

[188] Schaeffer R, Leal De Sá A. The Embodiment of Carbon Associated with Brazilian Imports and Exports [J]. Energy Conversion and Management, 1996 (37): 955-960.

[189] Schott P K. Across-product Versus within-product Specialization in International Trade [J]. The Quarterly Journal of Economics, 2004 (119): 647-678.

[190] Schott P K. The Relative Sophistication of Chinese Exports [J]. Economic Policy, 2008 (23): 6-49.

[191] Shuai C, Chen X, Wu Y, et al. Identifying the Key Impact Factors of Carbon Emission in China: Results from a Largely Expanded Pool of Potential Impact Factors [J]. Journal of Cleaner Production, 2018 (175): 612-623.

[192] Su B, Ang B, Low M. Input-output Analysis of CO_2 Emissions

Embodied in Trade and the Driving Forces: Processing and Normal Exports [J]. Ecological Economics, 2013 (88): 119-125.

[193] Tapscott D. The Digital Economy: Promise and Peril in the Age of Networked Intelligence [M]. McGraw-Hill, 1996.

[194] UNCTAD. Digital Economy Report [R]. New York, 2019.

[195] UNESCO. International Flows of Selected Cultural Goods and Services, 1994—2003 [R]. Montreal, 2005.

[196] Wang H, Fu T, Du Y, et al. Scientific Discovery in the Age of Artificial Intelligence [J]. Nature, 2023 (620): 47-60.

[197] Wang M L, Choi C H. How Information and Communication Technology Affect International Trade: A Comparative Analysis of BRICS Countries [J]. Information Technology for Development, 2019 (25): 455-474.

[198] Wyckoff A W, Roop J M. The Embodiment of Carbon in Imports of Manufactured Products: Implications for International Agreements on Greenhouse Gas Emissions [J]. Energy Policy, 1994 (22): 187-194.

[199] Xu B. The Sophistication of Exports: Is China Special? [J]. China Economic Review, 2010 (21): 482-493.

[200] Xu B, Lu J. Foreign Direct Investment, Processing Trade, and the Sophistication of China's Exports [J]. China Economic Review, 2009 (20): 425-439.

[201] You X, Wang, C X, Huang J, et al. Towards 6G Wireless Communication Networks: Vision, Enabling Technologies, and New Paradigm Shifts [J]. Science China Information Sciences, 2020 (64): 480-491.

[202] Yu Y, Chen F. Research on Carbon Emissions Embodied in Trade between China and South Korea [J]. Atmospheric Pollution Research,

2017（8）：56-63.

［203］Zhang L. Intellectual Property Strategy and the Long Tail：Evidence from the Recorded Music Industry［J］. Management Science，2018（64）：24-42.

［204］Zhang M. The China – Japan – Korea Trilateral Free Trade Agreement：Why Did Trade Negotiations Stall？［J］. Pacific Focus，2019（34）：204-229.

［205］Zhou F，Wen H，Lee C C. Broadband Infrastructure and Export Growth［J］. Telecommunications Policy，2022（46）：1023-1047.

后 记

本书是江苏省社科基金后期资助重点项目（22HQA4）的最终成果，也是我所主持的国家社科基金重大项目（22&ZD095）的阶段性成果。本书的构思缘起于多年前我和刘嘉伟同志对当时外贸形势的讨论，正在兴起的数字经济引起了我们共同的兴趣，于是便有了围绕数字经济背景下出口贸易高质量发展这一主题，合作撰写著作的动议。然而受到各种工作的束缚，真正开始启动本书的撰写要迟得多，直到2023年年中才定稿。本书从贸易的产业基础、贸易业态与模式等方面切入，力图就数字经济对出口贸易高质量发展的影响效应及作用机制进行深入分析。为了更为深入地理解数字经济的影响，在中国社会科学院工业经济研究所新兴产业室、南京市发展和改革委员会、南京市社会科学院、无锡市发展和改革委员会等部门的支持下，我们走访调研了大量企业，掌握了一手资料，从而为分析提供了更为扎实的事实基础。本书在理论研究的基础上，提出了相应的政策建议，其中，在有些问题上提出了我们自己的观点与主张，以期与学术界和企业界同仁共同探讨。

本书的写作得到了各方的大力支持。我和刘嘉伟同志具体负责本书的撰写工作，江南大学商学院施震凯副教授，以及我所指导的博士研究生王良虎、严森、王亚仓、陈新欣、盛晓琪等也积极参与了部分研究工作。感谢中国社会科学院工业经济研究所新兴产业室渠慎宁研究员的关心支持，他在提出宝贵建议的同时，悉心帮助安排了本书的出版事宜。感谢中国（江苏）自由贸易试验区研究院提供的大力支持，研究院院长韩剑教授为本书完善提供了极具价值的建议。感谢江苏省商务厅曹华云同志，为政策构建提供了重要的思想源泉。感谢我所在的东南大学经济管理学院和东南大学数字经济研究中心的众多同仁，他们为本书的撰写和完善提供了很多宝贵建议。感谢南开大学副校长盛斌教授欣然作序。感谢经济管理出版社申桂萍编辑，她为本书的出版做了大量卓有成效的工作。

  受作者能力所限，书中难免存在一些疏漏和不足之处，敬请读者包容谅解并批评指正。

邵　军

2023 年 8 月